# HOW TO SURVIVE AS A ROCK BAND

Findaway Books
Eine Erfindung der Geschäftsführung von Findaway Records


Mittelweg 8, 73054 Eislingen
www.findawayrecords.com
2. Auflage 2015

Projektkoordination: Itchy Poopzkid & Biggi Dinter
Text und Lektorat: Bettina Conci
Bilder: Itchy Poopzkid, Privat, Joachim Bozler, Marcel Weste, Rainer Ruber
Layout: Antje Warnecke, nordendesign.de
Umschlaggestaltung: Micky Chainsaw
Druck und Bindung: optimal media GmbH, Glienholzweg 7, 17207 Röbel / Müritz



Printed in Germany

ISBN 978-3-00-048966-2

ITCHY POOPZKID

# HOW TO SURVIVE AS A ROCK BAND

Der ultimative Ratgeber einer
trendresistenten
Non-Hit-Wonder Band

„Erfolg ist die Fähigkeit, von einem Misserfolg zum anderen zu gehen, ohne seine Begeisterung zu verlieren.“

Winston Churchill (1874 – 1965)

## >>> Vorwort

Wer hatte als Kind nicht den großen Traum, irgendwann selbst mit einer eigenen Band auf der Bühne zu stehen? Vermutlich jeder. Und wie viele haben diesen Traum dann auch wirklich in die Tat umgesetzt? Gefühlt zumindest jeder Zweite. Seien wir mal ehrlich: Eine eigene Musikgruppe zu gründen und ein paar Konzerte auf dem örtlichen Schützenfest als Support für die lokale Coverband zu spielen, ist nicht sonderlich schwer. Die Kunst ist es, eine Band über Jahre hinweg am Leben zu halten, sie durch stürmische Gewässer zu manövrieren, ihr finanziell nebenbei eine solide Basis zu schaffen, dabei immer genug Freigetränke zu bekommen und ansonsten nicht weiter unangenehm aufzufallen.

Auf den nächsten 203 Seiten findet ihr chronologisch geordnete Tipps und Tricks, um eine Band sicher durch die Tücken des Musikbusiness zu lenken, menschliche Konflikte innerhalb der Gruppe souverän zu lösen und zumindest ein paar der achttausendvierhundert prall gefüllten Fettnäpfe auszulassen, die wir in vierzehn Jahren ITCHY POOPZKID Bandgeschichte konstant und feierlich betreten haben. Gewürzt wird das Ganze mit vielen Anekdoten, verkaterten Erinnerungen und dramatischen Rückblicken aus mittlerweile 800 Konzertberichten, die unsere Band über die Jahre hinweg fein säuberlich zu Papier gebracht hat. Einige Auszüge davon mögen viel zu absurd erscheinen, um wahr zu sein. Wir können aber – wenn auch teilweise nur sehr ungern – versichern, dass alle erwähnten Anekdoten, Kurzgeschichten und vorgetragenen Dialoge auf unseren wahrheitsgetreuen, aber zugegebenermaßen durchaus versoffenen Erinnerungen beruhen.

Viel Spaß beim Lesen (und alles Gute weiterhin)!

# Häufig vorkommende Personen

Trotz der Tatsache, dass wir in unseren vierzehn Jahren Bandgeschichte immer mehr Personen um unsere Band geschart haben, haben wir das große Glück, es nahezu ausschließlich mit einem kleinen, aber sehr vertrauten Kreis an Personen zu tun zu haben, die wir alle gleichzeitig als unsere besten Freunde bezeichnen dürfen. Da wir aber in diesem Buch dennoch nicht in jedem Abschnitt so Sätze bilden wollen wie „Unser Bassist Daniel Friedl hat dann zusammen mit unserem Lichttechniker Christian Schneider unseren Tontechniker Thimo Strobel begrüßt", werden wir uns auf die Vor- bzw. Spitznamen der jeweiligen Personen beschränken. Hier also eine Übersicht der häufig vorkommenden Personen:

| | |
|---|---|
| PANZER: | Daniel Friedl, Gründungsmitglied, Bassist und Sänger bei Itchy Poopzkid |
| SIBBI: | Sebastian Hafner, Gründungsmitglied, Gitarrist und Sänger bei Itchy Poopzkid |
| MAX: | Max Zimmer, seit 2010 Schlagzeuger bei Itchy Poopzkid, davor Live-Crewmitglied |
| SAIKOV: | Tobias Danne, Gründungsmitglied, von 2001 bis 2010 Schlagzeuger bei Itchy Poopzkid |
| BIGGI: | Biggi Dinter, Managerin |
| THIMO: | Thimo Strobel, Live-Tontechniker |
| ACHIM: | Achim Lindermeir, Produzent der ersten fünf Itchy Poopzkid Alben, Live-Tontechniker |
| CHRISSY: | Christian Schneider, Live-Lichttechniker und Tourmanager |
| BOBBES: | Tobias Schmid, Live-Backliner |
| JOJO: | Johannes Schneiderhan,Tourmanager |
| NOVA: | Nova Günther, Live-Merchandiserin |
| ANDY: | Andy Wörner, Live-Lichttechniker |
| KARL: | Karl Nowak, Live-Merchandiser, Live-Backliner |
| TIM: | Tim Schurig, A&R unserer Plattenfirma von 2005 bis 2009 |
| GEORGE: | George Glück, Chef unserer Plattenfirma von 2005 bis 2009 |

KAPITEL 1

# DIE BANDGRÜNDUNG

## KAPITEL 1.1. >>> Warum will ich eigentlich eine Band haben?

Diese Frage sollte sich jeder Musiker stellen, bevor er in Betracht zieht, eine eigene Musikgruppe aus dem Sack zu zaubern. Oftmals scheint die falsche Vorstellung von schnellem Ruhm, tausenden Fans, unglaublich viel Geld, rauschenden VIP-Parties und kostenfreiem Sex mit großbusigen Frauen der entscheidende Motivationspunkt für die Gründung einer Band zu sein. Wenn das auch bei dir der Fall ist, solltest du deine Band unbedingt noch vor der offiziellen Gründung wieder auflösen, um dir selbst und deinen unmittelbaren Mitmenschen eine unnötige Tragödie zu ersparen. Versuch lieber Fußballprofi zu werden, mach eine Schreinerlehre oder geh zur Deutschen Bahn. Das ist echt besser für alle Beteiligten. Na gut, Letzteres vielleicht nicht.

Der Stand der Dinge ist nämlich so: Für deine brandneue Band interessiert sich erstmal kein Mensch, weil es ja bereits eine Million anderer Bands in diesem Land gibt. Auf euch hat nun also wirklich gar keiner gewartet. Etwas Ruhm und Anerkennung bekommst du, wenn überhaupt, erst nach einer langjährigen, kräftezehrenden Buckeltour durch die verschiedensten Unterschichten der Musikbranche. Geld verdienst du am Anfang gar keines. Dafür gibst du aber sehr viel davon aus, um überhaupt etwas zu erreichen. Rauschende VIP-Parties finden weiterhin ohne dich statt und Sex hast du zunächst auch erstmal keinen mehr, weil deine Freundin dich aufgrund deiner völlig unnachvollziehbaren Aufopferung für deine Gurkenband wahrscheinlich völlig zu Recht verlassen wird. Die Grundaussichten sind nüchtern betrachtet also zunächst eher... sagen wir mal: mittelmäßig.

Solltest du jetzt trotzdem immer noch das Gefühl haben, unbedingt in einer Band spielen zu wollen, weil dir alle oben genannten Punkte überhaupt nicht so wichtig sind und du einfach aus purer Begeisterung für die Musik und Bock auf Krach, Reisen und Gasgeben handelst, solltest du deinen Plan unbedingt weiter verfolgen. Hauptsache ist, dass du hinter allem stehen kannst, was du tust. Du musst für deine Musik und deine Band brennen. Lichterloh, uneingeschränkt, mit ganzem Einsatz und voller Begeisterung.

## KAPITEL 1.2. >>> Wie gründe ich eine Band?

Im besten Fall findest du in deinem engsten Freundeskreis andere Musikbegeisterte, die ungefähr deinen Musikgeschmack teilen und den gleichen Wunsch nach einer Band hegen. Im allerbesten Fall sind selbige auch schon mit einem Instrument vertraut, können halbwegs singen, schreien, pfeifen, klatschen, mit dem Fuß stampfen oder haben zumindest eine gute Frisur. Wir empfehlen in jedem Fall, lieber mit einem musikalisch bisher minderbegabten guten Freund eine Band zu gründen, als mit einem voll ausgebildeten Gitarrenvirtuosen, der in seinem Umfeld aber eher als menschlicher und sozialer Komplettpfosten bezeichnet wird. Es gilt nämlich zu beachten, dass man – bei guter Umsetzung – im besten Fall die nächsten 40 Jahre mit seinen Bandkollegen verbringen wird. Man sollte sich also gegenseitig schon so weit mögen, dass man zusammen auch privat mal einen kleinen gemischten Salat essen gehen würde.

Und trotzdem: Ein gewisses Grundtalent und Rhythmusgefühl sollten vorhanden sein, und die von den einzelnen Personen ausgewählten Instrumente sollten grob zum angestrebten Musikgenre passen. Mitmachenlassen nur um der Freundschaft willen ist nicht unbedingt förderlich. Punkbands mit Blockflötisten gibt es nun mal nicht.

***PANZER:*** *Meine ersten gemeinschaftlichen musikalischen Erfahrungen hab ich mit Sibbi zusammen in seinem Keller gesammelt. Sibbi hatte 'ne Gitarre umhängen und ich hab dazu mit bloßen Händen Schlagzeug auf einem Barhocker gespielt. Das klang zwar alles ein bisschen komisch, aber was anderes hatten wir da halt nicht. Dazu haben wir beide irgendeinen erfundenen Schund gesungen, und schon stand der Plan einer eigenen Band im Raum.*

*Da ich viel lieber ebenfalls Gitarre spielen wollte und Schlagzeug überhaupt nicht konnte, mussten wir uns auf die Suche nach 'nem Drummer begeben. Auf unserer Schule gab es zwei davon: Zum einen Andreas Keller, ein ausgebildeter Schlagzeuger, dazu ein freundlicher, pünktlicher, bodenständiger, beliebter Typ und zum anderen Saikov, der uns vor allem dadurch bekannt war, ständig Konflikte mit der Schulleitung zu haben, des Öfteren in kleinkriminelle Machenschaften verwickelt zu sein und kleidungsmäßig damals noch silberne Glitzerhosen (!) mit Nietengürtel (!) und Wollkragenpullover (!) trug. Andreas Keller wollte leider auf keinen Fall mit uns rumhängen, also haben wir halt Saikov gefragt. War im Endeffekt eh die glaubwürdigere Wahl.*

## KAPITEL 1.3. >>> Wer spielt welches Instrument?

Meistens steht die Verteilung der Instrumente schon ganz am Anfang fest: Irgendeiner hat in der Grundschule mal in den Pfingstferien im Chor mitgesungen, also wird er der Frontmann. Ein Anderer hat im Fußballstadion immer eine Handtrommel dabei, also wird er Drummer, und ein Weiterer kann schon die ersten 10 Sekunden von „Nothing else matters" auf der Gitarre fehlerfrei spielen, also wird er das gefälligst auch in der Band tun.

Oft ist es allerdings ratsam, diese Entscheidungen nochmals zu hinterfragen und die Instrumente neu zu verteilen. Trägt der Gitarrist beispielsweise ausschließlich kurze, karierte Hosen, ist es besser, ihn kurzfristig zum Schlagzeuger umzufunktionieren, um selbige zu verstecken und die Außenerscheinung der Band zu retten. Ein Schlagzeuger, der zwar tight jeden Rhythmus abliefert, dabei aber auf seinem Hocker sitzt als hätte er soeben seinen vierten Bandscheibenvorfall auskuriert, sollte dringend seines Instrumentes entledigt werden und im extra spontan gegründeten

Bereich „Buchhaltung der Bandkasse" seine Passion finden. Sänger, die Töne treffen wie die junge Whitney Houston, dafür aber in den Liedpausen mit gesenktem Blick verschüchtert auf das erneute Einsetzen der Bandkollegen warten, anstatt das Publikum anzubrüllen, sollten vielleicht doch lieber in einen hinten stehenden Sechs-Saiter-Bassisten mit Mütze umgewandelt werden. Noch ist es nicht zu spät. Jeder sollte halt irgendwie immer das machen, was er am wenigsten schlecht macht.

## KAPITEL 1.4. >>> Die Namensfindung

Den richtigen Bandnamen zu finden kann eine lange und strapaziöse Angelegenheit sein: Die besten Namen sind meist schon vergriffen, dazu sollte der Titel cool klingen, gut auf Platten, Shirts und Bannern wirken, und zu guter Letzt auch noch irgendwie zur Musik passen. Gar nicht so einfach. Man sollte sich diese Entscheidung deshalb nicht zu leicht machen. Ein Bandname ist immens wichtig, und ein leichtsinnig getroffener Titel kann einem als Band mehrere aneinandergebundene Holzstämme zwischen die Beine werfen.

Wir haben unsere Band damals aus irgendeinem Grund „Itchy Poopzkid" genannt. Das ist ungefähr so, als würde man seine frisch geborene Tochter auf den Namen „Adolf" taufen lassen und sie dann im Alter von sechs Jahren mit den Worten „Viel Spaß, Schatz!" zum ersten Schultag auf die lokale Grundschule schicken.

Wir können euch an dieser Stelle also einfach nur den Ratschlag geben, euch einen langfristig coolen und prägnanten Namen auszusuchen. Außerdem sollte sofort klar sein, wie selbiger ausgesprochen und vor allem geschrieben wird. Mit unserem hatten Veranstalter und die Fachpresse in der Vergangenheit so ihre Probleme:

# »Itchy wer bitte?«

☆ Die dauer-pubertierenden Rocker von **Itchy Poopzkid**, bei denen allerdings nicht nur der Name Schlimmes vermuten lässt.

Vom 04.02. bis 01.03. rollt die Dead Serious Tour durch Deutschland, Österreich und die Schweiz. Am 6.2. spielen Itchy Poopzkind in Osnabrück in der kleinen Freiheit.

**Itchy Poopzkit**
Dead Serious
*Where Are My Records/Universal*

ITCHY POOPZKIT ist mittlerweile wohl den meisten Lesern ein Begriff. Sei es durch die vielen (Support-)Shows der letzten paar Jahre, oder durch die Präsenz



Itchy Poopkidz rocken am Freitag, die Ohrbooten am Samstag

Punk Rock
Izchy Poopzkid kommen mit ihrer neuen CD, die auf MTV bereits in heavy Rotation präsent ist

Der Tourbus ist ihr Zuhause

## „Itchty Poopzkid" in der Fabrik

die schottische Postpunk-Band The View und die Punkrocker Itchy Poopszkids aus Eislingen an der Fils auf.

LOKALE KULTUR

## Itschy Poopzkids beim Cross-Over

Itchy Poopzkid

Was für ein bescheuerter Bandname! Das wird von jedem bemängelt, musste aber trotzdem raus.

**„Das war ein lustiges und offenes Publikum. Der Auftritt war klasse und Lottstetten gefällt uns sehr gut!"**

Itchy Poozkid

**Seit ihrem Debüt-Album „Heart To Believe" sind Itchy Poopzkik permanent auf Tour und spielten bereits über 400 Konzerte.**

## KAPITEL 1.5. >>> Wie finde ich den richtigen Proberaum?

Ein guter Proberaum ist leider keineswegs leicht zu finden. Bands, die Krach machen, werden innerhalb einer ausgewogenen Nachbarschaft meist weder geliebt, noch gemocht, noch irgendwie geduldet. Vielmehr werden sie missbilligt, verflucht, gejagt und vertrieben.

Es gilt also, in unbewohntere Gegenden auszuweichen. Leerstehende Gebäude in Industriegebieten sind immer eine Nachfrage wert. Manchmal gibt es auch Jugendhäuser, in denen man proben kann, und manche Städte bieten ihren Jugendlichen sogar eigens zur Verfügung gestellte Proberäume. Das ist aber eher die Ausnahme. In jedem Fall sollte der Raum durch ein dickes Schloss und eine stabile Tür gesichert sein, um ihn vor Einbrüchen zu schützen. Wir selbst fanden unseren Proberaum vor einigen Jahren auch einmal mit aufgebrochener Tür und durchwühltem Inhalt vor. Entwendet wurde allerdings seltsamerweise nichts.

Merke: Wenn in deinen Proberaum eingebrochen, dabei aber nicht mal was geklaut wird, solltest du dir unbedingt Gedanken über die Anschaffung von wertigerem Equipment machen. Siehe Kapitel 3.13. – Das Equipment (Teil 2).

Wenn nämlich sogar Diebe, die bereits mühsam die Tür durchbrochen haben, dein Zeug verschmähen, weil sie nicht wissen, wie sie das Gerümpel auf eBay weiterverkaufen sollen, ist das kein gutes Zeichen.

*PANZER: 2003 haben wir innerhalb eines Jahres ganze sieben (!) Mal einen neuen Proberaum bezogen. Gründe für die ständigen Rauswürfe waren unter anderem: unglaubliche Unordnung, verbotenes Rauchen direkt neben einer Lagerstätte der hauseigenen Gasflaschen, verlorene Schlüssel und natürlich immer wieder der von uns verursachte und ständige atonale Lärm.*

*Als wir mal wieder auf der Straße standen, hatten wir eine uns bislang eher unbekannte Mitschülerin so lange belabert, bis sie Ihre Eltern überreden konnte, uns im Dachboden ihres großen, teuren Hauses proben zu lassen. Bereits nach unserer zweiten Probe merkten wir allerdings, dass die Stimmung der Eltern aufgrund des Dauerkrachs dem Tiefpunkt entgegenraste und sie nur noch auf die richtige Gelegenheit warteten, um uns zu sagen, dass wir sofort abbauen müssen und bitte nie, nie wieder kommen sollen. Von da an haben wir zu jeder Probe entwaffnende Geschenke für die Eltern mitgebracht: Immer wenn sie uns also die Tür öffneten, um uns zu erklären, dass das heute absolut die letzte Probe sein muss, haben wir ihnen einen prall gefüllten und liebevoll verpackten Geschenkkorb mit Wein, eingelegten Oliven und ausgewählten Spezialitäten aus der lokalen Käserei in die Hand gedrückt und uns damit einen weiteren Probeabend erkauft. Ging immerhin noch vier Wochen so weiter!*

***SIBBI:*** *Das Tragische an der ganzen Proberaumsache ist, dass wir es irgendwie geschafft haben, bis heute Probleme mit der Materie zu haben. Erst vor zwei Wochen hat es in unseren aktuellen Proberaum wieder hineingeregnet, was zur Folge hatte, dass ein nagelneuer Karton Schallplatten ab sofort nur noch als Frisbee-Vorrat zu gebrauchen ist. Dabei war dieser Wassereinbruch noch nichts gegen den von vor zwei Jahren, als wir irgendwann aus unserem Proberaum durch das Loch in der Decke (!) direkt in den Himmel schauen konnten...*

***PANZER:*** *Vor etwa fünf Jahren haben wir in einem leer stehenden Gebäude neben einer dicken Verkehrskreuzung geprobt, und irgendwann fiel uns auf, dass in letzter Zeit unglaublich viele Polizeiautos an unserem Proberaum vorbeifuhren, Streifenwagen auf der gegenüberliegenden Straßenseite parkten und immer wieder auch Polizeibeamte und andere verdächtige Anzugtypen in Zweiergruppen um unser Gebäude herumliefen und durch die Fenster spähten. Wir fingen schon an, leichte Verfolgungsparanoia zu schieben und überlegten, ob uns nach einer politisch unkorrekten Äußerung beim letzten Konzert vielleicht jemand den Verfassungsschutz auf den Hals gejagt hatte.*

*Einen Monat später bekamen wir dann plötzlich den Bescheid, dass unser Proberaum mit sofortiger Wirkung abgerissen werde, weil genau an der Stelle die nigelnagelneue Eislinger Polizeiwache gebaut werden musste. Damit saßen wir dann erneut auf der Straße. Fuck Police brutality.*

## KAPITEL 1.6. >>> Die Gestaltung des Proberaums

Für viele Musikgruppen ist der Proberaum eine Art zweites Zuhause. Ein gemütlicher Ort des kreativen Prozesses, ein wundervoller Rückzugsort, der auch gerne zum stundenlangen Abhängen mit perfekt gekühltem Bier und ausgewogen gedrehten Cannabiszigaretten genutzt wird.

Es gibt Bands, die verbringen Monate oder gar Jahre damit, ihren Proberaum immer weiter auszubauen, zu verbessern, Schallisolationen einzubauen, Aufnahmemöglichkeiten zu integrieren, eine „Chill out"-Area mit Sofas, Kühlschrank und Bar zu gestalten usw. – Ein angenehm eingerichteter Rehearsal Room kann positiv zum Wohlfühlfaktor der Gruppe beitragen und den darin stattfindenden Proben zu deutlich höherer Effektivität und längerer Dauer verhelfen. Vielleicht ist das auch ein Grund dafür, warum unser Proberaum schon seit jeher eher der Mülldeponie einer südostasiatischen Großstadt gleicht.

***PANZER:*** *Wir haben da ja noch nie 'nen Hehl draus gemacht, dass wir extrem ungern proben. In unserem Fall ist ein Proberaum in erster Linie ein notwendiger Arbeitsplatz, den man nur aufsucht, wenn es gar nicht mehr anders geht. Und selbst wenn dann mal geprobt wird, schaut jeder alle zehn Minuten auf die Uhr und gibt dabei ein unüberhörbares Prust-Geräusch von seinen Lippen, um den anderen seine tiefsitzende Abneigung gegen die im Moment stattfindenden Probeaktivitäten mitzuteilen. Bei uns gibt es keine gemütlichen Sofas, keinen Kühlschrank oder schöne Bilder an der Wand. Unser Proberaum strahlt ungefähr die gleiche Wärme aus wie eine Tankstelle.*

*Außerdem hat man auch ständig das Gefühl, dass irgendwer bald dringend mal wieder nass rauswischen sollte. Allerdings müsste man dafür erst mal vier Stunden Staubsaugen, damit der Waschlappen überhaupt den Boden berühren kann. Um Staubsaugen zu können, müsste man jedoch zuvor vierzehn Säcke voller Leergutflaschen wegbringen, weil man sonst mit dem Staubsauger gar nicht durchkommen würde. Und um an die Leergutflaschen ranzukommen, müsste man erst mal alle alten Kartonagen, die zu Hunderten überall rumliegen, wegwerfen. Und da kommt man dann irgendwann zu dem Punkt, wo man dann ja gleich alles so lassen kann, wie es ist.*

***SIBBI:*** *Beim letzten großen Regeneinbruch haben wir etwa 100 leere Kartons, in denen mal Merchandise oder Instrumente waren, in eine nicht benutzte, riesige Vorhalle auf unserem Proberaumstockwerk gebracht, weil die Kartons in unserem Proberaum nass wurden und so langsam begannen zu schimmeln.*

*Ein paar Monate später kam dann ein Brief der Hausverwaltung, dass wir die Sachen aus Brandschutzgründen doch bitte schleunigst entfernen sollen. Wir haben das denen natürlich versprochen, die Aufgabe an sich jedoch ewig lange vor uns hingeschoben, trotz immer wiederkehrender dringlicher Aufforderungen der Hausverwaltung.*

*Diese Aufforderungen gingen so lange weiter, bis vor ungefähr zwei Monaten ein Stockwerk tiefer mehrere dort von der Hausverwaltung selbst gelagerte Heuballen (!!!!) Feuer fingen, und nun das komplette Gebäude nach Asche stinkt. Seitdem haben wir nichts mehr über Brandschutz gehört, und unsere Kartonagen-Burg fault weiter stetig vor sich hin.*

## KAPITEL 1.7. >>> Das Equipment (Teil 1)

Als „Equipment" bezeichnet man die allgemeine technische Ausrüstung einer Musikgruppe. Vor allem zu Beginn einer Bandlaufbahn ist die Quali- und Quantität der Equipmentwahl noch eher zweitrangig. Erst später werden einem die Tontechniker und Publikumsbesucher erklären, warum eine wertige Ausrüstung wichtig für ein gutes Konzert ist.

Am Anfang gilt es allerdings, erst einmal überhaupt irgendwo Instrumente und Verstärker aufzutreiben. Wie die aussehen, was da für ein Name drauf steht, wie viele Saiten die haben und warum die so klingen wie sie klingen, ist fürs Erste egal.

Das eigene Equipment so gering wie möglich zu halten, hat am Anfang auch den positiven Nebeneffekt, dass man mit der kompletten Band und allem Zeug mit nur einem PKW auf Tour fahren kann, wenn man sich geschickt anstellt. Hierbei kann es sich als hilfreich erweisen, im Vorfeld bei anderen mitspielenden Bands nachzufragen, ob man das „Equipment sharen" kann (die Benutzung dieses englischen Begriffs für „teilen" ist hierbei sehr wichtig, um eine gewisse Erfahrung in der Livemusik-Branche durchklingen zu lassen). Eine Band stellt zum Beispiel das Schlagzeug, eine andere bringt einen Bass-Amp (Verstärker), die dritte Band kann vielleicht sogar ein Mikrofon ihr Eigen nennen.

So hat am Konzerttag jede Band alles zur Verfügung, muss aber nicht alles selbst kaufen bzw. mitbringen. Allerdings sollte vorher immer mit den anderen Bands abgeklärt werden, ob alle Teile auch bis zum offiziellen Ende der Veranstaltung genutzt werden können.

**02.11.2002 * * * Ebersbach, Kartbahn**
Danke auch nochmal an die Band „No idea“, deren Equipment wir mitbenutzen durften! Leider sind die schon wieder heimgefahren, als wir noch singend auf der Bühne standen. Mitten im Lied hörten wir plötzlich keine Bassdrum mehr. Panzer und Sibbi schauten daraufhin zu Saikov, der während dem Song wild gestikulierend auf seine Fußmaschine deutete. Sibbi: „Was ist denn los?!?!“, Saikov: „Die ist weg, Mann!!“

*SIBBI: Zu Beginn unserer Karriere hatten wir einige Sachen noch nicht in unserem Besitz. Okay, dass man nicht sofort nach der Bandgründung einen teuren Bassverstärker sein Eigen nennt, ist nichts Besonderes. Wir hingegen hatten aber noch nicht einmal einen Bass. Kurzerhand haben wir in unserer Schule gefragt, ob sie uns den Schulbass für den nächsten Auftritt ausleihen könnten. Netterweise wurde uns das gestattet.*

*Da wir während des Konzertes mit dem Klang des Instrumentes sehr zufrieden waren und einige Tage später auch schon unser nächster Auftritt auf dem Programm stand, haben wir den Bass spontan behalten. Nach einigen Tagen voller schlechtem Gewissen haben wir uns dann dazu entschieden, dem Treiben ein Ende zu setzen und den Bass mit allen bunten Aufklebern, die wir finden konnten, beklebt, damit man ihn nicht mehr als „Schulbass“ ausmachen konnte. Seitdem führen wir ein weitaus ruhigeres Leben. Der Bass steht im Moment übrigens in meinem Büro.*

Manche Instrumente sind aber auch gar nicht von so großer Bedeutung für eine aufstrebende junge Rockband:

**21.05.2004 * * * Donzdorf, Festival**
Unser ganzer Stolz ist unser neuer, sehr teurer Synthesizer, der heute zum ersten Mal zum Einsatz kommt. Um guten Willen zu zeigen, hilft Panzer sturzbetrunken beim Bus-Einladen nach der Show, nimmt den viel zu schweren Synthesizer in die Hand, fliegt damit umgehend kopfüber über eine Bierbank und wirft dabei unser neues und teures elektrisches Gerät in hohem Bogen gegen eine Bordsteinkante. Vielleicht braucht eine Punkrockband auch einfach gar keinen Synthesizer.

Mit der Beschaffung von immer mehr Equipment ändern sich folglich auch die Reisegewohnheiten und Vehikel einer Band. Bei uns waren die Schritte wiefolgt:

- Kleinwagen
- Kombi
- Kombi mit Skibox (Tipp: Es ist hilfreich, zu jeder Zeit zu wissen, wo sich der Schlüssel für die Skibox befindet...)
- Renault Kangoo
- kleiner 3-Sitzer (Elektriker-Firmenwagen)
- größerer 3-Sitzer (Elektriker-Firmenwagen)
- Kleinbus mit 6 Sitzen
- größerer Kleinbus mit 6 Sitzen
- noch größerer Kleinbus mit 9 Sitzen
- großer Transporter + 1 PKW
- großer Transporter + großer Kleinbus mit 9 Sitzen
- Nightliner
- Nightliner mit Anhänger

## KAPITEL 1.8. >>> Booking selbstgemacht

Hat man eine Band gegründet, stellt man relativ zügig fest, dass verdächtig wenig Clubbesitzer und Festivalveranstalter von alleine anrufen, um seine Musikgruppe für ein Konzert zu buchen. Das ist zum einen natürlich ziemlich schade, zum anderen schafft es aber auch den unbändigen Willen, anderen jetzt erst recht seine Musik aufzwingen zu wollen: Man wird also selbst zum Booking-Agenten.

Um ins Booking der eigenen Band einzusteigen, braucht man zunächst einige wichtige Utensilien wie Bandinfo, Bandfoto, Homepage und einen Tonträger bzw. Links zu Mp3s. Alle diese Dinge sollten schick, übersichtlich und liebevoll gestaltet sein. Hier ein Beispiel dafür, wie es nicht aussehen sollte:

Nun gilt es, den Kontakt mit Clubbesitzern, Festivalveranstaltern, Jugendhaus-Verwaltern und anderen Booking-Agenturen herzustellen und zu versuchen, Auftritte an Land zu ziehen. Hierbei kann man sich schon vorab drauf einstellen, einen sehr langen Atem haben zu müssen.

***SIBBI:** Ich erinnere mich noch sehr gut an verschiedene Situationen, als ich zum x-ten Mal ein Jugendhaus oder einen Club angerufen hatte mit der Frage, ob wir denn nicht bald mal auf einer Veranstaltung von ihnen spielen dürften und mich der Booker schließlich mit völlig genervter Stimme fast schon anschrie und sowas sagte wie: „Ja dann spielt halt in Gottes Namen am übernächsten Freitag. Aber bitte hör auf, mich ständig anzurufen. Es nervt echt." Das waren zwar nicht die angenehmsten Telefonate, aber dafür hatten wir 'nen Gig.*

Es ist auf jeden Fall wichtig zu wissen, dass man trotz der ganzen Mühe und Arbeit froh sein muss, wenn man es schafft, bei 50 Anfragen ein ordentliches Konzert zu buchen. Man muss sich nämlich zu Beginn einer Karriere fragen, warum ein Veranstalter eines Konzertes eine Band einladen sollte, die ihn unter Umständen Essen und Schlafplatz kostet, die er nicht kennt, die nicht mal aus der Gegend kommt und selbst in ihrer eigenen Heimat keine Fangemeinde hat. Ihr merkt... allzu viele Gründe hierfür gibt es nicht.

***SIBBI:** Etwas zermürbend kann das schon sein, wenn man sich zum Beispiel hinsetzt und zum wiederholten Mal eine ewig lange, total ausgeklügelte und individuell gestaltete E-Mail formuliert, in der man genau ausführt, was man schon alles gemacht hat und warum unsere Band genau die perfekte Vorband für die tourende Hauptband aus den U.S.A. ist und man dann 10 Tage später nach erneuter Nachfrage die E-Mail-Antwort eines Bookers namens Michael erhält, in der steht: „is' voll. M."*

*PANZER: 2002 ließ unser Festivalbooking beispielsweise echt zu wünschen übrig. Uns wollte einfach keiner haben. In einem Interview mit der Neuen Württembergischen Zeitung haben wir dann einfach erzählt, dass wir am Vortag überraschend für das große „Rock im Dorf" Festival gebucht worden wären und uns sehr darauf freuen würden. Das war zwar gelogen und komplett frei erfunden, aber es hat immerhin dazu geführt, dass uns der zugegebenermaßen sichtlich genervte Veranstalter von „Rock im Dorf" ein paar Tage später tatsächlich gebucht hat, da er mittlerweile schon von mehreren Leuten, die es in der Zeitung gelesen hatten, darauf angesprochen worden sei, und „nun auch keinen Rückzieher mehr" machen könne.*

Eine ebenfalls gute Möglichkeit, um an Gigs zu kommen, ist das Kontakte-Knüpfen mit anderen Bands. Austauschkonzerte zwischen zwei oder mehreren Bands, bei welchen immer eine der Bands in ihrer jeweiligen Heimatregion ein Konzert für sich und die anderen bucht, sind ein guter Weg, um in neue Regionen vorzudringen und vor neuen Leuten zu spielen.

Es kann für das Vorantreiben der eigenen Karriere übrigens durchaus hilfreich sein, sich auch mit Bands anzufreunden, mit denen man musikalisch oder privat nicht unbedingt auf einer Wellenlänge ist.

**15.06.2002 * * * Mannheim, Alte Feuerwache**

Es ergeben sich wieder sehr hochwertige Dialoge mit den anderen Bands wie z. B.:
„Hey, ihr wart echt geil ... hat mir wirklich gefallen!"
„Ach danke, ich fand euch aber auch super."
„Hä? Aber wir haben doch noch gar nicht gespielt?!"
„Oh. Ach so."

Sehr gut eignen sich bei der Konzertsuche auch die vielen existierenden Nachwuchswettbewerbe, sprich Bandcontests. Hierbei sollte man allerdings den Konkurrenzgedanken in Bezug auf die anderen Bands besser beiseite legen und das Ganze eher als normales Konzert ansehen, bei dem man Spaß haben und am Ende im besten Fall auch noch irgendetwas gewinnen kann. Die Wertigkeit der Auszeichnungen und Preise bei den diversen Contests ist dabei durchaus schwankend.

*SIBBI: Einen unserer ersten Nachwuchswettbewerbe spielten wir Anfang 2002 im Stuttgarter LKA. Allein die Tatsache, als ganz junge Band in diesem legendären Club zu spielen, fühlte sich schon wie der absolute Hauptgewinn an. Der Bandcontest mit insgesamt acht Musikgruppen verlief jedenfalls reibungslos. Wir spielten ein echt ordentliches Konzert und waren gespannt auf die Entscheidung der Jury und die darauf folgende Siegerehrung. Diese lief komischerweise aber so ab, dass die erstplatzierte Band gleich zu Beginn genannt wurde und die Jury dann erst die Plätze zwei bis acht nacheinander „kürte". Die Macher des Nachwuchswettbewerbs dachten sich zudem, dass es für die Weiterentwicklung der Bands, und sozusagen als Ansporn für diese, echt toll wäre, wenn JEDE Band des Contests eine Kategorie gewinnen würde. Also wurde der zweitplatzierten Band beispielsweise die Urkunde für die „Beste Liveshow" überreicht. Die Dritte bekam den Preis für die „Beste Instrumentenbeherrschung", die Vierte für „bestes Songwriting" usw.*

*Zu guter Letzt, alle Bands außer uns hatten mittlerweile eine Urkunde bekommen, dröhnte es dann laut aus den Boxen: „Und nun... meine Damen und Herren... auf Grund hervorragender Leistungen... geht der Preis für DAS BESTE OUTFIT... an ITCHY POOPZKID!!!! APPLAUS!!!!"*

*Selten war es unangenehmer, einen Preis auf einem Nachwuchswettbewerb für junge Bands zu gewinnen. Wir sind dennoch auf die Bühne gerannt und haben unsere Urkunde in den Himmel gereckt.*

Kult*AwardLonghorn

Longhorn

Kult*Award

Für herausragende Leistungen !

Bestes outfit:

Itchy Poopzkid

Stuttgart, 20.12.2002

Das LKA-Team und Young*Star*Promotion

Wir sollten eventuell noch kurz erwähnen, dass wir während des Konzertes einfach nur unsere ganz normalen Straßenklamotten an hatten...

## KAPITEL 1.9. >>> Finanzielles Sich-Über-Wasserhalten

Erfahrungsgemäß gestalten sich die ersten Jahre einer Bandlaufbahn finanziell eher schwierig, da man als Bandmitglied irgendwann merkt, dass der obligatorische (und in jedem einzelnen Fall komplett von der Band abgefeierte) Kasten Bier, den man nach Konzerten als Gage bekommt, meistens nicht ganz ausreicht, um die nächste Monatsmiete zu bezahlen und/oder die eigene Ernährung sicher zu stellen.

**29.06.2002 * * * Geislingen, Helfenstein Festival**
Einer der schönsten Tage in unserer bisherigen Bandgeschichte geht zu Ende, wir holen uns unsere vereinbarten 3 Euro (!) Gage ab und gehen glücklich nach Hause.

Nimmt man allerdings einen Vollzeitjob an, geht studieren oder macht eine Ausbildung, fehlt wiederum die Zeit, um noch genügend Energie in die Band zu stecken. Ein Teufelskreis.

Hier können aber Kurzzeitjobs Abhilfe verschaffen. Ein halbherzig geführtes Vorstellungsgespräch bei einer der vielen Zeitarbeitsvermittlungsfirmen dieses Landes reicht aus, und schon wird man willkürlich in die unterschiedlichsten, unterbezahltesten, unmenschlichsten und beschissensten Jobs der Welt vermittelt. Klingt mies, ist aber in Wirklichkeit gar nicht so schlimm. Jedenfalls würden wir das sagen, wenn wir lügen würden. Man muss eben wohl oder übel Opfer bringen als junger Musiker, und da der Sprit für den Bandbus irgendwie gezahlt werden will, müssen ab und zu Nebenjobs angenommen werden, die auf den ersten Blick nicht die allerattraktivsten sind.

Wir haben in den ersten Jahren von Itchy Poopzkid Unmengen an verachtungswürdigen Arbeiten verrichtet, nur um am Wochenende wieder ein paar Shows spielen zu können. Unter anderem haben wir in einer Filztuchfabrik wochenlang 20 × 20 Meter große Filztücher über monströse Walzen gezogen. Mitten im Winter bei teilweise -19°C waren wir mit Schneeanzügen und Moonboots bewaffnet als Austräger von Telefonbüchern (!!) tätig. Wir haben 21 Tage lang, monoton und immer mit dem gleichen Bewegungsablauf, Werbeaufsteller für „Fisherman's Friend" zusammengebaut und den halben Sommer bei irrsinniger Hitze Stahlplatten über einen zweihundert Meter langen Firmenhof getragen. Der einzige Tipp, den wir euch in diesem Bereich geben können: Sucht euch einen coolen, flexiblen Nebenjob mit nettem Chef und macht um Himmelswillen alles anders, als wir es getan haben.

***PANZER:*** *Viele der Kurzzeitjobs, die wir hatten, haben Sibbi und ich zusammen bei der jeweils gleichen Firma gemacht. Unsere oberste Priorität bei den verschiedenen Jobs war, so wenig wie möglich zu arbeiten und trotzdem so spät wie möglich gefeuert zu werden. Das ist gar nicht so einfach, wie es klingt, aber wir haben uns im Laufe der Zeit zu sehr großen So-tun-als-ob-man-arbeiten-würde-Künstlern entwickelt.*

*Einen Sommer haben wir bei einer Filztuchfabrik gejobbt, und alle unsere Mitarbeiter hatten durch die Bank extrem hässlich aussehende, dicke, krustige Verwulstungen an den Händen, weil der Filz die Fingerknöchel auf Dauer so beansprucht und verformt. Sibbis und meine Hände sahen auch nach drei Wochen an der Filztuchwalze noch aus, als hätten sie noch nie ein Filztuch gesehen und wären zusätzlich drei mal täglich mit Bepanthen Babysalbe eingerieben worden. Ich kann mich noch erinnern, dass am letzten Arbeitstag unser Vorarbeiter zu mir kam, mir liebevoll den Arm um die Schulter legte, einen Euro in meine Hand drückte und sagte: „Junge, ich wollte dir noch sagen, dass wir dich eigentlich nur aus Mitleid nicht rausgeworfen haben."*

***SIBBI:*** *„Einen besonders gut bezahlten Nebenjob hatte ich einmal in einer Härterei. Nach dem letzten Arbeitstag der zweiwöchigen, ziemlich harten Schufterei, ging ich tanzend vom Firmengelände, stieg in mein Auto und fuhr nach etwa 50 Meter direkt an der ersten Kreuzung in den Kofferraum eines vor mir stehenden LKWs. Mein Arbeitslohn der zwei Wochen und die Reparaturkosten deckten sich kurioserweise zu exakt 100%."*

Will man mit seiner Band etwas erreichen, muss man aber auch bei Nebenjobs wissen, wann es sinnvoll ist, Prioritäten zu setzen.

***SIBBI:*** *„Bei einem weiteren dreiwöchigen Ferienjob kam am ersten Wochenende das Europa-Finale eines großen Nachwuchswettbewerbs dazwischen, welches auf dem renommierten Taubertal Festival stattfand und von Freitag Vormittag bis Sonntag Abend dauerte. Korrekt wie ich bin, habe ich meinen Chef bereits einige Tage davor darüber informiert, dass ich am Freitag somit nicht zur Arbeit kommen kann. Etwas verdutzt sagte er „Das geht leider nicht." Ich entgegnete, dass er es falsch verstanden habe, ich überhaupt nicht fragen wollte, ob ich am Freitag fehlen darf, sondern ihm nur mitteilen wollte, dass ich am Freitag definitiv nicht da sein werde.*

*Er sagte darauf: „Dann teile ICH Ihnen hiermit mit, dass Sie am Montag und während der restlichen zwei Wochen Ihrer Arbeitszeit auch nicht mehr kommen brauchen."*

KAPITEL 2

# IM STUDIO

## KAPITEL 2.1. >>> Wo nehme ich auf, mit wem, wie lange und warum?

Irgendwann kommt man als Band an einen Punkt, an dem man merkt, dass man seine geschriebenen Lieder irgendwie mal aufnehmen sollte. Dieser Zeitpunkt ist ein guter Moment, sich mit dem Thema „Studio" auseinander zu setzen. Schließlich ist eine ordentliche Demoaufnahme das erste wirkliche Aushängeschild einer Band. Hier gibt es die unterschiedlichsten Herangehensweisen: Manche Gruppen wollen schon für die erste Demo-CD Zehntausende von Euro investieren, am liebsten direkt drei Monate in den Abbey Road Studios in London aufnehmen, das Ganze dann von Starproduzent Chris Lord Alge mischen lassen und dann zum Schluss nach New York City schicken, um Ted Jenson von Sterling Sound das Mastering durchjagen zu lassen. Andere Gruppen hingegen wollen am liebsten gar kein Geld für eine Aufnahme ausgeben und nehmen daher alles selbst zu Hause an zwei Tagen auf, neben der Einbauküche mit einem altersschwachen Computer und einem einzigen vielfach verbeulten Mikro, welches die Vormieter im Proberaum vergessen haben.

Beide Varianten sind für den Anfang nicht unbedingt empfehlenswert. Ein goldener Mittelweg ist hier die bessere Wahl. Ein gut ausgerüsteter, sympathischer Produzent, der mit eurer Musik etwas anfangen kann, eine Vision hat, nicht allzu teuer ist und vor allem Bock hat euch aufzunehmen, ist für den Anfang genau richtig. Viele gute Produzenten sind übrigens schon allein an ihrer Frisur zu erkennen.

***SIBBI:*** *Über irgendeine Empfehlung kam der Kontakt zu Achim Lindermeir zu Stande. Im Vorfeld hörte man nur Gutes. Vor allem für eine junge, unbekannte Band wie uns hat sich die Tatsache, dass hinter seinem Namen in Klammern Bands wie Die Happy und sogar A-HA als Referenz standen, positiv auf den Vorfreudepegel ausgewirkt. Im Endeffekt war das für eine junge, unbekannte Band wie uns sogar alles, was es brauchte, um Hals über Kopf zu Achim ins Studio zu stürzen. Immerhin kannten wir all diese Bands aus dem Fernsehen. Glücklicherweise haben wir uns aber zudem auch menschlich super mit Achim verstanden, obwohl wir einige Zeit gebraucht haben, sein Gesicht zu finden – aufgrund der schier unmenschlichen Masse an kräuseligen Haaren, die seinen Kopf umgaben.*

*WIE GUT wir unsere erste Produzentenwahl getroffen haben, beweist wohl am besten die Tatsache, dass wir nicht nur unsere EP im Jahr 2002 mit ihm aufgenommen haben, sondern äußerst zufrieden unsere kompletten ersten fünf Studioalben von 2005 bis 2013!*

**08.01.2005 * * * Auszug aus dem Studiotagebuch zu unserer ersten CD „Heart To Believe“**
Achims schönster Kommentar zu Panzers Gesang war bisher: „Wenn ich dich singen höre, möchte ich Sex mit meinem Kopfhörer haben.“

Es gibt zwei Arten von Bands. Die einen, die es kaum erwarten können, ihre kreativen Ergüsse im Studio für die Ewigkeit festzuhalten, und die anderen, die nur deshalb ein Album aufnehmen, um einen Grund zu haben, endlich wieder auf Tour zu gehen. Wir gehören definitiv zu den letzteren. Da man ja aber dennoch ständig neues Vorzeige- und Vorstellungsmaterial braucht, gerade in den Anfangstagen, kann man auch zwei Fliegen mit einer Klappe schlagen.

***PANZER:*** *Um dem ganzen ewigen Studiotrubel also zu entgehen, hatten wir uns 2003 dazu entschlossen, einfach zwischendurch mal ein Live-Album rauszubringen. Da nimmt man ganz simpel in guter Qualität ein komplettes Konzert auf, selektiert die besten Songs, mischt das Ganze noch ein bisschen, und fertig ist das Ding. Jedenfalls war so der Plan. Als wir uns nach dem Konzert zum Auswählen der besten Songs in freudiger Erwartung bei Achim im Studio trafen, mussten wir leider feststellen, dass wir es geschafft hatten, in fast jeden Song richtig krasse Fehler reinzuspielen oder uns unsäglich schlimm zu versingen. Und ich meine jetzt nicht so ein bisschen, sondern wirklich richtig grauenhaft. Teilweise konnten wir uns nicht mal an unsere eigenen Texte erinnern. Nach und nach haben wir so also Song für Song durchgehört, und ständig fielen so ernüchternde Sätze wie „Puh... also den können wir so echt nicht draufpacken, lass mal den nächsten hören" oder „Okay, das klingt so schief, das kann man auf keinen Fall auf eine CD pressen." Nach einer zweistündigen, ziemlich ernüchternden Selektions-Phase hatten wir dann von 11 Songs noch genau zwei übrig, die wir guten Gewissens auf das Album hätten packen können. Da man mit nur zwei Songs ja aber kein ganzes Album rausbringen kann, haben wir nach kurzer Diskussion dann einfach die anderen neun auch noch mit draufgenommen. Der Titel der CD lautete dann ehrlicherweise „Fuck up's – Live". Hat sich schweinegut verkauft, die Scheibe.*

## KAPITEL 2.2. >>> Die richtige Vorbereitung

Eine ausgiebige und intensive Vorbereitung auf einen Studioaufenthalt ist absolut unverzichtbar. Das sagt einem jeder Produzent. Manche Produzenten sagen das sogar sehr, sehr oft. Manchmal rufen sie auch extra noch ein paar Mal an, um das zu betonen. Zwar weiß insgeheim jeder, dass man mittlerweile mit Effekten, Autotunern und sonstigen Geräten jeden noch so verkorksten Herumgröler zum guten Sänger machen und mit Schnitttechnik jedes mies gespielte Instrument der Welt tight schneiden kann, aber darauf sollte man sich auf keinen Fall verlassen.

Viele Stunden gemeinsam im Proberaum und viel, viel Übung sollten sicherstellen, dass jeder teilnehmende Musiker bis zum Aufnahmebeginn seine Parts perfekt einstudiert hat und quasi blind und taub zu jeder Tages- und Nachtzeit von sich geben kann. Sollte es am Ende doch nicht funktionieren wie geplant, weiß zum Glück ja jeder ganz genau, dass man mittlerweile mit Effekten, Autotunern und sonstigen Geräten jeden noch so verkorksten Herumgröler zum guten Sänger machen und mit Schnitttechnik jedes mies gespielte Instrument der Welt tight schneiden kann.

***SIBBI:*** *Gott sei Dank ist der Mensch ein lernfähiges Wesen. Vor unserer ersten Demo-Aufnahme haben wir nicht nur nicht für den Studioaufenthalt geprobt, schlimmer noch, wir haben nicht mal neue Saiten auf die Gitarren gezogen. Im Studio selbst waren wir zudem überrascht, warum während jeder Aufnahme auf unseren Kopfhörern so ein nervendes Klickgeräusch zu hören war, bis uns unser Produzent versicherte, dass man das in Studios so macht und dieser „Klick" dazu beitragen soll, den Takt zu halten. Wie man richtig zu so einem Klick spielt, haben wir frühestens beim zweiten Album so richtig verstanden.*

**23.12.2004 * * * Studiotagebuch**
Sibbi und Panzer haben heute zusammen für einen (!) Song 152 Takes (!!!) gebraucht. Achim sagt trotzdem ständig: „Wir liegen verdammt gut in der Zeit!"

## KAPITEL 2.3. >>> Die korrekte Ernährung

Kohlenhydrate, zahlreiche Vitamine und viel magnesium- und calciumhaltiges Wasser sind das A und O einer ausgewogenen Ernährung während eines Studioaufenthaltes. Um Topleistung abzuliefern, muss der Körper mit allen notwendigen Nährstoffen versorgt werden. Geht natürlich alles auch ohne, ist aber nicht zu empfehlen. Sagen jedenfalls schätzungsweise mit Sicherheit irgendwelche Ernährungswissenschaftler.

Gemeinsames abendliches Kochen unterstützt zusätzlich das soziale Bandgefüge und fördert den angestrebten Familiengedanken. Außerdem kann man bei Tisch hervorragend die Erlebnisse des Tages mit den Mitmusikern teilen und kleine, angesammelte Ungereimtheiten aus der Welt schaffen. Es ist unheimlich wichtig, den Problemen keine Chance zu geben sich aufzustauen. Zu einer eventuell aufkommenden

Diskussion über bandinterne Unstimmigkeiten bei Tisch reicht man am besten Pasta, süßen Sprudel und einen schwäbischen Kartoffelsalat mit kleinen Zwiebeln.

***PANZER:*** *Bei unserem ersten Studioaufenthalt ging unser komplettes Geld für die Aufnahmen drauf. Wir hatten wirklich einfach überhaupt gar kein Geld mehr für irgendwas. Dementsprechend mussten wir unsere Ernährung während den Aufnahmen dem Münzenfach unseres Geldbeutels anpassen. Wir haben uns dadurch standhaft wochenlang einzig und allein von „Gut & Günstig"-Tiefkühlbaguettes ernährt, die gezwungenermaßen in einer versifften Mikrowelle nicht gebacken, sondern lediglich erwärmt wurden. Einmal in der Woche war in der Dorfkneipe nebenan allerdings „Spaghetti-Tag", wo es tatsächlich einen Teller Spaghetti mit Soße für nur 50 Cent gab. Das war jedes Mal wie ein kleines Weihnachtsfest für uns. Leider lag die Qualität der Nudeln geschmacklich eher bei 25 Cent, aber das war uns eigentlich auch egal. Hauptsache, wir konnten zwischendurch mal bei uns selbst den Eindruck erwecken, noch genug Geld zu haben, um auswärts essen gehen zu können. Außerdem hatte die Kellnerin dort einen Harley Davidson Motorblock über den gesamten Rücken tätowiert, was ja auch schon mal beachtlich ist.*

***SIBBI:*** *Beim Studioaufenthalt zu unserer zweiten Full-Length CD waren wir auf unserem Weg in den Rockolymp immerhin schon so weit gekommen, dass wir uns neben dem 50-Cent-Spaghetti-Mittwoch auch noch einen Döner-Montag leisten konnten. Leider hat uns der wöchentliche Besuch fast das letzte Hemd gekostet, da der Dönerbesitzer (Herr Oguz) in seiner Bude die Regel aufstellte, dass bei einem Döner (Originalpreis 3 Euro) jeder Extra-Wunsch bzw. jede Änderung 40 Cent Aufpreis kostet. Und er meinte tatsächlich JEDEN Extra-Wunsch.*

*Das habe ich direkt bei der ersten Bestellung schmerzlich erfahren, als ich für meinen „Döner OHNE Tomaten, OHNE Zwiebel und OHNE scharfe Soße" 4,20 Euro zahlen musste. Auf meine verdutzte Nachfrage hin erklärte er mir relativ aufbrausend: „Weißu, ich mach die ganze Tag diese Bewegung mit meine Hände. Von Swiebl in Kraut in Tomate in Salat zu Soße. Weißu wie viel Zeit mich das koste tut, wenn ich die Bewegung bei jede Bestellung anders mache muss?!?!?!?!?"*

*Ab diesem Zeitpunkt hab ich meinen Döner einfach immer „ganz normal" bestellt und dann draußen vor dem Döner-Laden alles, was ich nicht mochte, in den Mülleimer gekratzt.*

*PANZER: Und ich bin ja immer noch der Meinung, dass es ein super Geschäftsmodell gewesen wäre, direkt gegenüber des Dönerladens eine „Änderungs-Dönerei" aufzumachen.*

## KAPITEL 2.4. >>> Die Unterkunft

Musikanten erlernen im Laufe der Zeit relativ schnell, dass der Begriff „Privatsphäre" ab dem Zeitpunkt des Eintritts in eine Band nur noch ein weit entfernter Punkt am Horizont ist, der von nun an in ihrem Leben keine Rolle mehr spielen wird. Auf Tour, im Bus, im Proberaum und im Studio ist man 24 Stunden lang von seinen Mitmusikern umgeben. Morgens, mittags, abends und nachts. Damit sollte man sich besser früh als spät abfinden. Hat man als Band irgendwann den finanziellen Status erreicht, wo man sich in einem Hotel auch mal Einzelzimmer leisten kann, sollte man das unbedingt ausnutzen. Ab und zu kann es durchaus hilfreich sein, wenn man mit dem eigenen Rhythmusgitarristen wenigstens zwei Tage im Jahr nicht auch noch die Bettdecke teilen muss. Bis dieser Luxus erreicht ist, ist es aber ein langer und steiniger Weg.

Bei der Wahl der Unterkunft für einen Studioaufenthalt sollte man darauf achten, dass zumindest ein minimaler Grundkomfort gegeben ist. Es geht natürlich auch ohne, aber schön ist dies dann halt nicht so wirklich.

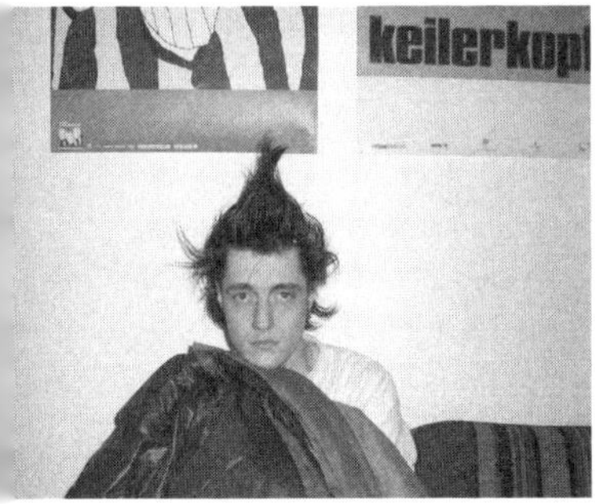


*SIBBI: Zum Grundkomfort unseres ersten Studios ist so viel zu sagen, dass Saikov im fensterlosen Aufnahmeraum ohne Heizung übernachtete und Panzer und ich jeweils ein altes Sofa in der „Küche" des Studios unser Eigen nennen durften. Eines Morgens schaute ich verschlafen rüber zu Panzer und fragte mich, warum seine Haare, sein Gesicht und sein ganzer Körper von kleinen schwarzen Kügelchen übersät waren. Bei näherer Inspektion fiel mir dann auf, dass ein Rudel Ratten die komplette Nacht damit verbracht hatte, durch die Ritzen in der Decke auf meinen Bassisten zu scheißen.*

**26.01.2005 – Studiotagebuch**
In Saikovs Schlafraum war es heute Nacht so kalt, dass sich in seiner Mineralwasser-Flasche tatsächlich Eisbrocken (!) gebildet haben.

*PANZER: In unserem ersten Studio gab es nicht mal eine Toilette im Haus. Wenn man nachts im Schlafsack auf seinem Sofa aufwachte und dringenden Harndrang verspürte, musste man sich erstmal komplett anziehen, drei Türen und einen langen Flur durchqueren, das Studiogebäude verlassen, über eine Brücke laufen, das Nachbargebäude aufschließen, dort pinkeln, und bis man irgendwann später endlich wieder zurück im Schlafsack lag, ging dann meistens auch schon die Sonne auf. Dusche hatte es übrigens überhaupt keine, was dazu führte, dass wir in diesem kompletten Sommer schätzungsweise höchstens zwölfmal geduscht haben. Immer mittwochs sind wir alle drei zusammen feierlich an einen nahe liegenden Baggersee gefahren, um uns dort zu waschen. Und das ist leider nicht mal gelogen. Es fühlte sich immer ein bisschen an wie Urlaub in Rimini.*

## KAPITEL 2.5. >>> Was Produzenten sagen und was sie meinen – Ein Übersetzungsguide

Ein guter und erfahrener Produzent zeichnet sich nicht zuletzt dadurch aus, psychologisch positiv auf die Band einwirken zu können. Dabei wird besonderer Wert darauf gelegt, jeden einzelnen Musiker individuell zu pushen und zu motivieren. Persönliche Kritikpunkte und Verbesserungsvorschläge werden von einem Produzenten also niemals mit einem negativen Beigeschmack vorgetragen, sondern sind stets in einen verbalen Blumenstrauß verpackt, um die Feel-Good-Oase des – mitunter sehr unfähigen – Musikanten nicht zu zerstören.

Dennoch ist es für einen Musiker wichtig, diese verschönerten Aussagen richtig zu deuten, um die wahren Forderungen des Produzenten in die Tat umsetzen zu können. Wir haben hierfür einen kurzen Übersetzungsguide zusammengestellt.

Der Produzent sagt ( ) vs.
Der Produzent meint ( )

„Ja, schon ganz geil! Machen wir gleich nochmal einen Take!“
„Das klingt ja wie ein Haufen geballter Scheiße! Spielt der jetzt die ganze Zeit so?“

„Jaaaaaaa, langsam wird's! Achte noch ein bisschen mehr aufs Timing!“
„Wie der schwankt! Boah, wie der schwankt! Der schwankt so schlimm!“

„Brauchst du den Klick lauter?"
„Alter, du spielst jeden Ton zwei Sekunden später als der Schlagzeuger!"

„Ist alles okay bei dir?"
„Sag bitte einfach, dass du krank bist und das die Erklärung für deine Performance ist…"

„Ja, die Energie stimmt! Versuch beim Singen noch ein bisschen mehr auf die Intonation zu achten!"
„Das kann sich so kein Mensch anhören. Da stimmt kein einziger Ton, du brüllst nur wahllos ins Mikro rein!"

„Das ist der Bass, den du auch bei Konzerten benutzt, ja?"
„Der klingt wie 'ne Gießkanne! Kauft euch endlich mal richtige Instrumente!"

„Ja, ganz charmant!!"
„Besser wird es mit deinen Fähigkeiten eh nicht mehr."

„Ja, der war jetzt echt ganz okay. Den Take nehmen wir jetzt einfach so."
„Das spiel ich alles heute Nacht heimlich nochmal selbst ein."

## KAPITEL 2.6. >>> Nebenbeschäftigungen während des Studioaufenthalts

Eine Albumproduktion bringt immer auch viele Warte- und Leerlaufzeiten mit sich. Wenn der Sänger beispielsweise gerade singt, kann der Schlagzeuger zeitgleich eben nicht viel machen und sollte sich andere Beschäftigungen suchen, um seine freie Zeit sinnvoll zu gestalten.

Am besten ist es, in dieser „freien" Zeit den neuen kreativen Prozess der Band auf anderen Ebenen weiter voranzutreiben und sich beispielsweise um die Gestaltung des Artworks und des Albumbooklets zu kümmern. Auch für kommende Fotoshootings, Bühnengestaltung, Webseitenauftritt usw. müssen während des Aufnahmezeitraums dringend Ideen gesammelt und gebündelt werden. Jedenfalls wäre das am sinnvollsten.

***PANZER:*** *Jedes Mal, wenn wir ein Studio betreten, um uns dort für längere Zeit einzuquartieren, ist das erste, was wir anschließen, keine Gitarre, kein Bass und kein Mikrofon, sondern eine Playstation.*

*Auch ist die Playstation an jedem Aufnahmetag morgens das erste elektronische Gerät, das eingeschaltet und abends das letzte, das wieder ausgemacht wird. Beschränkt sich die Playstationbegeisterung ausschließlich auf die anwesenden Musiker, ist eine aufkommende terminliche Katastrophe eventuell noch abwendbar. Wenn allerdings der Produzent selbst auch noch mitspielen will, kann man den aufgestellten Aufnahmezeitplan umgehend wegwerfen. Ich bin mir total sicher, dass wir pro Album in etwa ein bis zwei Wochen weniger im Studio gebraucht hätten, wenn wir nicht jeden Tag mehrmals uferlos ausartende FIFA-Fußballturniere auf der Playstation veranstaltet hätten...*

## KAPITEL 2.7. >>> Die Albumrelease / Wie promote ich meinen Tonträger

Ist das neue Werk irgendwann fertig produziert und bereit, das Licht der Öffentlichkeit zu erblicken, gilt es, als Band eine gute Promotionstrategie zu entwickeln. Hat man noch keine Plattenfirma unterm Arsch, die einem alles abnimmt, oder hat man gar sein eigenes Label, ist es sinnvoll, sich diverse Promoagenturen für die Bereiche, von denen man selbst keine

Ahnung hat, zu suchen und zu engagieren. In unserem Fall waren das anfangs viele Bereiche, von denen wir keine Ahnung hatten. Also eigentlich fast alle. Nein... Moment... es waren alle.

Nach der Veröffentlichung des Albums wird man relativ zügig und geballt mit den Reaktionen der Fachpresse konfrontiert. Mit diesem Übermaß an Feedback umzugehen, ist als Musiker oftmals gar nicht so einfach: Während man von einem Magazin in den Himmel gelobt wird, bezeichnet dich eine andere Zeitschrift als den Untergang der Musiklandschaft. Außerdem bleibt einem zwischen hundert tollen Rezensionen meist die eine, die schlecht war, im Kopf. Hier sollte man sich unbedingt klarmachen, dass eine Plattenrezension immer nur der subjektive Eindruck eines einzelnen Musikredakteurs ist, der meist selbst eine Band hatte, die es mittlerweile nicht mehr gibt. Im Laufe der Zeit lernt man, einen abgeklärten Umgang mit der Musikpresse zu entwickeln. Erfahrungsgemäß ist es wichtiger, dass deine Fans die Platte lieben und die Musikredakteure sie scheiße finden, als andersrum.

> Alle anderen Songs dieser CD sorgen kurzfristig für spontanes Fluchtverhalten und längerfristig für Magengeschwüre. Das gilt vermutlich auch für die Alben anderer Punkrock-Bands, aber genauso für die „Poopzkids"

***PANZER:*** *Als wir 2005 unser erstes Album rausgebracht hatten, rief uns nachmittags unsere Pressepromoterin an, und ich erinnere mich an folgenden Dialog:*
*PP: „Jungs, ich hab eine gute und eine schlechte Nachricht."*
*Wir: „Dann zuerst die Gute"*
*PP: „Wir haben's geschafft: Wir sind endlich in der VISIONS!"*
*Wir: „Boah, wirklich!!?? Wahnsinn! Und was ist die Schlechte?"*
*PP: „Hier, lest."*

## Itchy Poopzkid

### Heart To Believe

Where Are My Records/SonyBMG

**„Drei Mann, drei Instrumente, drei Akkorde, ein beschissener Bandname und kein Talent."**

Schade nur, dass dieser Satz aus dem beiliegenden Promo-Zettel und nicht vom Rezensenten selbst stammt. Treffender hätte man eine Einleitung für Itchy Poopzkid nämlich nicht formulieren können. Die Frage ist nur, ob solche Steilvorlagen bewusst eingebaut worden sind, um eventuelle Kritik vorwegzunehmen. Oder um witzig zu sein? In der Tat liegt hier ein Album vor, zu dem der wahrscheinlich dämlichste Bandname seit langem gehört und bei dem sich der musikalische Inhalt nahtlos der sinnentleerten Verpackung anpasst. Poppiger Punkrock im Sinne von Sum 41 oder Good Charlotte, der in seinen besten Momenten an Goldfinger erinnert und ansonsten inspirations- und orientierungslos dahindümpelt wie, sorry, Harald Juhnke in seinen letzten Wochen. Eine tief in der Postpubertät gefangene Stimme, die nur eine Tonlage zu kennen scheint. Melodien, die trotz ihrer Penetranz so zahnlos daherkommen, dass sie Rolf Zuckowskis Kinderchor bedenkenlos auf jeder Weihnachtsfeier des örtlichen Altenstifts vortragen könnte. So jagt ein Killer-Refrain den anderen, bis zum nächsten „Aaahhhh"- und „Oooohhhh"-Chor ist es garantiert nicht weit. Gegen die geistige Größe dieser Band wirkt selbst Wahlwerbung der APPD wie eine lyrische Erleuchtung. Wem das als Information nicht gereichen mag, kann sich auf der Homepage www.scheisscombo.de (kein Spaß) von den Qualitäten des juckenden Pupskindes überzeugen.

STEFFEN EISENTRAUT

Im Releasezeitraum hat man als Band – im besten Fall – außerdem einen Interview-Marathon zu absolvieren. Man sollte sich also vorher schon darauf einstellen, in den nächsten Wochen immer wieder dieselben Fragen für unterschiedliche Formate aus Radio-, TV-, Print- und Online-Medien zu beantworten. Hier kann sich schnell eine diabolische Routine einschleichen, die irgendwann jedes Interview nach einem runtergeratterten, auswendig gelernten Antworttext klingen lässt. Es gilt also, sich ständig etwas Neues auszudenken, um nicht ständig dasselbe zu sagen. Ob das dann auch wirklich stimmt, ist eigentlich egal. Wenn man während des Interviews feststellt, dass man sich selbst zu langweilen beginnt, sollte man schleunigst die Notbremse ziehen. Dem Moderator das Mikrofon wegzunehmen und anfangen, IHM Fragen zu stellen, ist hierbei beispielsweise absolut legitim.

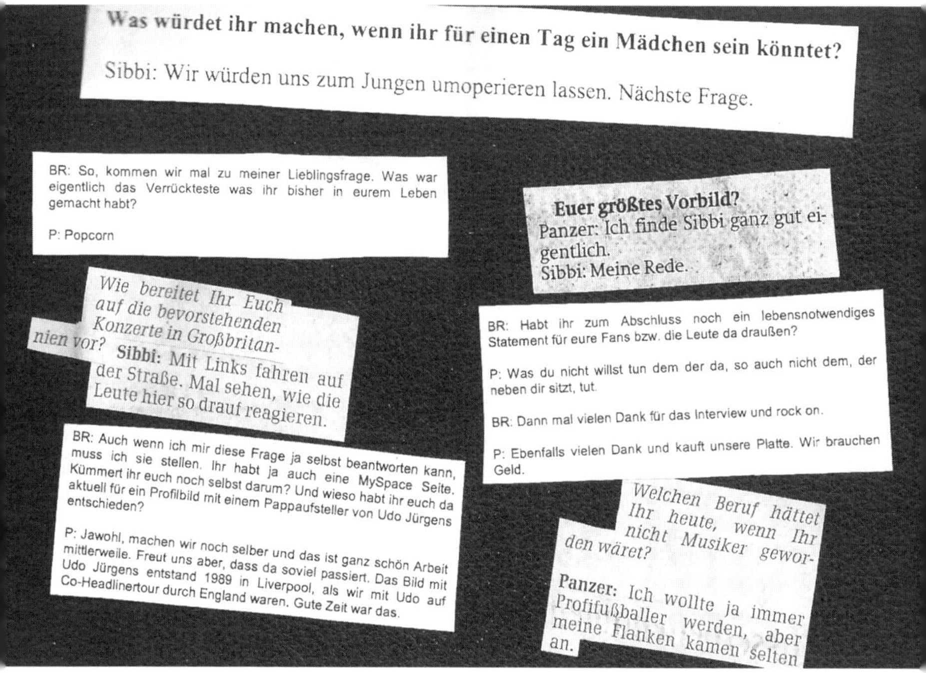

**Was würdet ihr machen, wenn ihr für einen Tag ein Mädchen sein könntet?**

Sibbi: Wir würden uns zum Jungen umoperieren lassen. Nächste Frage.

BR: So, kommen wir mal zu meiner Lieblingsfrage. Was war eigentlich das Verrückteste was ihr bisher in eurem Leben gemacht habt?

P: Popcorn

**Euer größtes Vorbild?**
Panzer: Ich finde Sibbi ganz gut eigentlich.
Sibbi: Meine Rede.

*Wie bereitet Ihr Euch auf die bevorstehenden Konzerte in Großbritannien vor?* **Sibbi:** Mit Links fahren auf der Straße. Mal sehen, wie die Leute hier so drauf reagieren.

BR: Habt ihr zum Abschluss noch ein lebensnotwendiges Statement für eure Fans bzw. die Leute da draußen?

P: Was du nicht willst tun dem der da, so auch nicht dem, der neben dir sitzt, tut.

BR: Dann mal vielen Dank für das Interview und rock on.

P: Ebenfalls vielen Dank und kauft unsere Platte. Wir brauchen Geld.

BR: Auch wenn ich mir diese Frage ja selbst beantworten kann, muss ich sie stellen. Ihr habt ja auch eine MySpace Seite. Kümmert ihr euch noch selbst darum? Und wieso habt ihr euch da aktuell für ein Profilbild mit einem Pappaufsteller von Udo Jürgens entschieden?

P: Jawohl, machen wir noch selber und das ist ganz schön Arbeit mittlerweile. Freut uns aber, dass da soviel passiert. Das Bild mit Udo Jürgens entstand 1989 in Liverpool, als wir mit Udo auf Co-Headlinertour durch England waren. Gute Zeit war das.

*Welchen Beruf hättet Ihr heute, wenn Ihr nicht Musiker geworden wäret?*

**Panzer:** Ich wollte ja immer Profifußballer werden, aber meine Flanken kamen selten an.

***SIBBI:*** *Aus Langeweile und aufgrund sich immer wiederholender Fragen haben wir in einem Interview für eine große Oberschwäbische Zeitung einmal erzählt, dass wir unseren seit seiner Kindheit alkohol- und drogenkranken Schlagzeuger bei einem USA-Aufenthalt unter gefährlichsten Bedingungen aus einer Satans-Sekte geholt und ihn dann illegal nach Deutschland eingeflogen haben, wo er sich nun nach und nach ins Leben* *zurückkämpft, und all das trotz des immensen Drogenrückfall-Risikos, dem sich ein tourender Rock-Schlagzeuger tagtäglich gegenüber sieht. Wir lachten genau so lange über diese Interview-Situation, bis uns unser damaliger Manager die Zeitung eines Tages fuchtelnd unter die Nase hielt und fragte, ob wir eigentlich den Arsch offen hätten, bei einem so großen und wichtigen Interview so viel Scheiße zu erzählen, aber dafür kein einziges Wort über unser neues Album zu verlieren.*

Auch auf die ewig wiederkehrende Frage nach dem Bandnamen kann man entweder wahrheitsgetreu antworten oder aber seiner Kreativität freien Lauf lassen.

? *Itchy Poopzkid, was bedeutet eigentlich der Bandname?*

**Sibbi:** Moin! Itchy Poopzkid, das ist der arabische Gott des Wetters. Mit der Wahl des Bandnamens wollten wir sicherstellen, dass bei jedem Open-Air-Festival auf dem wir spielen die Sonne scheint.
**Panzer:** Offensichtlich scheinen wir ihn aber mit dem Namensmissbrauch verärgert zu haben...

## KAPITEL 2.8. >>> Im Radio

***SIBBI:*** *Bei einem unserer ersten Berlinbesuche überhaupt und einem Radiointerview bei Star FM haben sie mir, nach langem Drängen meinerseits, erlaubt, die Verkehrsmeldungen live im Radio vorzulesen und ich habe aus den Stichwörtern „Prenzl. Berg 10 min" auf dem Studiomonitor den Satz „Auf dem Prenzler Berg gibt es heute außerdem auch noch zehn Kilometer Stau" gemacht, weshalb es tatsächlich Anrufe beim Radiosender von Zuhörern gab, die sich über meinen schwäbischen Fauxpas lustig gemacht und sich teilweise sogar ernsthaft beschwert haben. Kann ich ja nicht wissen, dass der Berg im Stadtbezirk gar kein Berg ist, Prenzl. die Abkürzung für „Prenzlauer" ist und es gar nicht möglich ist, dass es dort zehn Kilometer Stau am Stück gibt.*

*Nach diesem Vorfall durfte ich bei unseren Besuchen in den darauf folgenden Jahren die Verkehrsdurchsagen übrigens nicht mehr vorlesen. Erst letztes Jahr gab es einen kleinen Lichtblick, als mir erlaubt wurde, den Wetterbericht einzusprechen.*

*PANZER: Das Schlimmste ist immer, wenn wir auf Interviewtouren in Radio-Morningshows zu Gast sind. Da muss man dann morgens um 6:30 Uhr antanzen, hat gerade mal den Zahn geputzt und befindet sich schon direkt live in einer „Hurra-Wach-Gute-Laune"-Sendung. Morgens um sechs Uhr dreißig! Dazu kommt noch, dass Radio-Morningshow-Moderatoren eine spezielle Gattung von Menschen sind, die irgendwie immer ultragut drauf sind und ständig hyperagieren, als hätten sie zum Frühstück kein Vollkornbrot, sondern einen Zentnersack Speed zu sich genommen. Sibbi und ich haben über die Jahre gelernt, uns auf Promoreisen zusammenzureißen, um ab und an auch morgens schon halbwegs mitlachen zu können. Max ist da leider noch nicht so weit. Einmal ist er mitten in einem Interview, während einer an ihn gerichteten Frage, im Stehen eingenickt.*

**08.09.2005 * * * Aachen, Musikbunker**

Nach dem Soundcheck haben wir für ein Online-Magazin ein 45-minütiges, wirklich sehr lustiges Interview gegeben. Nach diesen 45 Minuten stellte sich heraus, dass das Diktiergerät ausschließlich Folgendes aufgenommen hat: „1, 2, 3, 4, ...Test ...Klick" – Danach haben wir dann versucht, alle im ursprünglichen Interview gesagten spontanen Witze noch einmal nachzuspielen, was unvermeidbar im unlustigsten Interview aller Zeiten endete.

**17.12.2005 * * * Tuttlingen**
Beim Radiosender angekommen, machte dann der Hakan die Türe auf, der uns weder kannte, noch wusste, dass wir jetzt ein Interview bei ihm haben. Daraufhin haben wir nochmal unseren Terminkalender und die dortigen Adressdaten angeschaut, sind zwei Häuser weiter gegangen und haben dort dann das geplante Interview für eine Tageszeitung gegeben.

**08.06.2007 * * * Zürich (CH), Festival**
Nachmittags haben wir diverse Fernseh- und Radiointerviews gegeben und eigentlich fast alle Fragen richtig beantwortet.

**14.03.2012 * * * Bochum, Matrix**
Ich erwache, als Sibbi den Vorhang meiner Buskoje aufreißt und mir mit weit aufgerissenen Augen und sehr laut flüsternd ein „DAS INTERVIEW!! WIR HABEN VERPENNT! MÜSSEN ZUM INTERVIEW!!" entgegenschreit.

Drei Minuten später stehen wir in Jogginghosen, ungeputzten Zähnen und verballertem Gesicht vor dem Bus und warten auf ein Taxi, das uns zum Bochumer Uniradio bringen soll. Mitten im Interview bekommen wir eine SMS von unserer Managerin: „Wow, ich hab noch nie eine Band erlebt, die es schafft, so unglaublich versoffen im Radio zu klingen. Herzlichen Glückwunsch."

***SIBBI:*** *Den Vogel abgeschossen haben wir auf einer siebentägigen Interviewtour im Jahre 2011, als wir die ersten beiden Interviews für Online-Radios in den Hinterraum einer Berliner Currywurst-Bude verlegten, weil am selben Tag zwei Stunden später dort ein Champions League-Spiel übertragen wurde, das wir unbedingt sehen wollten. Wir merkten leider erst am nächsten Morgen, dass sich durch den insgesamt fünfstündigen Aufenthalt in dieser Imbissbude etwa zwölf Liter altes und verranztes Friteusenfett in unsere Klamotten eingesogen haben und wir dadurch so unmenschlich stanken, dass wir uns selbst zu Tode geschämt haben. Somit waren bei jedem Radiosender während der nächsten sechs Tage die ersten Worte der Redakteure, Moderatoren und Mitarbeiter „Alter, was zur Hölle stinkt hier so erbärmlich??!?!?! SEID IHR DAS ODER WAS?!?!"*

**Merke:** Wenn in der Albumrelease-Woche in 80% der Radio-Interviews nur über Friteusenfett und Band-Gestank, aber nicht über das neue Album geredet wird, sollte man sich schleunigst Gedanken über die Promoaktivitäten zum darauf folgenden Album machen.

## KAPITEL 2.8. >>> Im TV

Das Fernsehen ist im Promotionbereich neben dem Radio die Königsklasse für jede Band. Hier erreicht man am meisten Menschen auf einen Schlag und kann neben der Musik auch die Optik der Band optimal in die Gehirne und Herzen der Zuschauer fräsen. Oder sein Gesamtbild für alle Zeit ruinieren. Dazu wird im TV die größte Professionalität gefordert, und vor allem bei Live-Sendungen gilt es, auf den Punkt hellwach zu sein und zu 100% abzuliefern.

**28.10.2005 * * * Köln, Underground**
**(WDR Rockpalast Aufzeichnung)**
Sibbi schafft es dann, bei unserem ersten großen TV-Live-Mitschnitt überhaupt mit seiner Gitarre eine mehrere 10.000 Euro teure Filmkamera komplett kaputt zu schlagen. Irgendwie ist das für beide Seiten wieder ziemlich kontraproduktiv.

## 22.03.2007 * * * Berlin, MTV TRL

Es gibt definitiv Unterschiede zwischen einem Auftritt bei „MTV trl" und einem Auftritt bei „MTV trl"! Es kommt halt immer drauf an, welche Band gerade zu Gast ist.

Wenn zum Beispiel Metallica bei „MTV trl" spielen, dann sieht das so aus: Morgens um 8 Uhr kommt ein Truck dort an und ein Bus. Aus dem Bus kommt eine 20-köpfige Crew und lädt in Windeseile den Truck aus, in welchem in riesigen Cases das Equipment der Band verstaut ist. Dann baut die Crew auf der trl-Bühne das Equipment auf und macht im Laufe des Vormittags noch einen Soundcheck. Pünktlich zum Show-Beginn um 16:20 Uhr fahren dann draußen nochmal vier Busse vor, aus denen die einzelnen Mitglieder der Band aussteigen, die dann vom Security-Personal in die Show geführt werden. Dort geben sie ein Live-Interview und treten auf. Nach ihrem Auftritt steigen die vier Musiker wieder in ihre vier Busse ein, während die 20-köpfige Crew das Equipment wieder in den Truck einlädt. Danach fahren auch sie mit dem Bus weiter.

Jetzt zum Auftritt der Band Itchy Poopzkid bei „MTV trl": Im Vorfeld bekommt unser Techniker Thimo Strobel einen Anruf von MTV, in dem ihm erklärt wird, wann die Crew da sein soll und dass die Band nachmittags einfach direkt zur Show kommen soll.

Thimo: „Äähmm... also... eine Crew... hmm... also... naja... also, sowas haben wir nicht."
MTV: „Äh? Ihr habt keine Crew?!" (flüstern im Hintergrund) „Äh, okay. Dann... ähm... seid einfach alle um 8 Uhr da."

Unser Wecker klingelt also um halb Sieben, wir gehen Frühstücken und fahren mit unserem Bus mit der Aufschrift „Kleinbusverleih Trick" ins MTV-Studio. Dort wird uns aufgemacht, und wir laden eigenhändig unser, sehr abgeranztes und äußerst amateurhaft verpacktes, Equipment in das TV-Studio. Zum Ausladen nutzen wir übrigens den hinten angebrachten Rollstuhlfahrstuhl (!)

Einige Minuten später sind im kompletten MTV-Studio überall irgendwelche zerzausten Equipmentteile von uns verstreut. Alles ist voller unverpackter Kleinteile. Keiner kommt mehr irgendwo durch und die MTV-Leute schauen uns an, als würden sie zum ersten Mal im Leben Marsmenschen sehen.

**07.12.2011 * * * Bremen, Lagerhaus**

Irgendwann steht ein Taxi vorm Bus, das die drei Musiker ins Fernsehen und Radio fährt. Für die Fernsehsendung müssen wir in die Maske, und während die nette Dame Max und Panzer kurz abpudert, kommt bei Sibbi nach zehn Minuten Geschminke, in Bezug auf seine Augenringe, nur der resignierend wirkende Kommentar: „Also... also irgendwie... also ganz krieg ich sie echt nicht weg, sorry“.

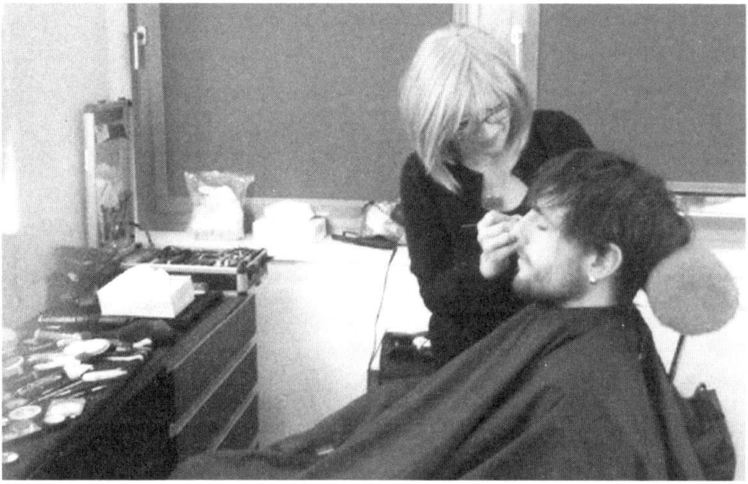

**14.08.2014 * * * Gampel (CH), Festival**

Gott sei Dank kommen wir nach der Zollkatastrophe und der Vollsperrung noch vor dem Auftritt an. Zwar um einiges später als mit den Veranstaltern abgemacht, aber noch rechtzeitig um nicht absagen zu müssen. Ich werde direkt aus dem Bus zu einem Interview-Marathon zu verschiedenen Sendern geschickt, an dem Panzer bereits rege teilnimmt. Irgendwann spielen wir für 'nen wichtigen TV-Sender eine Unplugged-Nummer, bei der nach der Hälfte des Songs eine Saite reißt und die Gitarre von hinten bis vorne total verstimmt. Der ganze Song ist also wirklich komplett verhunzt.

Moderatorin: „Keine Panik, kein Problem, ihr könnt ihn einfach nochmal spielen.“
Wir: „Okay gut... obwohl... wir sind eh schon echt spät dran... ähm... ach, sendet das einfach so. Bis zur Hälfte war es ja eigentlich ganz gut.“

KAPITEL 3

# AUF TOUR

## KAPITEL 3.1. >>> Passende und unpassende Konzertlocations

Im Laufe der Jahre entwickelt man langsam aber sicher ein gewisses Gespür dafür, welche Konzertlocations und Rahmenbedingungen sich gut für Shows eignen und von welchen Konzertanfragen man eher Abstand nehmen sollte. Bis man diese Altersweisheit irgendwann erreicht hat, spielt man allerdings mitunter an ganz schön vielen bizarren Orten. Einige davon sind ausgefallen großartig, die meisten davon sind zumindest ziemlich fragwürdig, und ab und zu durchaus auch komplett beschissen.

Wir haben vor allem zu unserer Anfangszeit so gut wie keine Möglichkeit ausgelassen, um irgendwo aufzutreten. Wir spielten unter anderem Shows in/auf/bei:

- diversen privaten Kinder- und Wohnzimmern
- Gemeindehäusern
- Billardzentren
- Skihallen
- Klamottenläden
- Musikmessen
- Lastwägen
- Flugzeughangars
- Junggesellenabschieden
- Vergnügungsparks
- Kartbahnen
- Demos in der Fußgängerzone
- Bauhaus-Museen
- Automobil-Museen
- Freibädern
- Uni-Mensen

Und so weiter und so weiter. Außerdem hatten wir Auftritte in zahlreichen schimmligen Punkclubs mit nur einer Steckdose. Dazu Festivals auf schneebedeckten Bergen und direkt am Meer an der französischen Atlantikküste. In ungarischen Hotelgärten, slowenischen Plattenläden und auf oberösterreichischen Dorffesten. Auf einer von Wasser umgebenen Bühne mitten in einem See und vor 100.000 Leuten am Brandenburger Tor in Berlin. Wo es genau am schönsten oder am schlimmsten war, wissen wir selbst nicht mehr so genau.

Insgesamt also über 800 Konzerte in 19 verschiedenen Ländern, und wir möchten nicht eine Show davon missen.

**05.06.2000 * * * Eislingen, Hausparty**

Irgendwie wird das Haus immer voller und voller. Zunehmend auch mit Leuten, die noch niemand von uns jemals zuvor gesehen hat. Egal. Ist ja nicht unser Haus. Irgendwann waren ungefähr 34 Leute in 'nem Kinderzimmer im ersten Stock, das ungefähr Platz für maximal zwölf Leute bot und dessen Grundriss dem einer handelsüblichen Kabinendusche glich. Hier fand übrigens unser Konzert statt. Zwischen den Songs beobachten wir mit nachdenklicher Miene den deutlich nach unten gebogenen Boden des Zimmers und vernehmen vermehrt besorgniserregende Knarz-Geräusche. Zum Glück werden wir sofort danach von einem vom Kinderstockbett hechtendem Stagediver wieder auf andere Gedanken gebracht. Das ganze Haus sieht aus wie ein Schlachtfeld. Falls der Veranstalter dieser Hausparty Eltern hat, wünschen wir ihm an dieser Stelle alles Gute. Beendet wird das Konzert dann übrigens – wie immer – zwei Lieder vor Schluss von der Polizei.

**02.11.2003 * * * Mülheim, AZ**

Wir sind also mal so in den Laden reingestolpert, und da ist buchstäblich nichts. Also gar nichts: keine Plakate von uns, keine ⏩

Flyer, keine Belegschaft und vor allem: keine Bühne! Mitten im Raum steht aber zumindest ein Punker mit einem Besen in einem Müllberg und versucht verzweifelt die Spuren der letztnächtlichen Party zu verwischen. Das muss unser Mann sein! Wir stellen uns höflich vor und erzählen, dass wir die Band sind, die heute Abend hier spielen soll. Er antwortet: „Echt? Achso ja... stimmt... äh." Etwas irritiert fragen wir weiter, wo denn der Veranstalter sei, mit dem wir alles weitere abklären können. „Der Chris?! Achso, ich glaub der kommt heute gar nicht." – Achso. Na dann. Danke.

Kurz darauf wird Panzer von einem ungefähr zwei Meter großen Hund angefallen, und wir fangen an, aus einem gestapelten Gerümpel voller Bühnenelemente eigenhändig so etwas wie eine Bühne zusammenzuschrauben. Nach einer Stunde Arbeit haben dabei zwar zwei von uns fast ihr Leben verloren, aber die Bühne steht. Also zumindest so etwas Ähnliches wie eine Bühne.

**04.07.2003 * * * Pforzheim, Marktplatzfest**

Unser heutiger Backstageraum befindet sich im Rathausgebäude. Als wäre das nicht schon schlimm genug, haben sie uns auch noch im Sitzungssaal der örtlichen CDU-Fraktion untergebracht. Gutmütig wie wir sind, verschönern wir später am Abend in leicht alkoholisiertem Zustand die dort aufgehängten, sehr teuer wirkenden ▸▸

Kunstgemälde mit unseren mitgebrachten Buntstiften. Wie sich allerdings später herausstellt, teilen die Fraktionsmitglieder unseren Kunstgeschmack nicht, da wir einige Tage nach dem Konzert eine Anzeige wegen Vandalismus im Briefkasten haben. Also die wählen wir bei der nächsten Wahl schonmal nicht.

**16.08.2003 * * * Berlin, Jugendkulturtage**
Kurz nach unserer Ankunft gingen wir direkt in den Konzertraum, um den Soundcheck zu machen, als plötzlich vier Leute reinkamen und einer von ihnen die Worte „Also gut, fangen wir an!“ sagte. Das Bizarre daran war nur, dass dieser Typ einen Kung-Fu-Anzug trug, und ehe wir verstanden haben, was eigentlich los war, standen wir mit den anderen Leuten zusammen in einem Kreis und haben an einem Kung-Fu-Kurs teilgenommen. Nach einer halben Stunde hatten wir die so genannte „Tigerkralle“ erlernt und verinnerlicht. Danach war Soundcheck.

**20.07.2003 * * * Karlsruhe, Das Fest**
Bei „Das Fest“ gibt es also zwei Bühnen. Eine Bühne ist so groß wie die Hauptbühne bei Rock am Ring, und davor stehen mehrere zehntausend Leute. Die andere Bühne ist ein Zirkuszelt, in dem ein einziger Mann mit einem Wasserschlauch steht. Wir spielen im Zirkuszelt.

**05.09.2003 * * * Biberach, Abdera Bandwettbewerb**
Endlich mal einen Bandwettbewerb gewonnen! Der Preis ist eine Brauereibesichtigung (auf welche wir – Stand: zwölf Jahre später – übrigens immer noch warten).

**07.06.2005 * * * Stuttgart, Uni-Wohnheim-Sommerfest**
Kaum ausgestiegen, rennt uns schon der Co-Veranstalter mit den Worten „Eh, sorry, wenn ich gewusst hätte wie das hier wird, hätte ich euch sicher nicht gefragt, ob ihr spielen wollt!“ entgegen. Mut machen geht anders.

**22.11.06 * * * Zürich (CH), Alpen Rockhouse**
Nun zum Club: Dieser ist ein großes Gebäude, und im Konzertsaal, der auch sehr groß ist, stehen lauter Alpenhütten aus Holz mit Bänken drin und Kunstschnee auf den Dächern. Die Wände sind mit einem herrlichen Alpenpanorama bemalt, es gibt einen Brunnen, einen riesigen offenen Kamin und man kann während des Konzerts auf den Holztischen Fondue essen. Also genau die richtige Atmosphäre für eine Rock’n’roll-Darbietung sondergleichen! ▸▸

Als wir auf die Bühne kommen, ergibt sich folgendes Bild: Vor uns eine große Fläche schönen Holzbodens. Rechts ein paar Leute, die auf den Bänken sitzen und Fondue essen. In der Hütte daneben unser Merchandiser Max, in der Hütte daneben unser Mischer Thimo. Dazwischen ein paar Leute. Links wieder eine Handvoll Menschen und daneben der schöne offene Kamin mit Feuer drin. Wir fragen uns kurz: „Was zur Hölle machen wir hier?", spielen dann ein grandioses Konzert, und ich muss sagen, dass wir die Leute echt im Griff haben. Am Ende stehen jedenfalls die meisten auf dem Holzboden vor der Bühne, und die Stammtischleute sitzen nicht mehr auf den Bänken, sondern STEHEN auf den TISCHEN!!! Auch wir spielen überall im Raum. In den Hütten, vor dem Kamin, auf den Tischen, auf dem Boden, überall. Danke an alle, die da waren. Grüaziwohl.

**30.03.2006 * * * Frankfurt, Musikmesse**
Etwas absurd alles: Auf der Musikmesse spielen eigentlich ausschließlich irgendwelche Instrumenten-Freaks, Metalmucker und Profi-Jazzmusiker, die auf Verstärkern mit 4000 Effekten irgendwelche hochwertigen Soli vor durchaus kritischem Messepublikum runterzocken. Aus irgendeinem Grund spielen dazwischen heute wir drei Volldeppen aus Eislingen an der Fils, rennen auf der Bühne rum, stolpern ständig über unsere eigenen Füße, und die Hälfte unseres Equipments funktioniert wie immer überhaupt nicht. Lustig ist auch, nach drei Takten mit anzusehen, wie die ersten Leute kopfschüttelnd das Zelt mit ihren Werbetüten unter den Armen wieder verlassen, weil sie auf so etwas wie uns nicht vorbereitet waren.

**14.07.2007 * * * Berlin, Wannsee**
Nachdem wir also mit zwei Polizeibooten (!) zur Bühne mitten im Wannsee gefahren wurden, sind wir auf die selbige geklettert und haben frenetisch losmusiziert. Irgendwie ist es aber nicht so prickelnd, wenn man einen 150 Meter langen Bühnengraben aus Wasser vor sich hat und es nicht mal wahrnehmen kann, wenn nach dem Lied in der Ferne die Leute applaudieren. Auch „Seid ihr gut drauf?"-Rufe werden nur vom ruhig plätschernden Wasser vor einem beantwortet.

**23.01.2007 * * * Berlin, Magnet**
Ansonsten war die Stimmung jedenfalls super und wir haben 40 Minuten ordentlich Krach gemacht. Da das Ganze ja nur einen Euro Eintritt gekostet hat und wir neun Songs gespielt haben, ▸▸

hat den Zuschauer das Anhören eines einzelnen Songs heute umgerechnet genau 11,11 Cent gekostet. Und die hochwertigen Ansagen von uns gab's für'n Appel und 'n Ei noch obendrauf.

**28.07.2007 * * * Bausendorf / Olkenbach, Festival**
Neben dem Haus befindet sich eine steil abfallende Obstwiese. Auf dieser findet heute das Festival statt. Die Bühne ist etwa 7,5 cm hoch. und generell ist alles ziemlich rustikal gehalten. Dafür sind alle Verantwortlichen aber sehr nett. Die Veranstalter am meisten. Das ist total das Familienunternehmen: dem Vater gehört das Grundstück, und abends steht er hinterm Zapfhahn im Getränkewagen. Die Mutter steht in der Imbissbude und dreht dort energisch Bratwürste, der Sohn veranstaltet das Ganze zusammen mit seiner Freundin, und um noch einen draufzusetzen ist der Backstageraum für uns heute das Wohnzimmer der beiden.

**12.06.2009 * * * Langenselbold, Festival**
Der Hessentag ist irgendein Fest, dessen wahren Sinn wir auch nach mehrmaligem Erkunden des Geländes nicht herausfinden können. Da steht ein Riesenrad, daneben stehen ein Hubschrauber und ein Panzer der Bundeswehr. Rechts davon stellt ein Kleintierzuchtverein Hasen aus, dahinter steht eine Rutsche, daneben verkauft einer Autos, und irgendwo dazwischen haben sie tatsächlich unsere Bühne hingebaut.

**06.08.2010 * * * Magdeburg, Festival**
Als das Angebot vom Festival vor ein paar Monaten kam, stand da drin, wir würden groß angekündigt am Freitagabend um 22 Uhr nach einigen bekannten lokalen Bands spielen. Da dachten wir: „Das hört sich super an, da spielen wir." – Zwei Tage vor der Show kriegen wir dann zufällig mit, dass wir bereits um 19 Uhr spielen werden, direkt vor drei(!) Coverbands, darunter eine, die darauf spezialisiert ist, ABBA(!!)-Songs zum Besten zu geben. Das riesige „Gesponsert von der Deutschen Bundeswehr" Banner über der Bühne war uns ebenfalls verschwiegen worden. Immerhin durften wir uns im gleichen Backstagezelt wie die ABBA-Coverband umziehen. Wenn du irgendwann mitten in der Nacht in Unterhosen neben einem ebenfalls halbnackten Agnetha-Double stehst, weißt du, dass in deinem Leben irgendwas verkehrt läuft.

**08.10.2010 * * * Duisburg, Festival**
Zum heutigen Konzert fahren wir, um ehrlich zu sein, mit gemischten Gefühlen. Im Vorfeld gab es schon einige Anzeichen, die nicht gerade Garant waren für eine sorgenfreie Anreise. Zum einen sah die Homepage der Young Ruhr 2010 Messe so aus, als hätte mein Opa Mitte der Neunzigerjahre einen PC auf dem Dachboden gefunden und damit mit „Windows Paint" wirr irgendwelche Sachen ausprobiert. Zum anderen gibt es in derselben Location und auf derselben Bühne zuerst ein Tagesprogramm mit Bands, wir als letzte Band davon, und direkt im Anschluss daran ohne Pause ein Abendprogramm mit weiteren Bands, jedoch zwei verschiedene Eintrittskarten und Eintrittspreise für das Ganze. Spannend.
Zu guter Letzt kam drei Tage vor der Veranstaltung noch eine E-Mail an unser Management, in der gefragt wurde, ob es für uns klar gehen würde, dass während unserem ersten Song eine große bunte Plüschkuh(!!) auf die Bühne kommt, die dann mit einer Gitarre um den Euter(!!!) zu unserem Song tanzt(!!!!!). Diese Anfrage erwies sich übrigens leider nicht mal als Witz. Wir haben energisch abgelehnt und uns mit flauem Magen auf den Weg gemacht.

**11.09.2010 * * * Emsdetten, Festival**
Angekommen sind wir nach der ewigen Fahrt trotzdem irgendwann und die Bühne steht heute direkt wenige Meter neben einer ... na? Richtig! Neben einer Kläranlage!

**14.11.2011 * * * Wien (AT), Ottakringer Arena**
Über 600 Konzerte haben wir in den zehn Jahren unserer Bandgeschichte gespielt. In kleinen Punkclubs, auf großen Festivalbühnen, an der Atlantikküste direkt am Meer und auf zugeschneiten Berggipfeln. In zig verschiedenen Ländern und Städten, in Jugendhäusern und Gemeindezentren, auf Messegeländen und in Flugzeughangars. Mitten auf einem See und auf Demos auf einem Lastwagen. Und heute... heute ist es endlich soweit. Wir spielen an dem Ort, auf den wir all die Jahre hingearbeitet haben: In einer Brauerei.

**26.11.2011 * * * Stuttgart, Messehalle**
Irgendwann isses dann auch endlich soweit: Die Chippendales eröffnen die Show!

**16.02.2012 * * * Leeds (UK), Cockpit**
Der Club in Leeds besteht aus drei Räumen. Zwei von diesen Räumen sehen echt super aus, schöne Größe, gute Technik... Der andere Raum ist eigentlich nur ein Dachboden mit zwei alten Boxen und einer Lampe an der Decke. Wir spielen in dem „anderen Raum".

**16.02.2013 * * * Lafnitz (AT), Festival**
Zurück in der Gemeindehalle von Lafnitz, wo das Konzert heute steigen soll, ergibt sich das eher übliche Bild von Indoor-Festivals auf dem österreichischen Land. 500 besoffene Jugendliche, von denen 470 an der Bar oder im Discozelt vor der Halle stehen und 30 vor der Bühne einer Band zusehen.

*PANZER: Das allererste Konzert unserer Laufbahn haben wir auf der Eröffnungsparty des neuen Jugendhauses in einem Nachbardorf gespielt. Die Jugendlichen des Dorfes haben monatelang selbst renoviert, mit Herzblut, Schweiß und irrem Aufwand am neuen Jugendhaus gearbeitet und kurz vor der Einweihungsfete war dann endlich alles fertig. Leider verlief unser Konzert am Eröffnungstag wohl etwas zu wild und zu laut. Jedenfalls hat die Polizei das Ganze abgebrochen und das Jugendhaus wurde mit sofortiger Wirkung wieder geschlossen. Heute ist da ein Modellbau-Bastelladen drin. Tut uns immer noch Leid, liebe Dorfjugend.*

## KAPITEL 3.2. >>> Durch nichts aus der Ruhe bringen lassen

Vor, während und nach Konzerten geschehen immer wieder unliebsame Ereignisse, die sich im Voraus nicht planen lassen und bei falscher Reaktion in ausgemachten Vollkatastrophen enden können. In solchen Momenten gilt es zunächst immer Ruhe zu bewahren und so zu tun, als wäre nichts passiert. Ist das Ereignis fürs Publikum unüberhör- oder unübersehbar, sollte man die Leute zusätzlich glauben machen, dass das so zur geplanten Show gehört.

Unsere Band hat über die Jahre ein großes Sammelsurium an un- und selbstverschuldeten Untergangszenarien miterlebt. Bandinternen Schätzungen zufolge haben wir mindestens 8% davon elegant und professionell gelöst.

**07.07.2012 * * * Paderborn**

Die ersten Bands legen los, und danach sind wir an der Reihe! In den ersten 20 Sekunden des Konzerts stürze ich erstmal über eine Monitorbox und lege mich vor versammelter Mannschaft auf die Fresse. 30 Sekunden später bricht mein Funksender vom Gürtel ab, fliegt zu Boden und ich trete aufgrund meiner Kurzsichtigkeit natürlich genau darauf. Blind und taub wanke ich weiter über die Bühne und suche mir einen Fixpunkt am Horizont, um nicht umzufallen. Während ich zwanghaft versuche mir nichts anmerken zu lassen, spiele ich mit antrainiertem Plastikgrinsen im Gesicht weiter und vergesse direkt im Anschluss den Text, den ich gerade singen sollte. Stattdessen singe ich die Worte „wheydeidlidyouähhwhydidlijust?“ und feiere damit den besten Konzertanfang meiner elfjährigen Bühnenkarriere. Immerhin werde ich noch von Max getoppt, der es schafft, sich bereits VOR dem Konzert auf dem Weg zur Bühne auf die Schnauze zu legen und dabei den rechten Oberschenkel zu zerren. Nach dem Song applaudiert das Publikum schallend. Manchmal glaube ich, wir sind etwas ganz Besonderes.

**21.12.2001 * * * Eislingen, Jugendhaus Nonstop**
Das Konzert verläuft hervorragend, und alle sind begeistert. Einziges Problem ist, dass der Veranstalter nach drei Liedern vorzeitig abbricht, um zwischendurch eine Tombola(!) mit dem Publikum abzuhalten.

**02.11.2002 * * * Ebersbach, Kartbahn**
Die Akustik im Raum ist mega beschissen. Das liegt zum einen daran, dass die Halle 34 Meter hoch ist und zum anderen an der Tatsache, dass es da auch noch einen „Techno-Floor" gibt, dessen voll aufgedrehte Boxen ohne Abtrennung fünf Meter neben unserer Bühne stehen.

**20.04.2007 * * * Dortmund, FZW**
Als wir nachmittags im Club unseren Bus ausladen, um Soundcheck zu machen, stellen wir fest, dass da irgendwie weniger Inhalt drin ist als sonst. Das wirft Fragen auf. Völlig verdattert rufen wir einen Kumpel an, der einen Schlüssel für unseren 467 km entfernten Proberaum hat, um ihn nachschauen zu lassen, wo der Fehler liegen könnte. Eine halbe Stunde später erhalten wir den Rückruf mit folgender Aussage: „Also... in eurem Aufzug stehen noch zwei Boxen, eine Kabelkiste, vier Merchandise-Kartons und ein Schlagzeug. Braucht ihr das heute? Wo seid ihr überhaupt?"

**01.02.2003 * * * Mühldorf, Baracke**
Irgendwann während der Show steht dann komischerweise ein Punker direkt neben uns auf der Bühne und erzählt Sibbi und Panzer ausführlich, dass er jetzt demnächst in die nicht vorhandene Menge springen werde. Wir haben uns gerade bedankt, dass er uns so höflich vorher Bescheid sagt, da liegt er auch schon quer in der Luft. Leider hat der Springer die Höhe des Ladens dezent überschätzt, springt mit viel Schwung und ordentlich Schmackes direkt in das Deckengebälk und bleibt dort stecken. Später am Abend rennt er dann noch mit dem Kopf voraus in einen Heizkörper.
Es war ein tolles Konzert.

**21.09.2004 * * * Oberhausen, Druckluft**
Und was sind wir heute mies! Wie schlimm ein Konzert wirklich war, merkt man, wenn einem der eigene Mischer nach der Show erzählt, er hätte sich für seine Band geschämt. Entschuldigung hiermit auch nochmal an das Publikum. Es geht einfach alles schief: gerissene Saiten, kurios verstimmte Gitarren bis hin zu aus Versehen ▸▸

umgerannten Mikrofonen und den üblichen Spielfehlern, die wir generell bei Konzerten begehen. Um der Skurrilität die Krone aufzusetzen, kommt bei unserem fünften Song der weiß geschminkte, schwarz gekleidete Schlagzeuger von Marilyn Manson(!!!) in den Raum, was bei allen Beteiligten in diesem kleinen Jugendhaus für relativ große Verwunderung und mittelschwere Lachanfälle sorgt. Absolut absurd dieser Abend.

**10.08.2002 * * * Bartholomä, Open Air**

Auch zwei neue Lieder spielen wir, die recht gut ankommen. Allerdings kann Sibbi den Refrain des ersten Liedes nicht zu Ende singen, da just in diesem Moment der festivaleigene Hund „Bernd" direkt mittig vor die Bühne scheißt.

**18.12.2002 * * * Geislingen, Demo in der Innenstadt**

Während dem Soundcheck kommen dann plötzlich ständig Leute her, die so Sätze sagen wie „Ich bin Anwohner und ich hab keine Lust auf euren blöden Krach die ganze Zeit" oder „Ich bin hier Pfarrer und ich möchte bitte meine Ruhe haben" oder „Ist ja schön, dass Sie hier demonstrieren, aber bitte nicht so laut" oder „Wissen Sie nicht, dass hier gleich der Gemeinderat tagt?"

**26.12.2001 * * * Geislingen, Maikäferhäusle**

Bei irgendeinem Song tropft dann plötzlich Wasser von mehreren Stellen der Decke. Manche Leute stellen sich darunter, freuen sich, tanzen und lachen. Später erfahren wir, dass das Getropfe auf ein verstopftes Klo im Stockwerk über uns zurückzuführen ist.

**24.03.2000 * * * Göppingen, Freihof Gymnasium**

Nach langer Zankerei und wilden Diskussionen mit dem Veranstalter, wurde unserer Band zugesprochen, wenigstens noch einen letzten Song zu spielen. Als wir gerade dankbar mit dem Lied beginnen ▸▸

wollen, fällt uns aber auf, dass sich unser Bassist derzeit nicht mehr auf der Bühne befindet. Panzer, der das Konzert bereits abgehakt hat und schon beim Bierholen ist, wird dann von Sibbi per Mikrofon darauf aufmerksam gemacht, dass er doch bitte endlich wieder auf die Bühne kommen soll. Panzer rennt also los, rammt (wahrscheinlich unabsichtlich) einen bereits betagten Mann zur Seite, der daraufhin fatalerweise seine lauwarme ungarische Gulaschsuppe über sich ergießt, und erreicht kurz danach mit erhöhtem Puls die Bühne. Am Ende dieses letzten Songs versuchen wir, clever wie wir sind, einfach nahtlos in das nächste Lied überzugehen, um den vorzeitigen Konzertabbruch seitens der Veranstalter geschickt zu umgehen. Daraufhin wird dann aber endgültig der Strom abgedreht, und Band inklusive Fans werden in der Dunkelheit mit lauten Flüchen und Hausverbotsbekundungen aus der Halle verfrachtet.

**23.11.2002 * * * Sotzweiler, Hard Rock John**
Panzer hat das ganze Konzert über nicht genau gewusst, ob der Ort, in dem wir heute sind, „Tholey" oder „Sotzweiler" heißt. Nach viermaligem Falschsagen hat er das Publikum schließlich souverän mit „Gute Nacht, Köln" verabschiedet.

**28.12.2006 * * * Köln, Live Music Hall**
Während der Show wurde mir dann von fremden Personen Wodka in mein Bier geleert, was ja aber einem Veltins Pilsener eigentlich nur gut tun kann. Man könnte quasi auch reinscheißen und es würde besser schmecken als zuvor.

**16.12.2006 * * * Kaiserslautern, Kammgarn**
Kurz nach der Show sind plötzlich acht Feuerwehrmänner in Sondereinsatz-Arbeitskleidung in den Backstageraum gestürmt und wollten ein Feuer löschen, welches es nie gab. Durch irgendetwas wurde wohl der Alarm ausgelöst. Da ging's vielleicht zu, ich kann's euch sagen. Wir haben den Feuerwehrmännern dann höflicherweise Bier angeboten, worauf sie sagten „Wenn ihr wüsstet, was dieser Einsatz hier kostet, würdet ihr das Bier lieber selbst trinken"." Just in dem Moment bog dann auch noch ein 50m-Drehleiter-Löschwagen in den Hof. Im Nachhinein betrachtet könnte es übrigens sein, dass eventuell doch einer von uns vorher aus Versehen zu dicht am Feuermelder gelehnt ist, aber das muss ja keiner wissen.

**02.11.2011 * * * Pforzheim, Kupferdächle**

Leider haben sich die Toilettenbauarbeiter in Pforzheim damals gedacht, es wäre gut einen Bewegungsmelder in den Klovorraum einzubauen, der das Licht steuert. Ich sitze also beim Kacken, lese gemütlich vor mich hin, als plötzlich das Licht ausgeht. Angenervt versuch ich, irgendwie das Licht wieder anzubekommen. Ich strecke mich und mache die Tür wie wild auf und zu, ich werfe zuerst einen Mülleimer und dann die Klobürste in den Toilettenvorraum,... nichts. Der Bewegungsmelder reagiert nur auf Menschen. Schöner Sch(e)iß.

**23.12.2011 * * * Ulm, Roxy**

Wir haben zum ersten Mal ein hochkompliziertes Vorhang-Fall-System auf der Bühne, welches den Vorhang genau zum ersten Ton des Konzertes fallen lassen soll. Wir wissen schon nachmittags, dass dies mit großer Wahrscheinlichkeit nicht klappen wird. Abends dann ertönt unser neues Intro, wir stürmen auf die Bühne, stellen uns hinter den Vorhang, erster Ton, der Vorhang fällt.

Nicht.

Beziehungsweise nicht ganz. In der Mitte bleibt er noch einige lange Sekunden hängen. Am nächsten Abend erzählt mir mein Vater beim Weihnachtsessen: „Ach ja, auch echt schön war, wie der Vorhang zuerst nur außen fiel, um dann in der Mitte diese Pyramide zu bilden, bevor er schlussendlich in sich zusammensackte." Ich nur so: „Jepp, danke, genau so war's geplant."

**17.08.2002 * * * Bad Saulgau, Altstadtfest**

Als plötzlich ein Zuschauer auf die Bühne stürmt, unser Band-Banner von der Rückwand reißt und das 1 × 2 Meter große Teil bis zur Hälfte in den Mund nimmt und schluckt (!!!), wissen wir, dass sich die Reise nach Bad Saulgau mal wieder gelohnt hat.

**27.04.2002 * * * Karlsruhe, Substage**

Mitten im Konzert nimmt ein Zuschauer auf der Bühne Anlauf, springt im Salto von der selbigen genau dorthin, wo kein Mensch steht, knallt flach mit dem Rücken auf den herzhaft harten Steinboden, steht auf, springt nach links, prallt wieder zurück und tanzt jubelnd weiter. Kurz darauf kommt ein anderer auf die Bühne, holt seinen Penis raus und pisst in die Monitorboxen.

**28.09.2002 * * * Mengen, Halle**
Da wir beim heutigen Hardcore-Festival die einzige „softe“ Band sind, halten wir uns mit unseren Ansagen stark zurück, aus Angst, zu viel zu reden und verprügelt zu werden.

**14.10.2005 * * * Kaunertal (A), Snowboard Opening**
Die Leute, die eher wieder den Hip Hop-DJ hören wollten, haben dann irgendwann aus Frust angefangen, uns mit vollen Bierbechern zu bewerfen. Im Nachhinein kann man sagen, dass relativ viele Leute lieber wieder den Hip Hop-DJ hören wollten, wenn man die Anzahl der Bierbecher auf der Bühne betrachtet.

**07.07.2007 * * * Sins (CH), Open Air**
Mitten im Konzert laufen dann sechs Jungs mit Kuhglocken (!) um den Hals direkt vor uns über den Festivalplatz. Die Schweiz eben.

**11.07.2009 * * * Bad Saulgau, Festival**
Während dem Auftritt der Vorband bin ich dann backstage an Leuten vom Roten Kreuz vorbeigelaufen, die sich gerade um ein ziemlich betrunkenes Mädchen kümmerten, das auf einer Trage lag. Daneben kniete ihr Freund und heulte die ganze Zeit. So richtig hysterisch. Die Sanitäter haben ständig versucht, ihn mit Sätzen wie „Jetzt mach dir keine Sorgen um deine Freundin“ oder „Das geht schon, wir bringen sie jetzt ins Krankenhaus und dann wird alles gut“ zu beruhigen, bis der Kerl plötzlich losschrie, dass ja genau das sein „scheiß Problem“ sei, weil er nicht mit ins Krankenhaus, sondern lieber Itchy Poopzkid live sehen will. Extrem guter Typ!

**11.12.2009 * * * Linz (A), Posthof**
Zuerst kommt ein Typ auf die Bühne, freut sich wie ein kleines Kind, reißt völlig euphorisch das Kabel aus dem Mikrofon und springt wieder ins Publikum. Fünf Minuten später springt ein anderer hoch, haut mich mit aller Kraft um und schreit mir am Boden liegend ins Ohr „IHR SEID SO 'NE GEILE BAND!!!!! YEAAAHHH!!!!“

**15.05.2009 * * * Hillesheim, Festival**
Vor dem Club fragt unser schwäbischer Mischer ein etwas orientierungslos erscheinendes Mädchen: „Ja wo willst Du denn hin?“, worauf sie antwortet „Entschuldigung, ich spreche kein Russisch.“

**16.02.2013 * * * Lafnitz (AT), Festival**
Der Alkoholpegel der meisten Zuschauer sorgt aber dennoch rundum für heitere Gesichter. Bis auf den einen Typen im „Bullet For My Valentine"-Shirt, der beim letzten Song von uns, mitten im Saal, im Stehen einschläft.

**23.03.2013 * * * Graz (AT), PPC**
Ich spiele gerade den Refrain, als ohne Vorwarnung ein Rosenverkäufer mit erhobenem Rosenstrauß in den Saal kommt und mitten durch die Meute und den Moshpit läuft, um den Besuchern Rosen zu verkaufen.

**06.07.2013 * * * Unterempfenbach, Festival**
Eine weitere Besonderheit des Festivals ist folgende: Auf allen Festivals, auf denen wir sonst so spielen, wird mit einer unfassbaren Dringlichkeit darauf geachtet, dass aus Sicherheitsgründen im Publikumsbereich einzig und allein Plastikbecher im Umlauf sind. Oft werden selbst wir von den Securities fast umgebracht, wenn wir mit einer Glasflasche den Backstagebereich verlassen wollen, weil das einfach zu gefährlich ist.

Nicht so in Unterempfenbach: Hier bekommt jeder Besucher beim Betreten des Festivalgeländes einen Steinbierkrug ausgehändigt.

Dies hat übrigens auch noch den Nebeneffekt, dass bei Aufforderungen unsererseits wie: „Jetzt mal alle klatschen", kein einziger Mensch mitmacht, weil natürlich keiner zwei freie Hände zur Verfügung hat.

**23.08.2014 * * * Bonn, Festival**

20 Minuten vor Schluss unserer Show kriegen wir über unsere In-Ear-Monitore gesagt, dass wohl ein Herr vom Ordnungsamt am Mischpult ist und gerne möchte, dass wir leiser machen. Hat unser Mischer dann auch widerwillig getan, was jetzt nicht gerade das Beste ist, wenn man ein Rockkonzert spielt. Aber gut, haben ja keine andere Wahl.

Als wir vor der Zugabe hinter der Bühne stehen, sagt man uns dann über Funk: „Jetzt sind mehrere Leute vom Ordnungsamt am Mischpult. Und der Veranstalter. Und die Polizei. Und die bringen mich gleich um. Das Konzert muss jetzt beendet werden!" Wir rasen also zurück auf die Bühne, wollen den Leuten erklären, was gerade abgeht, und mitteilen, dass wir dann jetzt wohl oder übel noch schnell ein allerletztes Lied spielen werden.

Gesagt getan, wir legen los und nach 20 Sekunden drehen die Ordnungshüter doch tatsächlich den Ton ab. Einfach so. Die wahnsinnig geilen Leute vor der Bühne übernehmen zwar noch mündlich die fehlenden Gitarren und Vocals, aber das Konzert ist dennoch gelaufen.

Wir gehen danach total angefressen von der Bühne und können das Ganze nicht fassen.

Ein paar Tage später stellt sich heraus, dass alles komplett grundlos war. Die Lautstärke war so hoch wie in der Genehmigung der Stadt zugelassen, und es gab somit absolut keinen Grund, das Konzert abzusagen. Die kompetenten Ordnungsamt-Mitarbeiter hatten einfach die Dezibel-Zahlen verwechselt und in der Presse mit: „Sorry, war ein Missverständnis." geantwortet.

**29.08.2014 * * * Schwabmünchen. Festival**

Petrus hat es mal wieder nicht so gut gemeint mit uns. Vielleicht hätten wir ihn neulich nicht als Arschgesicht bezeichnen sollen, den alten Ficker.

## KAPITEL 3.3. >>> Unverzichtbare Gegenstände

Fährt man zum ersten Mal in seinem Leben auf Tour, steht man spätestens fünf Minuten vor Abfahrt zum ersten Mal vor der Frage: Scheiße, was nehme ich eigentlich mit?

Neben Verstärkern und Instrumenten (sind hilfreich für die Konzerte) sollte man in erster Linie einige Klamotten einpacken. Da niemand ständig eine schwere Tasche mit sich herumschleppen möchte, gilt es hier, nur die absoluten Basics mitzunehmen: Zwei Hosen, zwei Schuhe (links und rechts), vier Unterhosen, neun Paar Socken und mindestens sechs verschiedene T-Shirts. Bei Touren, die länger als zwei Monate dauern, diese Anzahl einfach verdoppeln.

Langjährige Studien an uns selbst haben ergeben, dass Klamotten, die nach zwei getragenen Tagen einen gewissen Eigengeruch entwickeln, nicht unbedingt gleich gewaschen oder gar entsorgt werden müssen! Gerüche entstehen, wie wir alle wissen, durch Bakterien und bereits am Tag vier neutralisieren die neu dazugekommenen Bakterien den Eigengeruch der alten wieder: Das Shirt riecht wieder komplett frisch! Von ganz allein!

Nach dem Gaffatape ist eine herkömmliche Plastikeinkaufstüte aus dem Supermarkt mit großem Abstand der zweitwichtigste und unverzichtbarste Artikel auf einer längeren Konzertreise. Mitglieder von Punkbands sollten hierbei unbedingt darauf achten, ausschließlich Tüten der Firmen Penny, Lidl, Aldi und KiK zu benutzen, um ihre Streetcredibility nicht aufs Spiel zu setzen. Hochglanztüten von beispielsweise „Feinkost Böhm“ können einen komischen Eindruck bei eventuellen Beobachtern erwecken.

Die mitgebrachte Plastikeinkaufstüte wird dafür genutzt, nach dem Konzert die unfassbar beißend stinkenden und triefend nassgeschwitzten Bühnenklamotten vom restlichen Tascheninhalt zu separieren, luftdicht zu verschließen und somit sicher zur nächsten Stadt transportieren zu können.

**ACHTUNG:** Nach Ankunft im nächsten Club tags darauf muss die Plastiktüte ohne das Beisein Dritter in einer freien Umgebung (!) mit genügend Zugluft geöffnet werden, um die Klamotten dort zum Trocknen aufzuhängen. Dies ist unbedingt notwendig, da die Tüte sonst dem Prinzip einer Biogasanlage folgt. Eventuell entstandene Salzränder auf den Textilien entfernt man am besten mit etwas lauwarmem Leitungswasser und einem Buttermesser.

Alle weiteren Gegenstände sind für eine Tour übrigens absolut zweitrangig. Eventuell können aber folgende Artikel ab und zu noch hilfreich sein: Haartrockner, Wund- und Heilsalbe, Korkenzieher und Teebeutel.

*SIBBI: Auf einer Tour fiel uns auf, dass von Konzert zu Konzert immer mehr Menschen in der ersten Reihe die Nase rümpften oder sogar etwas nach hinten wichen, sobald Panzer während der Show in ihre Nähe kam. Wir konnten uns dieses Phänomen zuerst nicht erklären, merkten dann aber, dass sich in Panzers Bass-Gurt der Gestank von mittlerweile Hunderten von Shows gesammelt und bedauerlicherweise ein Eigenleben entwickelt hatte. Nachdem selbst mehrere Durchläufe in der Waschmaschine keine Besserung der Situation brachten, mussten wir erfinderisch werden und fanden nach einigen erfolglosen Aktionen heraus, dass sich Faulgerüche im Bassgurt sowie in anderen Tour-Gegenständen eliminieren lassen, indem man den befallenen Gegenstand in kochendes Wasser wirft und zusammen mit mindestens 10 Teebeuteln, die Sorte ist hierbei egal, unter ständigem Rühren für 30 Minuten kocht.*

## KAPITEL 3.4. >>> Langeweile im Tourbus verhindern

Als aufstrebende Band lassen sich scheinbar unendliche und eintönige Fahrten im Bandbus nicht vermeiden, und jeder Insasse muss nach und nach für sich selbst herausfinden, wie er die Zeit am sinnvollsten oder zumindest schmerzlosesten totschlagen kann. Hierbei kann es hilfreich sein, sich selbst zeitnah in eine der folgenden Gruppen einzuordnen:

### 1 DER SCHLÄFER

Der Schläfertyp legt sich direkt zur Abfahrt mit einem extra mitgebrachten Kopfkissen in die letzte Reihe des Busses und erwacht erst wieder am nächsten Rasthof, um eine zu rauchen und / oder illegal über die Sanifair-Absperrschranke zu springen. Danach legt er sich mit seinem extra mitgebrachten Kopfkissen wieder in die letzte Reihe des Busses und erwacht wiederum erst wieder am nächsten Rasthof, um das Ganze noch einmal zu tun. Der Vorteil dieser Methode ist, dass die Zeit auf diese Weise am schnellsten vorbei geht. Allerdings wird man von allen anderen Insassen inständig dafür gehasst, ständig

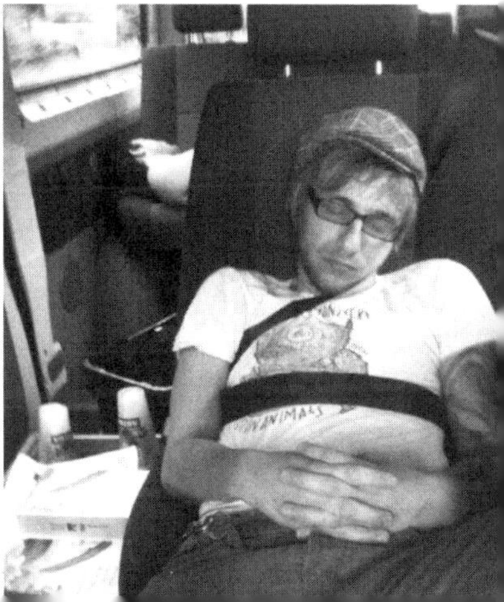

die beliebte letzte Sitzreihe zu blockieren. Außerdem hassen generell alle immer denjenigen, der dauernd und überall schläft, weil dieser es eben schafft, dauernd und überall zu schlafen.

### 2 DER MUSIKHÖRER

Der Musikhörertyp verbringt seine Busfahrzeit am liebsten mit dem Hören seiner Lieblingsmucke. Allerdings ist hierbei anzumerken, dass mit „Lieblingsmucke" auch mal das neue Weihnachtsalbum von Mariah Carey gemeint sein kann. Für den Musikhörertyp ist die ausdauernde Selbstbeschallung die beste Methode, um Langeweile zu verhindern. Jedoch scheint es für den Musikhörertyp genau so wichtig zu sein, dass nicht nur er allein, sondern auch alle anderen Insassen des Busses an seinen Lieblingsbands teilhaben können („Sorry, meine Kopfhörer sind kaputt, aber Gott sei Dank hat das Autoradio eine CD-Funktion"), was dazu führt, dass der Musikhörertyp inständig und immerwährend von allen anderen Mitfahrern verflucht wird.

### 3 DER UNTERHALTER

Erfahrungsgemäß ist der Kommunikationswille bei allen Mitreisenden direkt zu Beginn der Fahrt riesig. Alle sind aufgedreht, reden durcheinander – es wird viel gelacht und gesungen. 15 Minuten später redet keiner mehr auch nur ein Wort, die Hälfte schläft und der Fahrer linst trübselig und einsam durch die von 43.290 toten Fliegen verschmutzte Frontscheibe. Hier tritt nun der Unterhaltungstyp in Erscheinung! Der Unterhaltungstyp zeichnet sich dadurch aus, seine freie Zeit (und die der anderen) mit Gesprächen aller Art zu verschönern. Sollte jemand die Rolle des Unterhaltungstypen übernehmen wollen, ist es allerdings unglaublich wichtig, vor der Fahrt abzuchecken, ob einer der anderen Insassen ebenfalls dem Schema des Unterhaltungstyps entspricht. Wenn dem nicht der Fall ist, zieht selbiger nämlich, aufgrund seiner ständig sinnlos geöffneten Schnauze, relativ zügig den berechtigten Hass aller anderen Mitfahrer auf sich.

### 4 DER LESER

Viele Musikgruppenreisemitglieder entschließen sich irgendwann, die immerwährenden Busreisen dazu zu nutzen, in eine Parallelwelt der Fantasie zu fliehen, sich selbst weiterzubilden und den eigenen Charakter anhand von guten Büchern langfristig zu formen. Der Lesertyp ist einer der am wenigsten gehassten Spezies aller Insassen, weil er die anderen kaum stört und wenig wahrnehmbar ist. Allerdings ist es aufgrund der Musikhörer- und Unterhaltungstypen im Bus teilweise sehr schwierig für den Lesertyp, das gewünschte Level an Konzentration zu erreichen, das man zum Lesen eines Buches benötigt.

Außerdem werden Lesertypen von anderen Mitfahrern aus Neid gerne der „Selbstabschottung“ beschuldigt, und wer will schon mit jemandem befreundet sein, der immer nur in Bücher schaut. Nach langjährigem Mobbing kann dies beim sensiblen Lesertyp zu einem ausgeprägten Selbsthass führen. Viele ehemalige Lesertypen wechseln daher nach einiger Zeit zum Selbstschutz in das Schläfertyp-Schema oder begehen Selbstmord.

## 5 DER FAHRER

Der Fahrertyp verspürt große Freude daran, ein Fahrzeug steuern zu dürfen und seine Freunde somit sicher von A nach B zu bringen. Meist sind Fahrertypen eher einfache und simpel gestrickte Charaktere, die sich mit dem Halten eines Lenkrades voll ausgelastet fühlen und daher keine Langeweile mehr empfinden. Der Fahrertyp kann zudem seine, tief im Seeleninnern verankerten, diktatorischen Züge ausleben, indem er entscheidet, wann Pausen gemacht werden, welcher Radiosender in welcher Lautstärke angehört wird, wie hoch der Wärmegrad der Heizung ist, durch welche Lüftungsschlitze wie stark Luft strömt und wie schnell den hinten sitzenden Businsassen auf kurvenreichen Strecken schlecht wird. Gerechterweise ist aber auch er immer derjenige, der durch stickige Tunnel, in lange Staus, durch beschissenes Wetter und in völlig unvorhersehbare Autobahnvollsperrungen fährt, weshalb der Fahrertyp, unterm Strich also, die am meisten gehasste Person im Bus darstellt.

## 28.5.2014 * * * Kronach, Die Festung Rockt

Ich lese während der Fahrt „Geschlossene Gesellschaft“ von Jean-Paul Sartre, um das allgemeine Niveau der Reise ein wenig anzuheben. Ich scheitere aber, weil der Rest der Gruppe zeitgleich eine Kreisliga-B4 Dorf-Fußballmannschaft bei deren Aufstiegsfeier auf einem Traktor (!) sichtet und wir aus irgendeinem Grund innerhalb von wenigen Sekunden johlend und hupend an der Feier teilnehmen und uns zum goldenen Mittelpunkt der Party herauskristallisieren. Erst als mehrere Liter Bier auf unseren Bus einregnen und dutzende saure Gurken (!) gewaltsam auf unserer Motorhaube einschlagen, müssen wir einsehen, dass wir wohl doch keine willkommenen Gäste sind und suchen ohne Meisterschale, aber mit quietschenden Reifen, das Weite.

## KAPITEL 3.5. >>> Wo schlafen wir heute und wie lange

Vor allem in den ersten Jahren einer Bandlaufbahn ist die Suche nach adäquaten Schlafplätzen oftmals eine echte Mammutaufgabe. Es muss aus Mangel an Optionen meistens einfach das genommen werden, was einem angeboten wird. Die meisten Jugendhäuser verfügen über einige abgeranzte Sofas, die nach den Konzerten gerne den Bands zur Verfügung gestellt werden. Das ist zum einen sehr nett, zum anderen ist aber auch zu bedenken, dass diese Sofas meistens nur noch scheinbar aus Textilstoffen bestehen. Viele dieser Sitzgruppen setzen sich nämlich, nach vielen Jahren des Gebrauchs in einem Jugendhaus, eher aus ausgelaufenen Bieren, Pizzabelägen, aufgesogenem Zigarettenrauch, angeschimmelten Alkopops, Milben, Tomatensoße und gegebenenfalls auch etwas Speichel und Sperma zusammen. Es ist also in jedem Fall hilfreich, in den ersten Jahren einer Tourkarriere einen eigenen Schlafsack mitzubringen, um sich damit vor allen existierenden Krankheiten dieser Welt zu schützen.

Hat man als Band bereits einige Konzerte hinter sich, wurden in den verschiedenen Städten im Idealfall mittlerweile schon ein paar Bekannt- oder sogar Freundschaften geschlossen. Diese Kontakte sollte man bei künftigen Shows unbedingt nutzen, um dem Jugendhaus-Sofa zu entfliehen! Wenn man sich geschickt anstellt, gut plant und ausgebildet darin ist, Menschen zu etwas zu überreden, was sie eigentlich gar nicht wollen, kann man so eine komplette Tour lang zu Hause bei irgendwelchen Leuten in schicken Wohnungen schlafen, was wir selbst tatsächlich bis zu unserer ersten Nightliner-Tour auf jeder Tournee getan haben.

**24.02.2006 * * * Hamburg, Fabrik**

Aus irgendeinem Grund merken wir erst während dem Soundcheck, dass wir völlig vergessen haben, uns um Schlafplätze für uns und unsere Crew zu kümmern. Fatalerweise ist heute zum ersten mal auch noch Tim, der A&R unserer brandneuen Plattenfirma, mit dabei, der einfach mal sehen wollte, wie es sich anfühlt, auf Tour zu sein und mit ziemlicher Sicherheit gedacht hat, dass wir heute Abend in einem schicken Viersternehotel mit Blick auf die Alster nächtigen werden. Panik bricht innerhalb unserer Reisegruppe aus. Für Hotels oder zumindest Jugendherbergen ist bei Vorbands natürlich wie immer kein Geld vorhanden, und der Veranstalter interessiert sich auch nicht wirklich für unser Schlafplatzproblem. Voller Verzweiflung hängen wir an unserem Merchandise-Stand ein Pappschild mit der Aufschrift: „SUCHEN NOCH SCHLAFPLATZ FÜR 6 LEUTE (inkl. cerealienhaltigem Frühstück!)“ auf.

Unser Hilferuf trifft leider nicht wirklich auf breit gefächertes oder gar positives Feedback. Eine Stunde nach dem Konzert erbarmt sich aber tatsächlich noch ein uns unbekannter und mittlerweile ziemlich betrunkener Typ mit Wollmütze und meint, wir können alle problemlos bei ihm pennen. Als wir einige Zeit später zu sechst in seiner WG stehen, stellen wir allerdings fest, dass die Wohnung so klein ist, dass nicht mal auf dem Boden genug Platz ist, um uns alle unterzubringen. Am Ende kuscheln Sibbi und ich uns unbequem auf einer schmalen und ranzigen FC St. Pauli-Matratze zusammen. Es ist eng. Die Luft ist alt und modrig. Außerdem ist es unglaublich warm, und der Schweiß klebt auf unserer Haut. Wir liegen so nah beieinander, dass einem der schlechte Atem des anderen in den Augen brennt. In der Mitte zwischen uns liegt unser A&R Tim.

Aber auch bei im Vorfeld geplanten Privat-Übernachtungen können interessante Dinge passieren.

**01.02.2003 * * * Mühldorf, Baracke**

Irgendwann viel, viel später sind wir dann mit der Marion und dem Sepp (das war der Bassist der zweiten Band) nach Hause gefahren und durften dort netterweise schlafen. Außer uns haben sie tragischerweise allerdings auch noch acht weitere Mädels mitgenommen, die einen recht redseligen Eindruck machten...
Wir haben uns also auf die Sofas, beziehungsweise auf den Boden gehauen und versucht zu pennen, was nicht ganz so einfach ist, wenn mindestens sieben der acht Mädels ständig nervtötend und unaufhörlich irgendeine Scheiße labern. Irgendwann sind wir dann aber doch noch eingepennt. Dieser Schlafzustand hielt jedoch leider nicht allzu lange an, weil sich im selben Raum auch noch der Hase „Moritz" befand, der die komplette Nacht über in einer unfassbaren Lautstärke seine Möhren gefressen hat.

**30.05.2004 * * * St. Pölten (A), Warehouse**

Wir wurden also von irgendeinem Menschen zu einem, etwas verlassenen, Haus gefahren, in dem wir heute Nacht pennen sollen. Auf den ersten Blick hat das Haus alles. Auf den zweiten Blick jedoch keine Tür. Das ist etwas doof, wenn man rein will. Hinter dem Haus ist, direkt an eine Müllkippe angrenzend, eine „Treppe" (dazu später mehr), und dann tatsächlich eine Eingangstür. Drinnen treffen wir auf einen durchaus netten Kerl, der nun verzweifelt versucht, für alle Anwesenden einen Schlafplatz zu organisieren. Leider ist alles viel zu eng, und Matratzen sind auch nicht genügend da. Panzer hat dann aus voller Verzweiflung versucht, eine Art Gartenliege ▸▸

aufzubauen und sich dabei fast das Genick gebrochen. Das Klo ist mittlerweile übergelaufen und die Dusche völlig verdreckt. Warmes Wasser gibt's sowieso keines. Sibbi kommt auf die Idee, im ersten Stock nach weiteren, besseren Schlafmöglichkeiten zu suchen. Leider sind im ersten Stock alle Fenster zerschlagen, und man kann den Boden vor lauter Tauben- und Rattenscheiße nicht einmal mehr sehen. Nach einer harten Nacht auf dem Fußboden bricht dann am nächsten Morgen auch noch die oben genannte Treppe unter unseren Füßen zusammen. Wir sind daraufhin heimgefahren.

**01.11.2003 * * * Löbau, Klub Klinik**

Als dann endlich mal alle Personen auf dem Fußboden am Einschlafen sind, muss Panzer aufs Klo. Nicht wissend, wo sich der Lichtschalter befindet, fällt er aufgrund der Dunkelheit zuerst über das Bein unseres Managers, um dann in einer halben Schraube mitten aufs Kreuz unseres Tontechnikers zu hechten, der daraufhin bizarrerweise, vor Schreck und immer noch tief schlafend, Panzers Arm ableckt.

**08.11.2003 * * * Ulm, Beteigeuze**

Wie schön es doch ist, auf einem alten Sofa in einem kalten Raum, in den Klamotten vom Vortag aufzuwachen und zu denken „Scheiße, hab ich eigentlich überhaupt geschlafen?!" Herrlich. Der Grund, warum wir aufgewacht sind, ist folgender: Ein etwas älterer Mann kam in den Raum gerast und brüllte lauthals: „Ja scheiße!!!! Was ist denn hier los?!... Und da pennen ja auch noch welche!?! Hier ist doch gleich eine Sitzung!! Wer räumt denn das alles hier auf?!" Nach einer kurzen Pause schaut er uns alle nacheinander nochmal in Ruhe an und sagt dann leise „Ah, ist wohl gestern etwas später geworden?! Schlaft euch ruhig aus. Gute Nacht."

**26.07.2003 * * * Rhede, Festival**

Im zweiten Stock des Hauses hat man uns ein Zimmer zur Verfügung gestellt, in dem wir auf Isomatten und Schlafsäcken auf dem Boden pennen können. Da aber draußen noch in voller Lautstärke Musik läuft, dauert es ziemlich lange, bis die ersten den wohlverdienten Schlaf finden. Panzer hat gerade seine Augen zugedrückt, als er plötzlich durch ein lautes Scheppern geweckt wird. Nachdem er die Augen öffnet, sieht er, wie unser Tourmanager bis zur Hüfte in einem Küchenschrank steckt und wild an irgendwelchen Rohren herumhantiert, um die Ursache eines extrem lauten Sirenengeräusches zu beseitigen. Sehr bizarr alles. Wir sind allerdings so müde, dass wir trotzdem ▸▸

versuchen, irgendwie weiter zu schlafen. Zehn Minuten später werden wir dann durch eine fremde Stimme, die den Satz „Äh!!! Wacht ihr mal bitte auf?! Ich glaube wir haben hier einen Wasserschaden!" schreit, erneut geweckt, und plötzlich stehen acht wildfremde Menschen bei uns im Zimmer, die laut durcheinander schreien, während wir komplett verängstigt in unseren Schlafsäcken liegen. Ein Viertel des Raumes steht mittlerweile schon unter Wasser, und der Schlafsack von Panzer hat sich auch schon halb mit Wasser vollgesogen. Von diesem Zeitpunkt an ist an Schlaf nicht mehr zu denken, weil immer mehr fremde Leute hereinkommen, irgendetwas aufwischen, an Rohren rumhantieren oder uns einfach nur hämisch auslachen. Höhepunkt ist dann, als morgens um halb sechs eine ältere Frau reinkommt, in ohrenbetäubender Lautstärke einen Salzstreuer holt und den Raum wieder verlässt, während uns draußen vom Zeltplatz „You're my heart, you're my soul" von Modern Talking entgegendröhnt.

**09.06.2004 * * * Berchtesgaden, Kuckucksnest**

Irgendwann nachts sind wir dann in unser Schlafquartier gefahren. Dies befindet sich heute in der WG von Veranstalter Flo. Wir legen uns dort also in großer Vorfreude auf entspannendes Schlafen ins Wohnzimmer und sind eine Stunde später gerade so am Einpennen, als plötzlich Flo's besoffener Mitbewohner mitsamt seinen sieben besoffenen Freunden ins Wohnzimmer stürmt und dort zum neuen Fugazi-Album in Open-Air-Lautstärke eine Party bis sechs Uhr morgens feiert.

**12.11.2004 * * * Weilheim, Festival**

Wir freuen uns sehr, dass wir heute in einem luxuriösen Hotel pennen dürfen. Bis wir vor Ort merken, dass wir zu DRITT in ein ZWEIER-Zimmer mit einem großen EINZEL-Bett gebucht wurden. Hinzu kommt, dass Saikov derzeit erkältet ist und er es auf seiner Position, rechts außen liegend, schafft, durch ein einziges Nasenloch ein komplettes bayrisches Sägewerk originalgetreu zu imitieren.

**20.06.2006 * * * Hagen, Utopia**

Wir sind zu Tom nach Hause gefahren, um dort zu nächtigen. Seine Freundin und er haben netterweise noch wunderbare Wraps gemacht und mit uns Wasserpfeife geraucht. Gewöhnungsbedürftige Kombination zwar, aber die Gastfreundlichkeit der beiden ist mal wieder umwerfend. Zum Dank dafür hat Max dann die Wasserpfeife umgeworfen und mehrere tischtennisballgroße Löcher in den neuen Teppich gebrannt.

**26.12.2006 * * * Losheim, Lokschuppen**
Ich kann mich noch erinnern, dass ich mitten in der Nacht, völlig wütend angefangen habe, auf unseren Merchandiser Karl einzuprügeln, um seinem irrsinnigen Schnarchen ein Ende zu bereiten, bis ich merkte, dass er mit offenen Augen da liegt, mich anschaut und mir panisch „Alter, was machst du???" entgegenschreit. Erst dabei ist mir aufgefallen, dass es gar nicht Karl ist, der schnarcht, sondern Saikov, der eine Matratze weiter liegt.

Als wäre das Thema „Bei irgendwelchen Leuten pennen" nicht schon aufreibend genug, hat sich Sibbi beim Eintritt in die Band dazu entschlossen, in regelmäßigen Abständen dem Schlafwandeln zu frönen.

***SIBBI:** Zum ersten Mal fiel mir dieses... ähm... Problem 2003 auf, als ich mit unserem Mischer Thimo nach einem Konzert im Zimmer einer Ferienwohnung übernachtete. Ich erwachte am morgen durch Thimos Worte „Alter, was hast Du mit dem Bild gemacht?!?!?!" Mit müden Augen schaute ich mich um und sah, dass am Fernseher ein 1 × 1,50 Meter großes Gemälde lehnte, welches am Abend zuvor definitiv noch neben dem Bett gehangen hatte. Ich tat also das, was jeder in der Situation tun würde und sagte zu Thimo „Was laberst Du für einen Scheiß?! Das warst Du doch selbst!" Als ich die Worte ausgesprochen hatte, erinnerte ich mich aber dunkel daran, dass ich nachts in der Tat versucht hatte, aus irgendeinem Grund dieses Bild abzuhängen. Nachdem ich Thimo gerufen hatte und er keine Anstalten machte, mir bei meinen schlafwandlerischen Tätigkeiten zu helfen, hatte ich es eben selbst erledigt und danach zufrieden weitergeschlafen.*

*Das konnte ich vor Thimo natürlich nicht zugeben, da ich mir sicher war, dass dies ein einmaliger Ausrutscher sein würde und auf keinen Fall noch einmal vorkommen würde.*

**30.07.2004 * * * Weilheim, Festival**
Mitten in der Nacht wird Panzer durch lautes Gerede wach, öffnet die Augen und erblickt folgenden Sachverhalt:
Der offensichtlich immer noch schlafende Sibbi rennt auf den Knien(!) durch den Raum und brüllt dabei die Worte „MOMENT!!!! HALT!!!! MOMENT!!!" ▶▶

Daraufhin ergibt sich folgender Dialog:
Panzer (panisch): „Ähh... Sibbi... HALLO!!! SIBBI?!?!?"
Sibbi (planlos): „Hä?!"
Panzer: „Was zur Hölle machst du da?!!!!"
Sibbi: „Ja, schau halt! Der Lastwagen!!"
Panzer: „Was für ein Lastwagen?!"
Sibbi: „Ja der da, Mann! Guck doch!"
Panzer: „Sibbi... bitte... wir sind in einem Hotelzimmer, da ist kein Lastwagen."
Sibbi: „Was? Achso... ja... hm... dann war es wahrscheinlich eh bloß wieder Scheiße."

**09.12.2009 * * * Augsburg, Kantine**
Ich möchte mich hiermit auch noch bei meinen beiden Zimmerkollegen dafür entschuldigen, dass ich nachts im Schlaf anscheinend plötzlich sehr laut losgeschrien habe. Ihr müsst aber wissen, dass es äußerst beängstigend ist, wenn man denkt, man hätte eine fünf Meter große Straßenlaterne im Gesicht.

**08.04.2011 * * * Solothurn (CH), Kofmehl**
Ich entscheide mich, nach jahrelanger Abstinenz wieder ins Gebiet der Schlafwandlerei zurückzukehren und fange nachts aus heiterem Himmel an, meinen Zimmerkollegen Jojo anzuschreien. Der packt im Affekt sein Kissen und schlägt es mir mit voller Wucht über die Rübe. Daraufhin mache ich das Licht an, schaue zur Tür, sage „Hmm... okay, dann passt's ja" und schlafe weiter.

**16.08.2012 * * * Zwickau, Festival**
Irgendwann mitten in der Nacht schreie ich (wie mir Panzer am nächsten Morgen berichtet) im Schlaf unseren Produzenten Achim an. Dass dieser in dem Moment überhaupt nicht mit im Raum, sondern in Portugal im Urlaub ist, macht die Sache nicht wirklich besser. Gute Nacht.

*SIBBI: 2005 befand ich mich nachts nach einer Show im Ruhrgebiet in einem langen dunklen Tunnel, in welchem nur durch die Türe ganz am anderen Ende des Raums etwas Licht eindrang. Leider begann sich diese Tür plötzlich zu schließen. Ich rannte also mit voller Geschwindigkeit in Richtung der immer kleiner werdenden Lichtquelle und merkte erst dann, dass ich gerade schlafwandle, als ich die „Autsch", „Hey, was soll der der Scheiß" und „Blödes Arschloch"-Rufe von Panzer und unserem Tourmanager vernahm, die auf dem Boden schliefen und in die ich gerade im Vollsprint reingefallen war.*

## KAPITEL 3.4.1. >>> Übernachten im Hotel

Irgendwann schafft man es als Band dann über die Übernachtungskategorie „Übernachtung ohne Frühstück bei irgendjemandem, der sich erbarmt" hinaus und sieht sich zum ersten Mal der Kategorie „Übernachtung mit Frühstück in einem Hotel" gegenüber.

Fälschlicherweise denkt man als bisher auf dem Boden schlafender Musiker sofort, dass man von nun an in unfassbarem Luxus residiert, es zwischen 22 Uhr abends und 10 Uhr morgens keinerlei Probleme mehr gibt und dass das Leben in der Nacht nun einfach seine geebneten Bahnen nimmt.

Auch hier zeigt sich wieder einmal die Naivität und Unwissenheit der Mitglieder unserer Berufsgruppe.

**14.11.2003 * * * Weilheim, Rocknacht**
Wir haben dann mitten in der Nacht den Hotelbesitzer rausgeklingelt, weil der Schlüssel auch nach mehrmaligem Probieren nicht passte. Dieser Hotelbesitzer hat uns dann schlaftrunken und äußerst wütend erklärt, dass man einfach die Chipkarte, die am Schlüssel befestigt ist, über einen vor der Tür befestigten Sensor halten muss, um diese zu öffnen. Hat funktioniert. Sachen gibt's.

**20.01.2006 * * * Hamburg, Marx**
Noch sehr fertig vom Abend zuvor suchen wir eine Ewigkeit den Frühstückssaal des Hotels, können ihn aber nicht finden. Wir fragen 'nen Typen, der gerade mit einem Besen in der Hand durch den Flur läuft, wobei sich folgender Dialog ergibt:
Sibbi: „Entschuldigen Sie, wo ist denn hier der Frühstückssaal?"
Besenmann: „Welcher Frühstückssaal?"
Sibbi: „Ähm... na der vom Hotel!"
Besenmann: „Welches Hotel?"
Wir haben uns daraufhin nochmal zwei Stunden aufs Ohr gehauen...

**07.07.2007 * * * Sins (CH), Open Air**
Später in der Nacht sind wir noch in der Hotelbar versackt und haben folgende herausragende Erkenntnis erlangt: Wenn das Hotelpersonal schon schlafen gegangen ist, kann man die ganze Nacht prima selbst und gratis Bier zapfen.

**17.06.2007 * * * Interlaken (CH), Greenfield Festival**
Komische Sache, wenn man um 23 Uhr in Stralsund an der Ostsee mit dem Gewissen von der Bühne geht, dass man am nächsten Tag um 14 Uhr (!) in der 1000 km entfernten Schweiz (!!) schon wieder auf der Bühne stehen soll. Und weil uns das Ganze dann doch etwas ambitioniert vorkommt, fahren wir sicherheitshalber direkt nach der Show in Stralsund mit unserem Stinkebus nach Berlin zu einem überteuerten Hotel in Flughafennähe, um dort noch ganze zwei Stunden und 13 Minuten zu schlafen, bevor wir schließlich in den Flieger steigen. Was das sollte, weiß ich bis heute nicht. Thimo meinte ständig, man hätte das Geld für das Hotel auch in Wodka investieren und die zwei Stunden am Straßenrand verbringen können. Krasses Fehlmanagement unsererseits mal wieder.

**20.07.2007 * * * Salzburg (A), Rockhouse**
Später im Hotel hab ich einen Kamm und ein Shampoo geklaut. Ein Näh-Set wollte ich auch mitnehmen. Dann ist mir aber eingefallen, dass ich gar nicht nähen kann.

**21.07.2007 * * * Neuhofen (A), Festival**
Super Hotel übrigens, wenngleich mich auch prompt im Fahrstuhl auf dem Weg zum Frühstück ein älteres Ehepaar bestimmend darauf aufmerksam gemacht hat, dass meinem Kopf ein Haarkamm sehr gut tun würde. Der Herr hat sich sogar so reingesteigert, dass ihn seine Frau irgendwann mit den Worten „Komm, jetzt lass den Mann in Ruhe" am Hemd gezogen hat.

**29.06.2007 * * * Biel, Festival**
Wir sind dann ins Hotel und haben bei einer Frau eingecheckt, die eigentlich im Grunde genommen sehr hübsch war, aber Augenbrauen hatte, die aussahen, als hätte man ihr ein schwarzes Frettchen quer über das Gesicht gelegt.

**18.09.2009 * * * Wallisellen (CH), Festival**
Aus irgendeinem Grund mussten wir dann nachts um 4:30 Uhr das Festival verlassen, was zur Folge hatte, dass die nette Hotelbesitzerin am nächsten Morgen jeden Einzelnen von uns nacheinander fragte: „Entschuldigung... waren Sie heute Nacht derjenige, der den lauten Lärm verursacht hat?"
Jeder Einzelne von uns antwortete nacheinander: „Lärm? Ich?
„Nein, das muss jemand anders gewesen sein."
Sie: „Vielen Dank, eine gute Heimreise!"

**25.11.2009 * * * Bruchsal, Fabrik**
Viel später in der Hotelbar ist dann noch die Bierzapfanlage explodiert und hat den halben Eingangsbereich unter Bier gesetzt. Tourmanager Jojo hat noch versucht, mit einem beherzten Karatesprung in die Bierfontäne das Unheil zu verhindern, während der Hotelier die Hände über dem Kopf zusammengeschlagen hat und in einer Tour „Ich hasse Bier, ich hasse Bier!" rief.

**29.08.2009 * * * Wirges, Festival**
Beim Hotel angekommen, schreit uns erst mal völlig grundlos der besoffene Hotelbesitzer an und meint, dass „wir Arschlöcher bloß die Schnauze halten sollen", weil er sonst die Polizei holt und die Party jetzt generell ein Ende hätte. Zu diesem Zeitpunkt sind wir genau zehn Sekunden dort und haben außer „Schönen guten Abend" noch keinen Ton von uns gegeben.
Wir nehmen diese Frechheit dann aber zum Anlass, jetzt doch noch etwas ausgiebiger zu feiern. Am nächsten Morgen gesellt sich eine Frau, die das Zimmer gegenüber unserer, durch die Party zugegebenermaßen relativ lauten, Bude hatte, lächelnd zu uns an den Tisch, und es ergibt sich folgende Konversation:
Sie: „Na, wie haben Sie denn so geschlafen heute Nacht?"
Ich: „Sehr gut, danke... nur etwas sehr kurz."
Sie (schreiend): „JA, ICH AUCH ETWAS SEHR KURZ!!!"
Als ihr unser Mischer Thimo darauf ein fröhliches „Ja, dann gehen Sie halt früher ins Bett...!?" vor den Latz knallt, können wir nur durch eine zügige Abreise eine weitere Eskalation der Situation verhindern.

**03.07.2009 * * * Twistringen, Festival**
In der Nacht werde ich Zeuge des lautesten Stereo-Schnarchens, das es auf dieser Welt vermutlich jemals gegeben hat. Wettbewerber: Achim und Saikov. Obwohl ich echt sehr gerne schlafen würde, stehe ich mitten in der Nacht fassungslos im Zimmer und schaue den beiden gut und gerne drei Minuten bei diesem Spektakel zu. Beim Versuch, die Schnarch-Lautstärke der beiden am Frühstückstisch nachzuahmen breche ich mir fast den Gaumen.

**07.08.2009 * * * Taubertal-Festival**
Auf dem Weg zum Bus rennt uns dann die sehr nette Hotelbesitzerin winkend und außer Puste hinterher und macht uns darauf aufmerksam, dass wir wenigstens noch das Hotel bezahlen könnten, bevor wir abhauen.

**04.03.2009 * * * Stockholm (SWE), Nalen**

Kurz darauf treffen wir uns am Frühstücksbuffet des Hotels, wo ein anderer Gast gerade an der Theke steht und einen derben Niesanfall bekommt. Nachdem mir ein lautes „Jetzt kotzt mir dieses Arschloch auf den Käse!" entweicht und ich mich in sicherem Gewässer wäge, weil hier in Schweden ja Gott sei Dank keiner Deutsch spricht, erzählt uns der Niesanfall-Typ zehn Minuten später, in astreinem Schwäbisch, dass er aus Amerika kommt und zehn Jahre lang in Stuttgart gearbeitet hat.

**09.10.2010 * * * Bad Tölz**

Bei der Abreise will der etwas gereizte Hotelbesitzer eine extra Portion Geld von uns. Auf unsere Frage nach dem Grund schreit er „Wir sind hier doch kein Freudenhaus!!!"

**17.07.2010 * * * Schloss Holte, Festival**

Nachdem es Saikov ja tatsächlich fertig gebracht hat, ein Hotel im falschen „Eching" zu buchen, wachen wir also ewig weit vom Festivalort der letzten Nacht auf, natürlich auch noch in entgegengesetzter Richtung des heutigen Festivalortes, der somit nicht fünf, sondern sechs Stunden entfernt ist.

**14.12.2009 * * * Hann. Münden – Kurbelkasten**

Da wir morgen in Hann. Münden spielen sollen, sind wir heute am Offday schon mal einen Teil der Strecke bis nach Nürnberg gefahren. Auf der Fahrt dahin ergibt sich dann im Gespräch, dass wir es ja alle unglaublich toll fänden, heute in einem Luxushotel mit geilen Betten, Swimming Pool und Wellnessbereich zu nächtigen. Da man an freien Tagen das Hotel aber selbst bezahlen muss, sind wir schon kurz davor, den Gedanken wieder zu verwerfen und kommen dann, eine halbe Stunde später, direkt vor einem Hilton-Hotel(!) zum Stehen. Bevor wir reingehen, haben wir uns noch einen treffsicheren Plan zurechtgelegt, den wir den Nobelhoteldamen erzählen wollen. Irgendwie geht es in dem Plan um eine scheinbar bereits getätigte Reservierung, eine Bestätigung einer verbilligten Übernachtung, ein paar Namen wichtiger Connections und vor allem um „Wenn Sie wollen, kann ich Ihnen gerne den E-Mail-Verlauf zeigen"-Sprüche. Während wir alle verkrampft hinter unserem Tourmanager an der Rezeption stehen, uns das Lachen verkneifen müssen und uns kopfmäßig bereits drauf einstellen, in die nächste Nürnberger Jugendherberge weiterzufahren, hebt Jojo auf einmal den Daumen, und wir beziehen für einen unglaublich vergünstigten Preis unsere Luxuszimmer.

**09.04.2011 * * * Basel (CH), Sommercasino**
Auf dem Zimmer klicke ich aus Versehen auf die PayTV-Taste des Fernsehers und versuche daraufhin äußerst hektisch, den doch ziemlich offensiv dargestellten Geschlechtsakt eines brasilianischen Pärchens wieder vom Bildschirm zu bekommen, bevor man mir am nächsten Tag beim Auschecken 15 Euro dafür berechnet.

**18.06.2011 * * * Würzburg, Festival**
Unten in der Hotellobby trägt irgendein Physikstudent einen überdimensionalen Scheck mit der Aufschrift „1. Platz im Bereich Fallbewegung – 2000 Euro" durch die Gegend. Ich würde ihn gerne mit einem größeren Scheck mit der Aufschrift „Nix gelernt – Konzertgage gestern: 10 000 Euro" kreuzen, habe aber einen solchen Scheck leider nicht dabei.

**13.08.2011 * * * Rothenburg, Festival**
Ich wache in unserem schicken 3-Bett-Zimmer in Eschwege im Hotel „Bierschenk" auf (kein Witz) und reg ich mich doch ein wenig auf, dass das Bett im Laufe der Nacht leider die Form einer Halfpipe angenommen hat, weshalb meine Beine erstaunlich nahe an meinem beinahe aufrechten Oberkörper angekommen sind, was wiederum nicht gerade zur Tiefenentspannung beiträgt.

**19.08.2011 * * * Wirges, Festival**
Nach der Show schauen wir uns die tollen Konzerte von unseren beiden Ami-Freunden an und Teile von uns trinken hin und wieder etwas Alkohol. Spät nachts fahren wir ins Hotel und legen einen 2 Meter großen Lampenschirm ins Bett von Max, der am Morgen jedoch neben mir wieder aufwacht. Keine Ahnung warum.

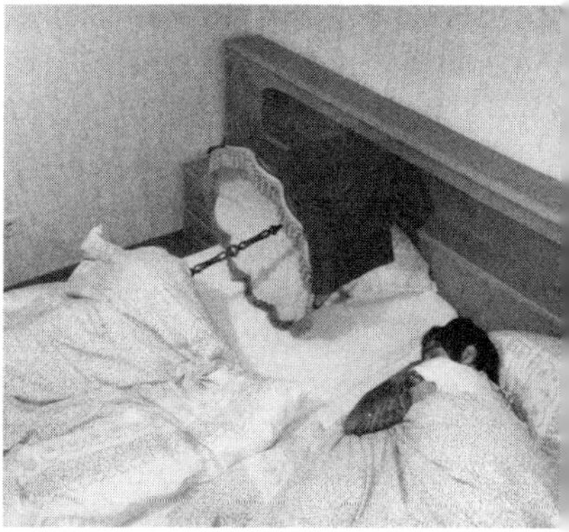

**30.11.2011 * * * Aschaffenburg, Colos Saal**
Einfach das Allerbeste, wenn man auf Tour ein Wellnesshotel mit allem Pipapo hat. Ich schwinge mich deshalb sofort, bepackt mit Badehose, in jenen Wellnessbereich, um dort festzustellen, dass das Dampfbad kaputt, die Sauna außer Betrieb und der Swimming Pool überfüllt mit einer Aqua-Gymnastik-für-Senioren-Gruppe ist.

**15.02.2012 * * * London (UK), Garage**

Am nächsten Morgen, nachdem sich Panzer und Max des Nächtens im Doppelbett frustriert eine kleine Decke geteilt haben und dabei fast erfroren sind, entdecken die beiden, dass sie auf der zweiten Decke die ganze Nacht über draufgelegen sind. Warum passiert uns immer so was?

**05.05.2012 * * * Grosspertholz, Festival**

Irgendwann spätnachts trifft der leicht bis kräftig angetrunkene Sibbi auch im Hotel ein und überwindet sich trotz großer Müdigkeit noch dazu, die Zähne zu putzen. Nach ungefähr einer Minute Zahnputzvorgang wird er stutzig, weil die Zahnpasta heute zum einen etwas komisch schmeckt, und zum anderen auch die Schaumbildung zu wünschen übrig lässt. Als er Sekunden später einsehen muss, dass er sich soeben mit einer „Voltaren" Wund- und Heilsalbe die Zähne geputzt hat, kapituliert auch er und legt sich schlafen.

Ich hingegen schaffe es erst um etwa fünf Uhr endlich einzuschlafen, werde aber standesgemäß um acht Uhr von einer niederösterreichischen Blaskapelle, die scheinbar direkt unter meinem Fenster zu spielen beginnt, aus dem Bett gewuchtet. Ich kann es nicht fassen. Als wir uns im Anschluss auf die siebenstündige (!) Heimfahrt machen, werden wir bereits kurz nach der Abfahrt von einem sonntagsuniformierten Feuerwehrmann angehalten, weil „hier gleich eine Parade vorbeikommt." Nach zehn Minuten Warten erscheint am Horizont dann tatsächlich eine weitere Blaskapellenformierung, die uns im strammen Armeelauf entgegenkommt, nur um dann direkt vor unserem Vehikel eine blasmusikalisch untermalte Tanzchoreografie aufzuführen. Es ist ein wirklich sehr beeindruckender Morgen.

**05.06.2012 * * * Zittau, Festival**

Am nächsten Morgen komme ich als erster zum Frühstück, und beim Gang zum Buffet bemerke ich die Diskussion eines Gastes mit dem Mann an der Hotelrezeption, der sich für etwas zu entschuldigen scheint.

„..Ja, es tut mir leid... Wir wussten ja, dass wir Künstler zum Übernachten da haben, aber dass die SO unfassbar laut sind, das kann ja keiner ahnen."

Ich muss etwas grinsen und gehe an meinen Tisch. Am Nebentisch dann folgender Satz: „So eine Frechheit habe ich noch nie erlebt! Wie soll man denn da schlafen bei diesem Lärm. Hierher kommen wir nie wieder." Ich werde zugegebenermaßen langsam etwas skeptisch. An einem anderen Nebentisch: „Kein Auge habe ich zu gemacht. Eine Zumutung ist das. Haben die hier ihre Gäste nicht im Griff?"

Ich packe daraufhin lautlos mein Brötchen in eine Serviette ein und verlasse den Frühstücksraum.

**08.10.2013 * * * Chur (CH), Selig**

Als beim Frühstück im noblen Hotel der Lachs alle ist, frage ich die Bedienung, ob er nochmal aufgefüllt wird, worauf sie mir entgegnet: „Wenn ich das jetzt in der Küche frage, bringen die mich um." Ich esse daraufhin ein Bircher-Müsli und verhalte mich ruhig.

**06.12.2013 * * * Wien (AT), Flex**

Nachts vor dem Hotel gibt mir mein Zimmerpartner Bobbes die falsche Zimmernummer, was zur Folge hat, dass ich vor der falschen Tür stehe und meine Code-Karte natürlich nicht funktioniert. Ich beschwere mich an der Rezeption, lass mir eine neue Zimmerkarte geben (leider für das falsche Zimmer) und stehe zwei Minuten später mitten im Zimmer eines relativ erschrockenen und entsetzten Pärchens, welches sich fragt, wie ein fremder Mensch mit einer fragwürdigen Frisur ihre Zimmertüre aufschließen konnte.

**20.12.2013 * * * Münster, Sputnikhalle**

Ich erwache in einem Hotel in Bochum und mache mich auf zum Frühstück. Am Tisch neben mir sitzen drei Afroamerikaner, wovon einer sich selbst den Titel „big black dude" verpasst hat. Dieser „big black dude" scheint mit seinem Leben so sehr unzufrieden zu sein, dass er ganze 40 Minuten lang nichts anderes macht, als sich in einer unfassbaren Lautstärke über das „fucking" Rührei, die „motherfucking" Speckstreifen, die „terrible fucking" Waffeln ▸▸

und das „fucking awful“ Hotel im Allgemeinen zu beschweren und aufzuregen. Er versaut damit allen anderen anwesenden, fröhlichen Frühstücksgästen gänzlich die Laune. Ich überlege mir kurz, ihm in sein Essen zu scheißen, aber er ist einfach zu fucking groß und stark. Wobei man zu seiner Verteidigung aber schon auch sagen muss, dass wir in einem ordentlichen Hotel noch nie ein so miserables Frühstück bekommen haben: Die Konsistenz des Rühreis wie auch den Geschmack kann man mit alten und maroden Legosteinen vergleichen. Den Bacon mit trockenem Sand.

## KAPITEL 3.5. >>> Konzerte ohne Publikum

Geht man als junge, völlig unbekannte Band davon aus, dass die eigenen Konzerte von nun an immer genau so aussehen wie die prallgefüllten Konzerte, die man tagtäglich im Fernsehen sieht, wird man schnell eines Besseren belehrt. Aufgrund der Tatsache, dass keiner deine Band kennt, die Veranstalter selten seriöse Werbung für dein Konzert machen und der Eintrittspreis mit zwei Euro offensichtlich deutlich zu hoch angesetzt ist, macht man öfter die Erfahrung, dass groß angelegte Konzerte sich eher zu öffentlichen Proben im kleinen Rahmen verwandeln.

Nach den ersten paar Shows mit wenig oder gar keinem Publikum entwickelt man aber schnell eine gewisse Routine und lernt, sich von solchen Rückschlägen nicht unterkriegen zu lassen. Gegebenenfalls ist es bei solchen Events allerdings hilfreich, die einstudierte Bühnenshow den Umständen etwas anzupassen. Eine geplante „Wall of Death“ beispielsweise macht bei nur drei Zuschauern noch keinen Sinn, weil einer ins Leere rennen würde. Stagediver, die nach dem Prinzip „Einer springt, der andere fängt“ agieren möchten, sollten unbedingt aufgehalten werden, um Genickbrüche zu vermeiden, und wenn man das Publikum gerne einen bestimmten Refrain alleine singen lassen möchte, sollte man sich unbedingt vorher vergewissern, dass mehr Zuschauer im Saal stehen als Bandmitglieder auf der Bühne.

In jedem Fall gilt es, immer das Beste aus einem Konzert ohne Besucherandrang zu machen und den Fehler niemals bei sich selbst zu suchen. Berechtigte Selbstzweifel sind der am häufigsten genannte Grund für Bandauflösungen. Viel besser ist es bei Konzerten ohne Publikum die Schuld an Dritte weiterzuschieben. Beliebte Sündenböcke sind hier beispielsweise: Der Veranstalter, die Location, ein anderes Konzert in der Umgebung, schlechte Werbung, das Wetter, Gott, das Ordnungsamt, deine

Mutter, das Datum und die Tatsache, dass die Jugend heutzutage eh nicht mehr das ist, was sie einmal war.

**02.03.2002 * * * Göppingen, Rock am Freihof**
Dann ist endlich Einlass. Leider kommt keiner rein. Wir schauen also raus, warum denn da keiner reinkommt und finden folgenden Grund: Weil niemand draußen ist.

**02.10.2002 * * * Calw, Public No. 1**
Das letzte Mal in Calw waren wir im Frühjahr. Damals haben vier Leute das Konzert gesehen. Die vier Leute waren Mitglieder der Band „Slave", die nach uns gespielt hat.

**09.03.2002 * * * Calw, Public No. 1**
Obwohl die Türen schon seit einer halben Stunde geöffnet waren, standen ehrlich gesagt noch nicht soooo viele Leute im Raum: Der Wirt, die Jungs von der Vorband und wir. Aber es war ja noch 'ne halbe Stunde Zeit bis zum Auftritt. Nach dieser halben Stunde bot sich uns glücklicherweise ein drastisch verändertes Bild: Jetzt war nämlich neben dem Wirt, den Jungs von der Vorband und uns auch noch eine Bedienung da.

**24.05.2002 * * * Achern, Why Not**
Das Sunstyle Festival war im Why Not angesetzt. Aufgrund der Besucherzahlen hätte man das Konzert aber auch getrost in die Herrentoilette des Clubs verlegen können. Im Großen und Ganzen ist das aber auch egal, weil das was dann geschah, besser auch niemand zu Gesicht bekommen hätte, womit wir bei unserem Auftritt angekommen wären...

**24.08.2002 * * * Ulm, Hemperium**
Da das heute ja kein riesiger Laden war, konnte Sibbi zwischen den Songs auch jedem, der raus oder rein kam, eine Visitenkarte von uns in die Hand drücken oder Leute, die ganz nach Hause gingen, nach draußen begleiten, um sie zu fragen, warum sie jetzt schon gehen.

**02.11.2003 * * * Mülheim, AZ**
Kurz danach ist dann auch schon Einlass und es stürmen direkt acht zahlende Menschen hinein, um sich einen Platz in der ersten Reihe zu sichern. Leider kommt heute außer diesen Acht sonst keiner mehr.

**08.11.2003 * * * Ulm, Beteigeuze**
Der Schuppen füllt sich dann auch rasch. Leider nur mit Hunden.

**21.02.2003 * * * Bilfingen, Billard-Center**
Was machen wir hier eigentlich? Als die Jungs von der Vorband fertig sind, stapfen wir halt wohl oder übel auf die nicht vorhandene Bühne und wollen es irgendwie hinter uns bringen. Da stehen wir nun also. Allein. An Fasching, mitten in einem Billardcenter. Direkt vor uns: Tische! Eckige Tische! An diesen eckigen Tischen sitzen Menschen, teilweise kostümiert, und im Hintergrund läuft die CD einer Band namens „Drei schwule Gartenzwerge".

**24.05.2003 * * * Ins (CH), Schüxehüsli**
Dann war es auch schon 20:30 Uhr... Also Einlass! Das Dumme war nur, dass keiner (!) da war, den man hätte reinlassen können. Echt niemand. Irgendwann sind dann endlich mal zwei Typen gekommen, haben Eintritt gezahlt und sind anschließend sofort mit dem Mofa wieder nach Hause gefahren.

**01.06.2004 * * * München, Garage**
Besonders toll war, als während des Konzerts einer der wenigen uns nicht persönlich bekannten Leute im spärlich erschienenen Publikum fragte: „Ähm... Entschuldigung, aber ist das hier eine Privatveranstaltung?!"

**07.05.2004 * * * Frankfurt, Uni-Party**
Intro fertig und losgerockt. Die Lücke zwischen Bühne und den ersten Leuten war mit Sicherheit 30 Meter groß. Dies, gepaart ▸▸

mit der Bühnenbeleuchtung, bedeutete, dass wir während des Konzerts nicht eine einzige Person aus dem Publikum sehen konnten. Nicht eine Einzige! Ein Mal hat aber einer kurz geklatscht.

**15.04.2005 * * * Viechtach, Cafe Hinkofer**
Nachdem sich beim Konzert keiner im Publikum auch nur einen Schritt bewegte, haben wir für nachts nach dem Konzert noch eine Aftershow-Party organisiert, zu der dann exakt keine Person kam.

**17.02.2006 * * * Freiburg, Cafe Walfisch**
Außerdem haben wir uns vor dem Einlass mit Mitch unterhalten. Das ist der Besitzer des Ladens. Dieser mochte uns nicht und sagte, dass seine Punker-Stammgäste heute Abend alle nicht kommen werden, weil sie uns scheiße finden und der Meinung sind, wir wären neureiche Kids. Später in der Nacht haben wir dann Waschmittel in seinen Schuhen, die im Backstageraum standen, angerührt.

**27.01.2006 * * * Baden (CH), Nordportal**
In den Club passen so ungefähr 1200 Leute, was bedeutet, dass jeder der 80 Zuschauer am heutigen Abend etwa einen Hektar Platz für sich hatte.

**11.07.2007 * * * Berlin, Kesselhaus**
Daraufhin war Einlass und der Club auch recht schnell voll. Wie immer wenn wir irgendwo spielen.... Unangekündigt und als Vorgruppe.

**05.03.2009 * * * Örebro (SWE)**
Unglaublicherweise sind auch heute wieder über zwanzig Leute aus Deutschland, Österreich und der Schweiz extra nach Schweden geflogen. Dummerweise verirren sich aber auch nicht wirklich mehr Leute aus Schweden selbst in den Konzertraum, weshalb das Konzert dann ungefähr den Eindruck vermittelt, als spiele man ein deutsches Wohnzimmerkonzert mit schwedischen Austauschstudenten.

**9.12.2003 * * * Frankfurt, Sporthalle**
Irgendwann während des Konzerts kommen dann plötzlich doch noch ein paar Leute in den Saal und laufen Richtung Bühne, wir denken schon „Boah geil, jetzt wird's voll!“ Leider sind diese Leute, wie sich kurz darauf herausstellt, nur auf dem Weg zur Toilette, die sich direkt neben der Bühne befindet.

**04.02.2004 * * * Wiesbaden, Jugendhaus**
Nachdem wir noch eine weitere halbe Stunde gewartet haben, müssen wir dann eben anfangen. Wir stehen also zu dritt auf der Bühne, und im Saal vor uns ist kein einziger Zuschauer. Niemand. Nur unser Mischer Thimo steht hinter seinem Mischpult und glotzt uns an. Wir versuchen uns nichts anmerken zu lassen und spielen den ersten Song mit voller Power und so, als wäre der Laden mal wieder komplett ausverkauft. Am Ende des Liedes brülle ich ein engagiertes „GUTEN ABEND WIESBADEN!!!" ins Mikro. Nachdem ich realisiere, dass tatsächlich auch während des Songs keiner in den Raum gekommen ist, schiebe ich noch ein ernüchtertes „Na gut ... Hallo Thimo." hinterher.

**21.1.2004 * * * Reichenbach, Die Halle**
Unter höflichem Applaus verlassen wir die Bühne und verharren angespannt direkt an der Bühnenkante, um auf die „Zugabe! Zugabe!"-Rufe der Leute zu warten. Leider schreit keiner. Das ist schlecht. Immerhin haben wir noch drei weitere Lieder vorbereitet, die wir unbedingt spielen wollen. Wir lauschen also nochmals hoffnungsvoll in den Saal, aber der Großteil des 23-köpfigen Publikums scheint längst auf dem Weg zur Bar zu sein. Wieso schreien die Arschlöcher nicht? Jetzt gilt es zu handeln: Durch den Backstageraum und hinter der Bar vorbei, erreichen wir einige Sekunden später die letzten Reihen des Konzertraumes und feuern dort zu dritt wilde „Zugabe! Zugabe!"-Rufe ab. Es klappt! Der Funke springt über! Weiter vorne steigt ein besoffener Typ im Karohemd in die Parole mit ein. Nach einem flotten Sprint zurück, laufen wir kurze Zeit später mit erhobenen Fäusten zurück auf die Bühne und spielen unser Konzert zu Ende.

## KAPITEL 3.6. >>> Das Gaffatape

Um eins von Anfang an klarzustellen: Es ist nicht so wichtig, welche Gitarre man spielt, wie viele Röhren ein Verstärker hat oder welche Felle man auf sein Schlagzeug spannt. Die wichtigste Grundlage für eine erfolgreiche Laufbahn im Musikbusiness ist und bleibt ein ordentliches Gaffatape. Danach kommt erstmal ganz lange gar nichts.

Ein Gaffatape ist ein hartnäckiges und äußerst stabiles, einzigartiges Klebeband, mit dem Musiker alles reparieren, was es auf dieser Welt gibt: Gitarrengurte, Reisetaschen, Turnschuhe, Bassdrumfelle, abgebrochene Schalter aller Art, Badelatschen, Bühnenlampen, Sprunggelenke, im Notfall auch ganze Gitarren, Handys, Autorückspiegel, Zahnriemen, Gürtel, Tonabnehmer, Bustüren und ab und an sogar gebrochene Herzen. Es ist hierbei unbedingt darauf zu achten, sich teures Premium-Gaffatape zu besorgen und keines der vielen Billigimitate. Letztere sind meist völlig unbrauchbarer Schund, der hartnäckige, nicht zu entfernende Kleberückstände an all den oben genannten Objekten hinterlässt. Dieser Missstand kann innerhalb einer Band für viel Streit und letztlich auch zur Auflösung selbiger führen.

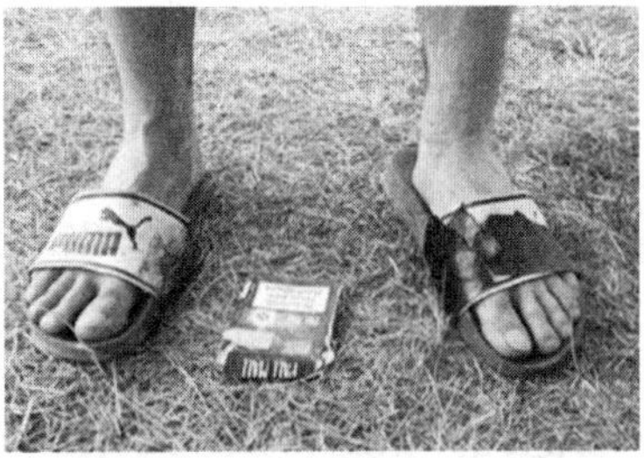

Weiterhin ist wichtig, dass man Gaffatape niemals selbst kauft, sondern immer nur von anderen Bands, Technikern oder Clubs ausleiht und dann nie wieder zurückgibt. Ein schlechtes Gewissen muss man hierbei in keinem Fall haben, weil jede andere Band, jeder Techniker und jeder Club das ebenfalls so handhabt. Das Ganze ist ein seit Jahrzehnten autark funktionierender Kreislauf. Bitte kauft also niemals selbst ein neues Gaffatape und schleust dieses unerlaubt in das System ein. Dies würde den gesamten Gaffakosmos zum Implodieren bringen.

**07.04.2007 * * * Erfurt, Centrum**

Im Radio singt gerade Shakira, dass man ihre Busen bitte nicht mit Bergen verwechseln soll, als der am Steuer sitzende Thimo bei 150 km/h plötzlich aufschreit, panisch auf den Pedalen im Fußraum herumtritt und dabei „FUCKFUCKFUCK" brüllt. Uns allen ist urplötzlich glasklar, dass wir jetzt sterben werden. Erst Sekunden später realisieren wir, dass ein kaputter Gaszug nicht ganz so schlimm ist wie ein kaputtes Bremskabel, und so retten wir uns immerhin noch irgendwie auf den Standstreifen. Sechs völlig ungeschulte Blicke in den Motorraum später ist klar, dass der Gaszug komplett durch ist und nur noch lustlos lose durch die Motorhaube baumelt. Weiterfahren ist also unmöglich. Um den ADAC anzurufen, bleibt keine Zeit mehr, weil wir eh schon viel zu spät dran sind. Es ist eine Katastrophe. Das Ende einer Reise. Wir werden das Konzert absagen müssen. Als Teile von uns sich bereits, den Tränen nahe, auf die Leitplanke setzen, erinnert der tiefgläubige Thimo sich daran, dass ein Tal noch so tief und dunkel sein kann – es gibt immer einen Ausweg. Es gibt immer einen Retter. Jemanden der dir hilft, wenn du dich selbst schon lange aufgegeben hast. Etwas, das dir die Hand reicht, wenn sonst keiner mehr eine Lösung hat:
Das Gaffatape.
Sekunden später verbinden wir höchst unprofessionell einen selbstgezwirbelten Strang Gaffaklebeband mittels eines geübten gordischen Fischerknotens mit dem Gaszug, ziehen dieses bis zum perfekten Spannungsgrad an und fahren kurz darauf, aus offenen Fenstern johlend und jubelnd, weiter in Richtung Erfurt. Wenn man mit diesem Ding sogar ganze Autos reparieren kann, lässt sich damit vielleicht auch ein Kreuzfahrtschiff bauen oder eine Regierung stürzen. Wir werden es ausprobieren.

## KAPITEL 3.7. >>> Die passenden Reisevehikel

Es gibt für eine Band durchaus unterschiedliche Möglichkeiten, auf Tour zu fahren oder zumindest bis zum nächsten Konzertort zu gelangen. Am Anfang einer Bandkarriere reist man notgedrungen meistens zusammengequetscht in einem einzigen, altersschwachen PKW, der ab und an zu allem Übel auch noch uncoolerweise von Mutti ausgeliehen werden muss. Zwischen den Bandmitgliedern ragen zahlreiche Gitarrenhälse in Richtung Decke, jeder hat einen Verstärker oder eine Trommel auf dem Schoß und alle fluchen am laufenden Band über zu wenig Beinfreiheit.

Mit etwas Glück kann man einige Zeit später irgendwo einen Kleinbus ausleihen. Selbiges gestaltet die Reisen durchaus erträglicher und kann dazu führen, dass von nun an auch komplett das eigene Equipment oder gegebenenfalls sogar eine eigene Crew (!) mitgenommen werden kann. Beim Leihen eines Kleinbusses sollte man jedoch unbedingt darauf achten, dass die Außenbemalung des Busses auch der Außenerscheinung einer toughen Rockband gerecht wird. Wir hatten da in der Vergangenheit einige Probleme und fühlten uns bei der Ankunft an Clubs oder Festivals als Band oftmals nicht wirklich ernst genommen.

Ab einer gewissen Größe der Konzertsäle und Besucherzahlen macht es dann irgendwann auch Sinn, zum ersten Mal in einem Nightliner (siehe Kapitel 2.8. – Touren im Nightliner) zu reisen. Darin zu touren ist für eine Band höchstwahrscheinlich die beste und komfortabelste Variante. Jedenfalls wäre dies der Fall, wenn nicht ständig irgendetwas am Nightliner kaputt gehen würde. Bei uns ging bisher aber leider ab und zu, beziehungsweise oft, beziehungsweise meistens – beziehungsweise, wenn wir ehrlich sind, sogar eigentlich immer alles kaputt.

***PANZER:*** *Wir sind mittlerweile wirklich mit fast allen gängigen Verkehrsmitteln auf Konzerte gefahren: Mit miesen Kleinwagen und etwas besseren Kombis. Mit Minivans inklusive Rollstuhlrampe und „Vorsicht Kinder!"-Schildern. Mit geliehenen Bussen vom örtlichen Maler oder Elektriker. Mit abgefuckten Nightlinern, die nach Klo rochen und mit dem Luxus-Nightliner von Joe Cocker, der nach Joe Cocker roch. Wir sind mit der Deutschen Bahn zu Konzerten gereist und in dubiosen Nachtzügen durch die Schweiz gerast. Wir sind geflogen, haben auf Fähren Meere, Seen und Flüsse überquert, und einmal sind wir mit unserem Bus auf einen Zug verfrachtet worden und damit durch einen österreichischen Schneebergtunnel gefahren. Zu einem Konzert bin ich sogar mal mit meinem Fahrrad gekommen. Das haben sie mir aber mittlerweile geklaut.*

***SIBBI:*** *Weil wir schon zu Beginn unserer Karriere aus unserer Stadt und unserem Landkreis rauskommen wollten, hab ich 2002 so lange irgendwelche Jugendhäuser abtelefoniert, bis uns eines gebucht hat. Das erste Jugendhaus, das sich erbarmte, befand sich in Düren. Ganze 429 km von Eislingen entfernt. Damit etwa 419 km weiter entfernt als das bisher am weitesten entfernte Konzert unserer Bandhistorie. Da ich von Gagenverhandlungen damals noch keinen blassen Schimmer hatte und wir bis dato eh noch nie eine Gage bekommen haben, war ich hoch erfreut, als uns das Jugendhaus versprach, „die Fahrtkosten zu übernehmen". Drei Tage später lag dann auch prompt ein 5-Personen-Wochenendticket der Deutschen Bahn im Wert von 25 Euro im Briefkasten, mit dem wir dann in einem Bummelzug, der an jedem einzelnen Bahnhof auf der Strecke anhielt, exakt zehn Stunden(!!!!) nach Düren gefahren sind und am Tag darauf ebenfalls zehn Stunden lang wieder zurück.*

***PANZER:*** *Meine traumatischste Erinnerung an eine Konzertreise hat bis heute tiefe Kraterspuren in meiner noch jungen Seele hinterlassen: Im Sommer 2007 sind wir mit dem Flugzeug nach Zürich geflogen, haben da einen bärenstarken Auftritt auf dem „Zürich Open Air" hingelegt und wollten dann direkt nach der Show weiter mit dem Nachtzug nach*

*Wien. Die Veranstalter des Festivals waren so nett, dass sie uns vor unserer Weiterfahrt noch einen Picknickkorb mit belegten Brötchen, Chips, Süßigkeiten, Fruchtsäften und gütigerweise auch zwei Flaschen Wodka mitgaben. Schon beim Einsteigen in den Nachtzug hat uns der Schaffner argwöhnisch betrachtet und uns ein kurzes aber bestimmtes „Ich hab ein Auge auf euch!" hinterher gerufen. Nachdem wir unsere Zweierkojen bezogen hatten, trafen wir uns alle zusammen in einem normalen Reiseabteil des Zuges, und da muss die ganze Sache dann aus Versehen ein bisschen aus dem Ruder gelaufen sein. Wir hatten total Durst und mussten irgendwie die Fruchtsaftflaschen mit den beiden Flaschen Wodka verwechselt haben, und als diese dann relativ zügig leer waren, gab's auch schon erste Probleme: Mehrere Fahrgäste beschwerten sich lautstark über uns, der komplette Boden war mit einer klebrigen Mischung aus Wodka, Johannisbeersaft und Kartoffelchips bedeckt, und ein extrem echauffierter Schaffner machte uns brüllend klar, dass wir an der nächsten Haltestelle des Zuges verwiesen werden.*

*Erst nach einer langen Diskussion unseres Managers mit dem Zugwärter und einer nächtlichen Putzaktion unsererseits konnten wir aushandeln, doch noch weiter mitfahren zu dürfen. Um langsam wieder etwas nüchterner zu werden, haben wir von da an vernünftigerweise nur noch Bier getrunken, und es ging alles gut, bis uns der Schaffner abermals schreiend entgegengerannt kam und uns darauf hinwies, dass unser Schlagzeuger gerade in drei unterschiedliche Kojen eingedrungen war und die jeweiligen Gäste geweckt hatte, weil er zu betrunken war, um das richtige Zimmer zu finden.*

*Die Stimmung im Zug sank also von Minute zu Minute. Irgendwann hab ich mich dann sicherheitshalber auch mal ins Bett gelegt. Saikov hatte mittlerweile ebenfalls den Weg in seine Koje gefunden und schlief im Stockbett direkt über mir. Als ich gerade dabei war einzuschlafen, vernahm ich plötzlich einen extrem beißenden Geruch und fühlte, wie mir eine warme Flüssigkeit ins Gesicht und über die Haare schwappte. Nachdem ich im Affekt wild um mich geschlagen hatte, realisierte mein Gehirn, dass mir unser Schlagzeuger soeben direkt auf den Kopf gekotzt hatte. Nachts um vier in einem Zug auf dem Weg von Zürich nach Wien. Da Saikov in seinem Zustand zu dieser Zeit leider nicht mehr kritikfähig war, verließ ich fluchend, mit meinem Kulturbeutel unter dem Arm, das Zimmer und begab mich auf die Bordtoilette, um mir dort den Kopf mitsamt Haaren zu waschen. Wer schon mal auf einer Toilette eines Zuges war, weiß allerdings, dass der Wasserhahn in solchen Toiletten nur 6 cm vom Waschbeckenboden entfernt ist und die Dauer eines per Knopfdruck ausgelösten Wasserstrahls genau so lange ist, wie man mit einer seiner beiden Hände darauf drückt. Sich dort halbwegs vernünftig Kotze aus den Haaren zu waschen ist schlichtweg unmöglich. Ganze zwei Stunden(!) später befand ich mich immer noch auf der Toilette. Der komplette Boden war mittlerweile überflutet mit einer Mischung aus Wasser, Kotze und Haarshampoo. Plötzlich vernahm ich ein wütendes Klopfen an der Toilettentür, und zwischen einem völlig entnervten Schaffner und einem völlig vollgekotzten Musiker ergab sich folgender Dialog:*

*„Hallo!? Wieso läuft denn da Wasser unter der Türe durch? Was machen Sie denn da drin?"*
*„Ich wasch mir die Haare."*
*„BITTE WAS MACHEN SIE?"*
*„ICH WASCH MIR MEINE VERFICKTEN HAARE, MANN! DA IST KOTZE DRIN!"*

*Am nächsten Morgen stiegen wir alle relativ gerädert aus dem Zug. Saikov sah ein bisschen aus, als hätte er letzte Nacht spucken müssen. Der Schaffner kam noch einmal bei uns vorbei und bat uns, niemals mehr wiederzukommen. Wir versicherten es ihm. Saikov und ich haben danach eineinhalb Tage nicht miteinander gesprochen.*

## KAPITEL 3.8. >>> Touren im Nightliner

Jeder junge Musiker träumt davon, irgendwann einmal selbst mit einem riesigen Nightliner auf Tour zu fahren. Für alle, die es nicht wissen: Ein Nightliner ist ein großer, ein- oder zweistöckiger Bus mit zahlreichen Schlafkojen, einer oder mehreren schicken Lounges, Fernseher, Stereoanlage, Playstation, DVD Player, WLAN, einem stets prallgefüllten Kühlschrank, einer eigenen Toilette und einem separaten Anhänger für das ganze Equipment.

Das Tolle am Reisen in einem Nightliner ist, dass man einen Fahrer hat und nach dem jeweiligen Konzert über Nacht in die nächste Konzertstadt gefahren wird. Man feiert nachts also im Bus, schaut einen Film oder unterhält sich, geht irgendwann später in seine Koje und erwacht am nächsten Morgen top ausgeschlafen direkt vor dem Club, in dem man abends auftreten wird. Das Ganze wirkt auf den ersten Blick äußerst luxuriös, allerdings birgt das Reisen im Nightliner auch einige Gefahren in sich, die eine Tour mitunter zu einem absoluten Höllentrip werden lassen können.

Vor Beginn einer Nightlinertour sollte der Tourmanager daher unbedingt in weiser Voraussicht eine mahnende Rede halten, in der er alle Mitreisenden darauf hinweist, in den kommenden Wochen Niveau und Moral nicht gänzlich unter den Tisch fallen zu lassen, auf die anderen Rücksicht zu nehmen, den Schlaf der Kollegen nicht zu stören, jede Nacht selbst mehr als sechs Stunden zu schlafen, sich nicht jeden Abend hemmungslos zu betrinken, regelmäßig zu duschen und den durchgeplanten Tagesablauf nicht zu behindern.

Diese Mahnrede ist zwar gänzlich sinnlos, weil sich eh niemand daran hält, aber es hat trotzdem etwas Romantisches an sich, wenn es vorher wenigstens einer versucht hat.

Zusätzlich können äußere Einflüsse eine Nightlinertour mitunter äußerst kräftezehrend gestalten.

**07.09.2005 * * * Aschaffenburg, Colos-Saal**
Die erste Nacht im Nightliner, was sind wir aufgeregt. Leider stehen wir mit unserem Riesenbus direkt neben der meistbefahrenen Zugstrecke in ganz Bayern, weshalb wir kein Auge zudrücken können und somit schon VOR der ersten Show völlig gerädert sind.

**16.09.2005 * * * Bielefeld, Kamp**
Als Sibbi mitten in der Nacht gerade durch den Gang des Busses aufs Klo schlappen möchte, macht Busfahrer Jochen plötzlich aufgrund eines Fuchses auf der Fahrbahn eine extrem harte Vollbremsung, woraufhin Sibbi zum einen zu einer fünf Meter weiten Flugeinlage durch den Bus ansetzt und sich dabei fast den Arm bricht, und zum anderen der Toiletten-Abwassertank des Nightliners überschwappt, was dazu führt, dass der komplette Bus tagelang nach Kloake stinkt.

**03.11.2007 * * * Attiswill (CH), Gemeindehalle**
Unsere Busfahrerin Simone hat vorgestern Spinnennetze in unserem Bus aufgehängt. „Damit wir auch ein bisschen Halloween-Feeling abbekommen“, sagt sie. Jetzt ist der ganze Bus also voll mit Geister-Masken, Leucht-Kürbissen und Spinnennetzen. Ich bin froh, dass die Tour vor Weihnachten wieder vorbei ist. Die hätte hier sonst sicher ’ne Vier-Meter-Nordmanntanne mit Lametta aufgestellt… ▶▶

Irgendwann um drei Uhr nachts, als der Bus weiterfahren soll, ruft unsere Busfahrerin ein lautes „Jungs, ich brauch euch hier vorne mal kurz!“ Problem ist, dass ein Auto auf einer engen Straße etwas zu weit in der Fahrbahn steht und wir deshalb mit dem Bus nicht vorbeikommen. Der heutige Tag endet also damit, dass sieben tapfere Jungs einen kratzbürstigen Kleinwagen von der Straße auf den Bürgersteig tragen(!) müssen.

**05.11.2007 * * * Trier, Ex-Haus**

Ich muss echt scharf nachdenken, um zu wissen, was gestern alles so passiert ist. Wobei eigentlich auf Tour sowieso immer dasselbe passiert: Aufstehen irgendwann zwischen 12 und 14 Uhr, dann sich mal langsam aus der Koje schälen, dann aus dem Fenster kucken, um zu sehen wo man ist, dabei nichts erkennen, dann auf den Tourpass schauen, um zu sehen wo man ist, dann in den Club reinschlappen und essen, dann jemanden fragen, ob und wo es eine Dusche gibt, dann duschen, dann in den Bus zurückschlappen und sich dort fragen, warum man eigentlich in den Bus zurück geschlappt ist. Das Hin- und Herschlappen geht dann solange weiter, bis Soundcheck ist.

**06.10.2007 * * * Zwickau, Gaskessel**
Das Hauptproblem beim Kofferpacken sind natürlich die Socken. Wie viele davon nimmt man mit? Am Tag braucht man ja mindestens zwei Paar (morgens eins und nach dem Konzert das zweite) und bei 35 Shows wären das 70 Paar Socken beziehungsweise 140 Einzelsocken. Damit wäre die Reisetasche voll. Plus 70 Unterhosen und zwei T-Shirts... das funktioniert halt alles überhaupt nicht.

**08.12.2007 * * * Potsdam, Schinkelhalle**
Apropos Busgestank: Wir haben ein ausgeklügeltes System entwickelt, durch welches jeder auf seine Kosten kommt: Leute wie Max zum Beispiel, die prozentuell weniger furzen als Thimo und Sibbi, haben ihre Füße darauf abgerichtet, ähnlich ätzende Gerüche abzusondern. Andy, dessen Füße zwar auch müffeln, aber nicht so sehr wie die von Max, macht wiederum alles wett, indem er sich nachts auf die Schuhe kotzt und die geruchsintensiven Bröckchen die darauffolgenden Tage gepflegt mit sich spazieren trägt. So hat jeder von uns, fair und gleichermaßen, unter den Gerüchen des jeweils anderen zu leiden.

**10.07.2007 * * * Hamburg, Markthalle**
Busfahrer Jochen ist der witzigste Mensch der Welt. Gestern Nacht hat er unsere in der Bustoilette gesammelte Pisse der kompletten letzten Woche feierlich direkt vor einer Polizeiwache abgelassen.

**11.07.2007 * * * Berlin, Kesselhaus**
Das Beste am ganzen Nightlinerfahren ist aber die Tatsache, dass man exakt JEDEN Morgen aufwacht, sich aufrichtet und dabei so dermaßen seinen Kopf gegen die Kojendecke schlägt, dass man sofort wieder rückwärts zurück ins Bett fällt. Und ja, es ist wirklich jeden Morgen so.

**13.07.2007 * * * Schwann, Festival**
Frage: Woran merkt man, dass man es geschafft hat? Oder sollte die Frage lauten: Woran merkt man, dass man nicht mehr alle Tassen im Schrank hat? ▸▸

Antwort: Wenn der Busfahrer, während wir noch selig schlafen, den Veranstalter dazu drängt, einen Baum zu fällen, damit der Nightliner näher zur Bühne fahren kann. (Ist uns nach acht Jahren immer noch etwas peinlich...)

**16.11.2007 * * * Krems (A), Avalon**
Da ich seit Wochen nicht mehr schlafen kann in diesem Nightliner, hab ich mir heute Nacht eine Schlaftablette eingeworfen. Ergebnis: Ich kann immer noch nicht schlafen, bin aber so müde, dass ich auch nicht mehr lesen oder fernsehen kann.

**22.11.2007 * * * Basel (CH), Sommercasino**
Der besagte gestrige Tag in Basel begann damit, dass ich mich auf die Bustoilette begab, um zu pinkeln. Danach bin ich aus der Bustüre zwei Stufen runter auf die Straße gesprungen, um dort festzustellen, dass ich jetzt mit meinen Badelatschen in exakt derselben Pisse stand, die gerade noch in meiner Blase verweilte. Irgendwie war scheinbar der Busboden undicht und der Kloabfluss kam direkt unter der Bustüre heraus. Ein erfolgreicher Start in den Tag also.

**28.10.2007 * * * München, Backstage**
Wie sehr betrunken wir gestern waren, kann man mit folgender Geschichte am besten erklären: Unser Tourmanager Chrissy hat im Suff seine KOMPLETTEN Sachen (Tasche, Laptop, Klamotten, alles) NEBEN den Bus gestellt, ist dann eingestiegen, hat die Türe geschlossen und ist mit uns nach Köln gefahren.

**04.02.2009 * * * Karlsruhe, Backstage**
Jetzt aber zum Tourauftakttag: Um Punkt neun Uhr stand der komplette Verein euphorisch und fertig zur Abfahrt am Proberaum und lag sich in den Armen. Um Punkt 9:01 Uhr ruft der Busfahrer an und sagt uns, dass er vier Stunden Verspätung hat.

**09.03.2012 * * * Karlsruhe, Substage**
Die Nacht im Nightliner war relativ anstrengend und amüsant zugleich, weil meine Koje sich aus irgendeinem Grund exakt in der Mitte eines Bermuda-Dreiecks aus extrem energisch schnarchenden Amerikanern befindet. Selten so gute Schnarcher wie die Jungs von Zebrahead erlebt. Lustigerweise schnarchen die drei auch noch auf total unterschiedliche Arten und in unterschiedlichen Genres. Einer klingt ganz klassisch nach einer ▸▸

handelsüblichen Black & Decker-Kettensäge, der zweite nach einem sterbenden Hirsch und der dritte wie ein Trabant im ersten Gang am Berg, mit unfreiwillig nur zur Hälfte angezogener Handbremse. Das Ganze zusammengemischt ist dann aber halt leider doch eher schwierig.

**10.03.2012 * * * Würzburg, Posthalle**
Die Nacht ist sehr ereignisreich für mich. Ich kann zwei Stunden nicht einschlafen, weil Zebrahead Bassist Ben in der Koje unter mir schnarcht wie eine Pfeffermühle. Irgendwann entscheide ich mich, ihn zu wecken. Er erschrickt aber so dermaßen stark, dass er aus Reflex um sich schlägt und mit einem lauten „WHERE AM I?" aus Versehen seine Kopfhörer in den Gang wirft, wo sie an der Koje gegenüber abprallen, in der Merchandiser Dany liegt, der wiederum daran aufwacht und sich lautstark fragt „What the fuck?", worauf Ben dann denkt, ANDY hätte ihn aufgeweckt und seitdem sauer auf ihn ist.
Zu allem Überfluss will ich in derselben Nacht zwei Stunden später aufs Klo, hangel mich aus meiner Koje, rutsche aber ab und trete beim Versuch mich abzufangen, erstens direkt in Bens Koje und zweitens direkt in Bens Eier. Er erschrickt wieder fast zu Tode, denkt, es handelt sich um eine Schlägerei und schlägt mir mit der Faust mit voller Wucht gegen mein linkes Schienbein. Ich humple danach aufs Klo und schlafe zu Bens Schnarchgeräuschen erst in den Morgenstunden wieder ein.

***PANZER:** Wir waren im Nightliner nachts auf dem Weg nach Dresden und hatten immer noch diesen riesigen Partykarton der Firma Jägermeister an Bord, mit gefühlten achttausend Kräuterschnäpsen drin. Irgendwie mussten die jetzt mal weg. Wir haben dann „FIFA 2006" auf der Playstation angeworfen und festgelegt, dass man bei jedem Gegentor einen Jägermeister trinken muss. Irgendwann fiel uns auf, dass wir alle längst viel zu betrunken waren und das Tor nicht mehr treffen konnten. Um trotzdem legal weitertrinken zu dürfen, fingen wir an, das Regelwerk nach und nach etwas zu dehnen. Ab sofort sollte auch bei jedem Pfostentreffer und jeder Abseitsstellung getrunken werden. Etwas später zusätzlich bei jedem Einwurf und noch etwas später auch bei jedem Foul. Letztere Regeländerungen haben leider dazu geführt, dass von da an der Ball nur noch absichtlich ins Aus gepfeffert wurde und die Spiele wegen zu vieler roter Karten abgebrochen werden mussten. Dafür war am Ende der Nacht der Jägermeister-Karton leer, und unser Lichtmann Andy hat zum Abschluss des Abends noch feierlich in einem riesigen Strahl in die*

*Lounge des Busses gekotzt – genau vor meine Schlafkoje. Danach ist er schlafen gegangen. Andy hatte drei Wochen später immer noch seine vollgekotzten Schuhe an, ohne sie jemals gewaschen zu haben.*

## KAPITEL 3.8.1. >>> Pannen im Nightliner

Wenn man es als Band dann mal soweit gebracht hat, dass man auf Tour in einem riesigen und luxuriösen Bus mit unzähligen Betten umherfährt, sind die ersten Gedanken, die einem Musiker in den Sinn kommen „Endlich haben dieses Chaos und die ewigen Pannen ein Ende." Auch hierfür ist unsere Band jedoch das perfekte Gegenbeispiel, denn ein größerer Bus bedeutet nicht automatisch weniger Probleme.

Sehr deutlich wird das Ganze in der folgenden Original-E-Mail von uns an das Nightliner-Unternehmen, bei welchem wir 2009 den Bus gemietet hatten.

Original-E-Mail an den Busvermieter:

```
• Tür-Hydraulik vorne und hinten kaputt
• Türen gehen WÄHREND DER FAHRT auf!!!!
• Kein fließend Wasser im Bus
• Klospülung nach einer Woche erst möglich
• Starke Zugluft durch undichte Lüftungsluken oben
• Anhänger ist kaputt. Stützrad ist nicht nutzbar,
  somit kaum ein Umhängen möglich
• Türe des Anhängers schließt nicht richtig
• Reifenplatzer heute Nacht
• Vier Kojen sind quasi unbrauchbar wegen Abgasen,
  wenn der Bus anfährt
• Heizung heizt nicht
• Fehlende Lichtabdeckungen
• Kaputte Kojenbelüftung, kaputte Kojenbeleuchtung
• 30 Minuten lang starke Rauchentwicklung um den
  Bus, bevor man überhaupt losfahren kann
```

Wir haben es bisher in unserer Bandkarriere geschafft, ganze sieben Nightliner-Busse wegen Mängeln „zurückzugeben und umzutauschen." Hier zusammengefasst einige Ausschnitte aus den jeweiligen Konzertberichten:

**1. Bus**

Unser Bus ist nicht gerade das Gelbe vom Ei. Das Klo funktioniert nicht, die Soundanlage funktioniert ebenfalls nicht, und die Fenster in meiner Koje muss ich mit Gaffatape abkleben.

Ich erwache nach nur fünf Stunden Schlaf in meiner Koje und muss sagen, dass wir noch nicht ganz mit diesem Bus zurechtkommen. Zwar geht jetzt die hintere Tür auf, und auch die Toilette funktioniert, aber nachts strömt aus irgendeiner Ritze in den Kojen so dermaßen heiße Luft herein, dass man ständig aufwacht und denkt, man würde mit seinem Gesicht auf einer Induktions-Herdplatte liegen.

## 2. Bus

Ich erwache und merke, dass wir nicht vor dem nächsten Club stehen, sondern auf einem Parkplatz einer Speditionsfirma. Vor uns ein riesiger Truck, der unseren Bus anscheinend heute Nacht abgeschleppt hatte, nachdem die Kupplung bei voller Fahrt kaputt gegangen war. Jedenfalls stehen wir in Delmenhorst und man sagt uns mit einem Fingerzeig: „Ihr werdet jetzt mit diesem Bus hier nach Bremen gefahren." Vor uns steht ein grasgrüner Senioren-Kaffeefahrten-Bus, so richtig komplett mit Mikrofonsprechanlage für die Sehenswürdigkeiten und baumelnden Duftbäumchen vorne drin.

## 3. Bus

Nur zwölf Stunden, nachdem wir unseren reparierten Ursprungsbus wieder bekommen haben, platzt im Gepäckraum ein Wasserschlauch, was zur Folge hat, dass unser kompletter Merchandisevorrat, inklusive aller T-Shirts, von nun an auch zum Löschen von Großbränden benutzt werden könnte. Wir sind fast am Durchdrehen.

## 4. Bus

Während der Fahrt geht nachts bei Tempo 90 plötzlich die Bustüre auf(!!!) und Max kann von Thimo in letzter Sekunde gerade noch so vor dem Hinausfallen gerettet werden.

## 5. Bus

Ich wache auf in unserem ultranoblen Joe Cocker Pimp-Bus, der trotz unfassbarem Luxus ein paar Denkfehler aufweist. So ist zum Beispiel in meiner Koje ein wunderschönes Panorama-Bullauge eingebaut, aus welchem ich nach dem Aufwachen die idyllisch vorbeifliegende Landschaft mit tiefstehender Sonne beobachten kann. Leider ist aber keine Möglichkeit angebracht, dieses Bullauge zu schließen, so dass ich die idyllisch vorbeifliegende Landschaft mit tiefstehender Sonne auch beobachten muss, wenn ich eigentlich schlafen will. Nach vier Tagen finde ich glücklicherweise heraus, dass sich meine Adidas-Knopfhose hervorragend zum Ausstopfen des Bullauges eignet.

## 6. Bus

Mittlerweile haben wir einen neuen Bus, weil bei unserem letzten außer dem Aschenbecher eigentlich nichts funktioniert hat. Als ich im neuen Bus am nächsten Morgen zum ersten Mal die Augen und den Vorhang meiner Koje öffne, sehe ich, wie unser Busfahrer Michael verzweifelt versucht, ein Leck in der buseigenen Wasserleitung zu stopfen, und das alles, während er wie in den besten Comicfilmen einen vier Zentimeter dicken und sehr druckvollen Wasserstrahl mitten in seinem Gesicht hängen hat. Ich liebe Tourbusfahren.

## 7. Bus

Als wir uns außerdem irgendwann, nach langen Diskussionen, dazu entschließen, den denkwürdig nach unten gebogenen Anhänger mal wiegen zu lassen, stellt sich heraus, dass dieser 1,2 Tonnen überladen ist. EINS KOMMA ZWEI TONNEN!!!! Kleine Elefanten wiegen so viel.

Auf der Fahrt von Bremen nach Dortmund hat es uns übrigens auch noch einen Reifen unseres Anhängers zerrissen. Ich glaube, das Einzige, was auf dieser Tour noch nicht kaputt gegangen ist, ist der Druckbehälter der Espressomaschine.

## KAPITEL 3.9. >>> Kommunikation mit dem Publikum

Das Zwiegespräch mit dem Publikum gehört zu einer der wichtigsten Aufgaben für eine Band, die es nicht schafft, allein durch ihre musikalisch perfektionierte Darbietung zu imponieren. Für uns also der zentrale Dreh- und Angelpunkt eines jeden Konzertes. Vor allem zu Beginn der Show sind wohl gewählte Ansagen der beste Weg, um das Eis zwischen Zuschauer und Band zu brechen. Besonders geschmeichelt fühlt sich das jeweilige Publikum erfahrungsgemäß, wenn man den Namen ihrer Heimatstadt in mehr oder weniger geschickte Wortspiele verpackt. Das Ganze kommt jedoch manchmal mehr und manchmal weniger gut an. Wir glauben aber uns daran erinnern zu können, dass zumindest wir drei meistens gelacht haben. Hier einige Tipps:

**Klagenfurt:** „Wir hoffen Euch gefällt unser Konzert! Und falls nicht, bleibt uns bitte mit euren Klagen furt!"

**Solothurn:** „Tut mir leid, dass meine beiden Bandkollegen heute so schlecht spielen. Aber keine Sorge, ich werde in Kürze auch wieder solo thurn."

**Isny:** „Wahnsinn, dass ihr so zahlreich gekommen seid heute Abend! Wir dachten schon hier is ny jemand."

**Darmstadt:** „Was ist denn das für ne lahme Stimmung hier?! Da könnte man ja meinen, das Konzert findet im Darm stadt."

**Hainsfarth:** „Danke für den geilen Abend mit Euch! Bis bald und gute Hainsfarth!"

### 16.02.2011 * * * Leeds (UK)

Die Fahrt nach Leeds zieht sich, aber Leeds ist ja auch ein langgezogenes Wort, außerdem werden wir abends dann zirka sieben Leeds im normalen Programm spielen und dann nochmal zwei Leeds als Zugabe.

### 07.12.2013 * * * Aigen (AT), Kikas

Aigentlich weiß von den Leuten, die wir fragen, keiner so recht, wo das Dörfchen Aigen aigentlich liegt. Aber man kennt das ja. Die meisten wissen nur, was in ihrer aigenen Stadt vor sich geht. Hauptsache saufen kann man. Alles, was sonst so auf der Welt passiert, ist denen egal. Den Leuten kann man auch noch so viele alternative Freizeitbeschäftigungen aufzaigen, wie zum Beispiel Wandern, Klettern oder Bergstaigen... Das juckt dort keinen. Und trauen tun sie sich auch nichts, diese faigen Typen. Aber sobald dann mal jemand 'nen Scheiß auf Facebook postet, dann sind sie alle gleich am posten, teilen und laigen.

**16.03.2013 * * * Erfurt, HSD**

Heute steht also Erfurt auf dem Info-Zettel, den unser Tourmanager Chrissy überall aufhängt. Von dieser Tatsache erfurt ich aber erst ganz kurz vor der Fahrt. Ich hab ihm auch gesagt, er müsse gar nicht die komplette Strecke selbst fahren... aber erfurt sie trotzdem. Im Club angekommen sieht Chrissy dann, dass aus Versehen noch der Info-Zettel der Band vom Vortag hängt, doch den warf erfurt. Danach waren dann alle Missverständnisse aus dem Weg geräumt und der Tag verlief unspektakulär. Jedoch nur so lange bis ich mich im Club umsah und auf der Bühne tatsächlich Mick Jagger stand. Ich erstarrte sofort in Erfurt.

Auch ansonsten ist eine gepflegte Unterhaltung mit dem Publikum während des Konzertes nicht zu verachten. Allerdings sollte man bei größeren Publikumsmassen darauf achten, nicht zu viele Einzeldialoge mit irrsinnig betrunkenen Individuen zu führen, bei denen sich die anderen 4000 Leute gezwungenermaßen früher oder später langweilen. Wichtig ist es auch, die Dinge mit dem Publikum zu besprechen, die einen im jeweiligen Moment wirklich interessieren. Von aufgesetzten oder sogar vorher auswendig gelernten Ansagen möchten wir unbedingt abraten.

*PANZER: In Hannover hatte ich den ganze Nachmittag zusammen mit unserem Tourmanager Chrissy ein riesiges Kreuzworträtsel aus einer Zeitschrift für Hausfrauen gelöst. Stundenlang hat das gedauert und als uns dann irgendwann nur noch ein allerletzter Lösungsbegriff gefehlt hatte, war plötzlich 22 Uhr und wir mussten auf die Bühne. Chrissy und ich haben fast 'ne Krise bekommen ... da war es endlich fast geschafft und dann kommt dieses unsinnige Konzert dazwischen. Völlig undenkbar jetzt, ohne das letzte Lösungswort ein komplettes Konzert zu spielen! Ich hab das Kreuzworträtsel dann mit auf die Bühne genommen, nach dem ersten Song direkt abgebrochen, dem Publikum unsere problematische Lage geschildert, daraufhin „Geländeform aus der Eiszeit mit zehn Buchstaben" in den Raum gebrüllt und erst als ein stark bebrillter Zuschauer ein lautstarkes „URSTROMTAL!!!" zurückgeschrien hat, konnten wir mit dem Konzert fortfahren. Ich bin sehr froh, dass unser Publikum teilweise sogar Abitur zu haben scheint.*

## KAPITEL 3.10. >>> Die Bühnenshow

Jede Band muss für sich selbst entscheiden, inwieweit sie eine ausgetüftelte Bühnenshow aufs Parkett legen möchte. Viele Gruppen setzen auf kleidungsmäßige Uniformierungen, um beim Betrachter einen besonderen Eindruck zu erwecken, andere versuchen, das Publikum mit diffizil entworfenen Bühnenbildern zu beglücken, und wieder andere setzen darauf, ihre fürchterliche Musik hinter extrem vielen Lichteffekten und Feuerexplosionen zu verstecken. Wir hingegen haben uns vorgenommen, auf der Bühne immer so viel wie möglich zu rennen und uns dabei so wenig wie möglich Körperteile zu brechen. Das ist ja auch irgendwie „Show". Wir müssen allerdings zugeben, dass auch wir ab und an zu besonderen Mitteln gegriffen haben, um unser Publikum aus den nichtvorhandenen Sesseln zu reißen.

*SIBBI: Vor einem Konzert in Reichenbach verspürten wir backstage spontan den Drang, unsere Live-Show unbedingt verbessern zu müssen, um die Zuschauer durch etwas besonderes, ja, etwas magisches in unseren Bann zu ziehen. Leider hatten wir natürlich nichts vorbereitet und Pyrotechnik hatte auch keiner dabei. Dann plötzlich der Geistesblitz: Im Kindergarten hatten wir damals gelernt, dass man aus Teebeuteln total starke Feuerraketen basteln kann. Einfach den Tee ausleeren, den Beutel auffalten, hochkant auf den Boden stellen, oben anzünden und schon fliegt das Ding brennend in die Luft. Keine halbe Stunde später sind wir zu unserem dramatischen Intro, in völliger Dunkelheit auf die Bühne gelaufen, haben – vor sichtlich ratlosem Publikum – unsere Teebeutel angezündet und dann passierte es: Zwei von Dreien sind tatsächlich abgehoben. Rammstein wären vor Neid erblasst. Danach haben wir angefangen zu spielen. Geklatscht hat keiner.*

Die Sänger Sibbi und Panzer rasen über die Bühne, wechseln ständig die Mikros und tauschen untereinander nach jedem Song Bass und Gitarre aus. Drummer Saikov spielt sich den Frust von der Seele; Grund: Seit einer Woche ist er Nichtraucher.

### „Pogen" mit zu viel Gewalt

Leider sorgte bei diesem Musikspektak
der Nebeneffekt „Pogen" für Missstimmun
„Früher schubste man sich auch. Aber da ha
man denen, die am Boden lagen, wieder auf
fanden Zuschauer das Verhalten einiger „Pc
ger" störend.

*Ihr seid monatelang auf Tour. Gibt es da nicht manchmal Streit?*

**Sibbi:** Streit in dem Sinne gibt's zum Glück nicht. Bei uns werden minimalst angestaute Aggressionen immer gleich sofort in Form einer bandinternen Massenschlägerei rausgelassen....

***Wenn wir richtig informiert sind, hat sich einer von euch bei der Tour mit Die Happy einen Bänderriss auf der Bühne zugezogen, und die Tour trotzdem fortgeführt. Wie geht's dem Fuß?***

Der Fuß lebt mittlerweile wieder. Den Panzer hat es bei einer Show in der Schweiz ordentlich auf die Fresse gelegt und er musste dann den Rest der Tour mit schicker Aircast-Schiene spielen. Sibbi hat sich nen Rückennerv eingeklemmt und musste sich fitspritzen lassen. Tobi hat nen Zahn amputiert bekommen.

Allgemeinen brüllen sich aber Sibbi und Panzer die ganze Wut von der Seele – und man weiß gar nicht genau, warum sie so schreien.

## Itchy Poopzkid

✪✪✪✪ War das eine Show! Bei ihrem letzten Konzert in Bremen brachten die ausrastenden Fans der erfolgreichen Pop-Punker tatsächlich den Boxen-Turm im Tower zum Einstürzen – und das an einem sonst so trägen Montag!

Alle Fans klatschen euphorisch zum schnellen Rhythmus, wenn sie nicht gerade verrenkte, ungewollt lächerlich wirkende Pogo-Akrobatiken vor der Bühne vorführen, und singen jedes Wort mit. Später klagen manche nicht nur über blaue Flecken, sondern auch über Platzwunden.

**04.08.2011 * * * Lustenau (AT), Festival**
Wir haben großen Spaß während der Show, was unter anderem auch daran liegt, dass wir keine Matschbrocken an die Köpfe geworfen bekommen, und dass anstelle unseres Bandnamen-Banners eine riesige LED-Wand hinter uns hängt, auf welche unser Lichtmann Chrissy ständig willkürlich irgendwelche privaten Bilder von Max projiziert.

## KAPITEL 3.9.2. >>> Das Publikum

Wer als Musiker davon ausgeht, jeden Abend vor ein und derselben Art von Publikum zu spielen, wird früher oder später eines Besseren belehrt. Es gilt, sich jeden Abend von neuem auf die jeweilige Crowd einzustellen, einfühlsam auf selbige zu reagieren, sie zu Höchstleistungen aufzufordern oder je nach Tageslaune einfach nur willkürlich zu beleidigen.

Das Publikum bei Rockkonzerten ist meist ein uneinschätzbarer, unvorhersehbarer Klumpen an Menschen, deren Gesamtgefühlszustand man erst während der ersten Lieder des Konzertes erahnen kann. Ist dieser Launepegel erstmal erfasst, gilt es diesen auszubauen, umzuformen oder ihn, wenn es gar nicht anders geht, wohl oder übel zu akzeptieren. Oft sind es allerdings einzelne Individuen, die einem Publikum eine besondere Würze geben und handelsübliche Konzerte in eine chaotische Veranstaltung verwandeln können. Diese Einzelpersonen sollte man auf keinen Fall ignorieren, sondern bestenfalls spontan ins Showprogramm integrieren.

*PANZER: In Leipzig kam während des Konzertes, mitten im Song ein äußerst lebensfrohes Mädchen zu uns hoch und fing an, im Zentrum der Bühne ziemlich ausladend und wild zu tanzen. Zuerst sah das noch irgendwie lustig aus, aber irgendwann fing's dann auch an zu nerven, weil die sich selbst so geil fand. Ich dachte die ganze Zeit „Wann springt die jetzt endlich ins Publikum?“, aber das Mädel hat immer weiter getanzt und war scheinbar fest der Meinung, dass sie unbedingt in diesem Moment auf diese Bühne gehört. Als sie weitere zwei Minuten später immer noch da war und auch noch anfing Luftgitarre zu spielen, war das Fass voll. Wir haben ihr dann – mitten im Lied – die aufgedrehte Gitarre umgehängt, haben sie alleine stehen gelassen und sind backstage gegangen.*

**07.09.2002 * * * Eislingen, Talx**

Das Niveau unserer Ansagen ließ einmal mehr zu wünschen übrig, und es ging dieses Mal sogar soweit, dass spontan gezeichnete Plakate mit dem Schriftzug „HALT'S MAUL UND SPIEL! hochgehalten wurden.

**18.09.2004 * * * Voerde, Stockumer Schule**

Bei den 5Bugs, die vor uns spielten, eigentlich einer sehr guten Live-Band, hielten sich die Leute leider sehr zurück, was Bewegung und Enthusiasmus angeht. Es gab nur gelegentliches Kopfnicken, Hin- und Herwippen und den obligatorischen 2-Mann-Pogo-Pit. Haben uns fast schon etwas leidgetan, die Jungs. Was dann allerdings bei uns abging, sprengte alle Erwartungen: Nämlich gar nichts. Also überhaupt nichts. Hätten wir es nicht besser ▸▸

gewusst, hätten wir schwören können, dass wir uns bei Madame Tussauds befinden. Nach ewigen Versuchen die Leute zu animieren, haben wir resigniert und unsere Ansagen beschränkten sich auf so Sätze wie: „Dann geht halt heim, wenn's euch nicht passt!"
Nach der Show haben wir dann so viele CDs verkauft wie auf keinem anderen Konzert der Tour.

**10.08.2004 * * * Neustadt, Festival**
Der letzte Ton unseres Konzertes ist gerade noch am Ausklingen, als ein etwa 40-jähriger Mann lauthals brüllend auf Panzer zu rennt und ruft: „So eine Krachmusik... übelste Jugendverhetzung... wir sind doch hier nicht in Berlin!!!" – Es scheint, als hätten wir wieder mal alles richtig gemacht.

**07.06.2005 * * * Stuttgart, Uni-Wohnheim-Sommerfest**
Um das träge Publikum aus der Reserve zu locken, ist Sibbi irgendwann von der Bühne gerannt, um total abgehend in einem Blumenbeet weiterzuspielen. Leider merkte er erst danach, dass es gar kein Blumenbeet, sondern ein Dornenbusch war. Die blutigen Beine danach bewiesen dies. Alles für die Show!

**06.05.2005 * * * Magdeburg, Gröninger Bad**
Außerdem wurde noch eine CD vom Merchstand geklaut. Leider hat der Dieb nur die Hülle erwischt und die CD dort gelassen. Lieber Dieb, wenn du dich per E-Mail meldest, schicken wir dir die CD nach!

**30.07.2006 * * * Geislingen, Festival**
Während eines Songs hat Panzer spontan seinen Kaugummi ausgespuckt, um ihn aus der Luft mit dem Fuß wegzukicken und damit Coolness vorzutäuschen. Leider flog der ausgespuckte Kaugummi etwas zu weit nach vorne, weshalb Panzer einen Ausfallschritt machen musste, um ihn mit dem Fuß doch noch treffen zu können. Im selben Moment, beugte sich aber zufällig ein Mädchen in der ersten Reihe nach vorne auf die Bühne, was zur Folge hatte, dass Panzer einen kraftvollen Vollspann-Abstoß mit dem Kopf des Mädchens machte, welcher daraufhin extrem nach hinten klappte.

Nach der Show ist Panzer völlig bestürzt zu ihr geeilt und hat sich sorgenvoll nach ihrem Gesundheitszustand erkundigt. Es schien ihr aber gut zu gehen: Ihr einziger Wunsch war, dass Panzer ein Autogramm neben den deutlich erkennbaren Fußabdruck auf ihrer verbeulten Stirn schreibt.

**23.01.2007 * * * Berlin, Magnet**

Um 0:30 Uhr sind wir dann auf die Bühne gegangen, und meine erste Aktion war, dass ich nach vorne über den Monitor von der Bühne in den Zuschauerraum geflogen bin und dabei einem wohlfrisierten Mädchen meinen Bass so dermaßen über den Schädel gezogen habe, dass es nach dem Konzert so aussah, als würde aus ihrem Kopf nochmal ein zweiter Kopf wachsen. Sorry! Wirklich!

**02.11.2007 * * * Pforzheim, Kupferdächle**

Gleich zu Konzertbeginn ging es so ab, dass wir in der Mitte des ersten Liedes direkt abbrechen mussten, weil sich das Absperrgitter nach vorne gebogen hatte und die erste Reihe somit erstmal drei Minuten lang eher waagerecht und in sich verkeilt vor der Bühne lag. Die Entknotung hat dann tatsächlich nochmals einige Minuten gedauert.

**03.08.2007 * * * Kisslegg, Open Air**

Konzert fing an, und es brach das Inferno los. Selten so einen energetischen Moshpit erlebt. Die Securities hatten so etwas ganz sicher noch nie gesehen. Die mussten sich nämlich zu zehnt 70 Minuten lang waagerecht zwischen Bühne und Absperrgitter klemmen, damit selbiges nicht durchbrach.

**03.11.2007 * * * Attiswil (CH), Gemeindehalle**

Nach dem Konzert kommt eine Dame zu mir und zieht mit den Worten „Schau mal, den hab ich gerade bei eurem Konzert verloren" ihren linken oberen Schneidezahn aus ihrem Mund.

**03.12.2007 * * * Bremen, Tower**

Das Publikum im völlig überfüllten Laden ist so enthusiastisch, dass während unseres ersten Songs „Take me back" eine große Traube von Menschen so geballt nach vorne rechts geschoben wird, dass die nicht gerade kleine PA-Box aus der Verankerung reißt, zu Boden stürzt und fast unseren lieben Max unter sich begräbt. Riesen Aktion. Danach ist dann kurz etwas Chaos... Veranstalter, Max und die Securities versuchen, die Box wieder hoch zu wuchten, und wir spielen währenddessen ein wirklich grandioses erstes Konzert in Bremen.

**08.06.2007 * * * Zürich (CH), Festival**

Publikum war auch schon da, und es war für die Uhrzeit auch wirklich gut drauf. Einer hat uns sogar mit warmem Essen beworfen.

**14.11.2007 * * * Innsbruck (A), Weekender**
Hierbei noch mal einen großen Dank an Klaus, das lebende Absperrgitter, der die Massen echt gut im Griff hatte, auch wenn ich ihm gleich zu Beginn des ersten Songs meine Gitarre so dermaßen auf den Kopf gehauen habe, dass trotz der Konzertatmosphäre ein lautes „Klonk"-Geräusch zu vernehmen war.

**27.10.2007 * * * Walferdange (Lux), Sandkaul**
Mitten auf der Bühne gab's heute ein Loch. Irgendwann fiel ein Fan, der stagediven wollte, hinein und kam komischerweise bis zum Konzertende nicht mehr raus. Entweder gibt es noch 'nen anderen Ausgang oder der liegt dort noch immer.

**11.10.2008 * * * Wien (A), Gasometer**
Beim Stagediven bin ich dann (über den doch recht großen Bühnengraben) direkt mit meinem Gesicht in eine Faust geflogen. Vielen Dank an den Faustheber und an ganz Wien für einen echt tollen Abend.

**08.08.2009 * * * Tarmstedt – Festival**
Ich entschuldige mich an dieser Stelle noch mal bei dem Typen, dem ich während des Konzertes auf den Unterarm gesprungen bin und hoffe inständig, dass nichts gebrochen ist. Solche Sachen passieren uns leider immer wieder. Sibbi ist einem Mädchen, das in der ersten Reihe stand, sogar mal aus Versehen auf die linke Brust getreten. Dabei sagen wir immer extra, dass man nichts auf der Bühne ablegen soll.

**27.11.2009 * * * Erfurt, Centrum**
Einen auf die Bühne geflogenen Personalausweis konnten wir dank biometrischen Passbilds sofort zweifelsfrei zuordnen und seinem Besitzer zurückgeben.

**03.04.2009 * * * Neumarkt (AT), Festival**
Während des dritten Songs wirft mir ein Mädchen ihre getragene, stinkende, grüne Socke zu, was mir ehrlich gesagt doch ziemlich zu denken gibt. Wenigstens kommen danach noch zwei handelsübliche BHs geflogen, was die Sache immerhin wieder etwas ausgleicht. Allerdings meldet sich nach dem Konzert ein Mädchen bei uns, das fragt, ob wir ihr ihren BH, den sie auf die Bühne geworfen hat, wieder zurückgeben könnten, weil ihr Freund jetzt krass sauer auf sie sei und sie sich ohne den Büstenhalter zu Hause nicht mehr blicken lassen könne. Irgendwie hab ich mir dieses ganzen Rockstardingens früher auch anders vorgestellt...

**12.02.2010 * * * Drogheda (IRL)**
Zum ersten Mal in Irland! Irgendwann abends ist es soweit, wir gehen auf die Bühne und legen los. Die ersten 20 Sekunden laufen hervorragend, und die irischen Leute stapeln sich schon tanzend vor der Bühne. Dann folgendes Bild: Während des ersten Songs – unseren Gesang hören wir, wie auch beim Soundcheck, immer noch nicht – fällt plötzlich meine Gitarre aus. Ich schaue hilfesuchend nach rechts und links, in der Hoffnung, jemanden von der Vorband zu finden, der mir helfen könnte. Keiner da. Ich drehe mich um zu Saikov und sehe, dass er während des Songs – er sollte zu dem Zeitpunkt eigentlich Schlagzeug spielen – mit beiden Fäusten auf seine Bassdrum einschlägt, um sie so am Wegrutschen zu hindern. Konsterniert drehe ich mich zu Panzer um (wir befinden uns wohlgemerkt immer noch mitten im ersten Song) und sehe wie er, anstelle Bass zu spielen, mit beiden Händen an seinem Mikrofon herumschraubt, weil dieses nicht mehr funktioniert. Wir sind also gerade mal eine Minute in unserem ersten Irland-Konzert ever, aus den Boxen ertönt nur unidentifizierbare Scheiße und vor der Bühne schlagen sich die irischen Kids im proppevollen Club die Köpfe ein. Irland, das mit uns und euch kann 'ne ganz große Liebe werden!

**02.12.2011 * * * Pforzheim, Kupferdächle**
Sibbi auf der Bühne zum Publikum: „Stellt euch bitte mal kurz vor, wir wären gut und ihr hättet Spaß!"
Besucher (brüllend): „JA, GAR NICHT SO EINFACH!!"

**14.02.2012 * * * Cardiff (UK), Clwb Ifor Bach**

Die erste Show in Großbritannien 2012 läuft für uns ganz gut ab. Okay, Sibbi hätte die tanzende Dame vorne links neben ihrem Hooligan-Freund vielleicht nicht nach zwei Minuten als „prostitute" bezeichnen sollen, aber alles in allem war's dennoch ein sehr netter Abend.

**18.10.2013 * * * Chur (CH), Selig**

Der Clubbesitzer sagt danach „So ein krasses Konzert hab ich hier noch nie gesehen. Und so gestunken hat es nach einer Show auch noch nicht." Wahrscheinlich die beiden besten Komplimente, die man als Band bekommen kann.

**02.11.2013 * * * Berlin, Huxleys**

Auch die Erwähnung, dass wir als Schwaben noch ein paar Tage länger in Berlin bleiben werden, um weitere Straßenzüge und Wohnblocks aufzukaufen, kam nur bedingt gut an im weiten Rund.

**14.12.2013 * * * Kiel, Orange Club**

Nachdem unser Intro durch die Boxen schallt und wir uns unsere Gitarren und Trommeln umgehängt haben, laufen wir im Sidestep auf die Bühne und spielen eine Show, die sich gewaschen hat. Behaupten wir jetzt einfach mal so. Als Beweis hier zwei Zitate von Besuchern nach dem Konzert:
Besucher 1: „Ich fand's echt toll."
Besucher 2: „Stark."

**15.08.2014 * * * Wirges, Festival**

Trotz der Tatsache, dass wir heute die einzige Band auf dem Festival sind, die keinen Hip Hop macht, geht der Plan auf: Die Leute klatschen. Jetzt bloß nicht nachlassen! Sibbi begibt sich ans Schlagzeug und will sich mit einem Hip Hop-Beat beim Publikum einschleimen. Leider erinnert der gespielte Beat die Leute an einen Song der 80er-Jahre-Frisuren-Rocker von „Opus", woraufhin mehrere Tausend Leute zwei Minuten lang lautstark „Life is Life, nanaananana" singen. Verdammt.

## KAPITEL 3.10. >>> Stimmprobleme (nur für Sänger)

Als Sänger hat man in einer Band in vielen Bereichen die Arschkarte gezogen: Man muss irrsinnig viele Texte auswendig kennen, soll auf der Bühne zeitgleich auf Rhythmik, Ausdruck und richtige Töne achten und im schlimmsten Fall sollte man im selben Moment auch noch ein Instrument bedienen. Wie soll das überhaupt alles funktionieren?!

Dazu kommt noch, dass man als Sänger auf Tour immerwährend darauf achten muss, seine Stimme zu schonen und selbige nicht zu ruinieren. Dies gestaltet sich oftmals äußerst schwierig, da man auch als Sänger wenig Lust darauf hat, mit einem Schal um den Hals einen Fencheltee zu trinken, während alle anderen oberkörperfrei, mit einem Whisky in der Hand das aktuelle Album von Motörhead nachsingen.

Ist die Stimme während einer Tour erstmal im Eimer, gibt es zwölftausend Tipps dafür, wie man die Stimmbänder wieder zurechtgerafft bekommt.

Wir haben alle ausprobiert.

Alle helfen nichts.

Ein paar davon können aber zumindest kurzzeitig für eine Placebo-Linderung sorgen und geschundenen Sängern helfen, das nächste Konzert zu überstehen:

Ingwerwurzel, Fencheltee, Fenchelhonig, Ipalat Halspastillen (ohne Zucker), das dubios anmutende „Sängeröl“, und in erster Linie: Tagsüber die Schnauze halten.

Zusätzlich gibt es noch einige hochentwickelte Apparaturen, deren Beschaffung zumindest hinterfragt werden darf.

***SIBBI:*** *Auf irgendeiner Tour wurde ich mal ziemlich krank und wusste nach der Benutzung aller Hausmittel der Welt irgendwann nicht mehr, wie ich die nächsten Tage stimmlich durchhalten sollte. Mir fiel dann ein, dass Sebastian, der Sänger der Band Madsen vor Kurzem auch einige Tour-Shows absagen musste, dann aber einige Tage darauf dennoch eine zwei Wochen-Tour am Stück durchhielt. Ich fragte ihn also um Rat und er sagte mir, ich müsse mir „uuuunbedingt den Pariboy“ kaufen. Verdutzt und ratlos, warum ich mir bei Stimmbandproblemen eine männliche Gummipuppe kaufen sollte, fragte ich nochmal genau nach und erfuhr,* *dass es sich bei dem „Pariboy“ um ein Inhalationsgerät aus der Apotheke handelt. Gut, dachte ich mir, kenne ich noch von meinen Eltern, das ist so ein billiger, klappriger Topf mit 'nem Mund- und Nasenstück, das hol ich mir. Ich also auf zur Apotheke und zu der Apothekerin gesagt „Ich hätte gerne einen Pariboy.“ Sie dreht sich um, greift ins Regal, gibt mir den Pariboy und sagt „Macht dann 239 Euro“. Alleine durch den Schock darüber bin ich schon fast wieder komplett gesund geworden. 239 Euro?!?! Das sind ungefähr alle Toureinnahmen plus 239 Euro. Da ich ja aber keine andere Lösung parat hatte, habe ich mir das Ding gekauft und saß für den Rest der Tour in jeder freien Minute, wie Darth Vader schnaubend, backstage, im Catering, auf dem Klo und im Bus. Ob es was gebracht hat, kann ich bis heute nicht sagen... zwar konnte ich die Tour zu Ende spielen, aber vielleicht lag es auch nur daran, dass ich es mir hätte nicht leisten können, 239 Euro auszugeben und dann trotzdem krank zu bleiben...*

## KAPITEL 3.10.2. >>> Krankheiten und Verletzungen (nicht nur für Sänger)

Krankheiten und Verletzungen auf einer Tour sind mit das Schlimmste, was einem als Musiker passieren kann. Ein körperlich angeschlagenes Bandmitglied ist ungefähr vergleichbar mit einem Fußballer ohne Beine oder einem Baggerfahrer, der seinen Bagger verlegt hat.

Um Krankheiten vorzubeugen, sollte man auf genügend Schlaf achten, nach dem Konzert einen Schal tragen, täglich viel Obst und Gemüse essen, oft die Hände waschen, aus getrennten Flaschen trinken und generell den Alkoholkonsum in Grenzen halten. Jedenfalls ist das die beste Variante, um den Viren erst gar keine Chance zu geben. Dass das alles mit der Realität auf Tour wenig bis gar nichts zu tun hat, wissen wir selbst. Es kann aber dennoch hilfreich sein, sich zumindest an einen der genannten Ratschläge zu halten.

Hat man sich auf Tour nämlich erstmal beispielsweise eine Erkältung eingefangen, ist es beinahe unmöglich, diese während der Konzertreise wieder loszuwerden. Die Gesamtumstände sind einfach zu schlecht. Ist man krank, wird man sich zudem von allen Seiten skurrile Hausrezepte anhören müssen. Oftmals beinhalten diese Zwiebelsud, warmes Bier oder irgendeinen anderen ekligen Tran. All diese außergewöhnlichen Tipps bringen meistens verdächtig wenig und sind oft genau so ineffektiv wie die allseits beliebte „Ich versuch jetzt einfach mal mit 'ner Flasche Schnaps die Viren zu vertreiben"-Variante.

Auf Verletzungen wie Knochenbrüche oder Bänderrisse kann während einer Tour übrigens leider keine Rücksicht genommen werden. Im Notfall muss das Bein nach der absolvierten Tour eben absichtlich erneut gebrochen werden, damit das Ganze wieder richtig herum zusammenwachsen kann. The show must go on.

**02.12.2006 * * * Bern (CH), Gaskessel**

Panzer fliegt dann während dem letzten Lied über ein Bühnenlicht und verletzt sich am Fuß. Nach der Show versuchen ihm die beiden anderen einzureden, dass ein aufs Doppelte angeschwollenes Bein nichts Dramatisches ist. Leider vermiesen uns vorbeilaufende Menschen die Masche mit so Sätzen wie „OH MEIN GOTT, WIE SIEHT DENN DAS AUS?!?!?" oder „ACH DU SCHEISSE, DAS IST JA TOTAL AM ARSCH" oder „BOAH ALTER, KUCK MAL DEN FUSS VON DEM TYPEN AN!" Lustigerweise sagt der Arzt daraufhin im Krankenhaus nach dieser ersten Woche der 4-wöchigen Tour den Satz: „Es ist alles nicht soooo tragisch, sie müssen sich einfach drei Wochen lang schonen."

**20.11.2007 * * * Würzburg, AKW**

Nachdem ich sonntags nach dem Lustenau-Konzert nicht mal mehr reden konnte, sagte der Herr Doktor zu mir, dass ich eine Kehlkopfentzündung habe und die nächsten zwei Wochen nicht mehr reden darf. Schwierig, wenn man in den kommenden 18 Tagen 16 Konzerte spielen soll...

Itchy Poopzkid haben danach kein Problem gut auszusehen, obwohl Sibbi schwer krank ist und von seinen Bandkollegen mit Bananen, Antibiotika, Aspirin, und anderen hochdosierten Schmerzmitteln wie Jägermeister gepäppelt werden muss. Die 600 Leute feiern die Band, die eine sympathische und engagierte Show abliefert. Es wird getanzt, gesungen und einfach Party gefeiert. Dass Panzer zwischendurch schon mal aus versehen den Bassverstärker ausschaltet, Sibbi falsch singt und die Songs im Grunde keinen Wiedererkennungswert haben, spielt da keine Rolle. Itchy Poopzkid sind vielleicht nicht cool, aber sie haben verinnerlicht, worum es im Punkrock früher mal ging.

**11.02.2009 * * * Dresden, Beatpol**
Leider ist mir dann nachmittags aufgefallen, dass aus meinem Hals keine Stimme mehr herauskommt und ich dachte, es wäre vielleicht besser, dies einem Arzt mitzuteilen. Ich bin dann mit einem Taxi quer durch Dresden an der Elbe entlang zum Uniklinikum geheizt (15 Euro Fahrtkosten) und hab erst dort festgestellt, dass der Taxi-Typ mich vor der Klinik für Zahnmedizin abgestellt hat. Blöder Vollidiot. Dazu muss man wissen, dass das Gelände, auf dem sich die Uniklinik befindet, ungefähr so groß ist wie 12 Fußballstadien mit Tartanbahn.
Die zwei Allgemeinarztkliniken, die ich anschließend im Regen gesucht habe (beide gefühlt 14 Kilometer voneinander entfernt) hatten natürlich zu, aber 'nen Hals-Nasen-Ohren-Arzt hab ich schließlich irgendwann gefunden. Die Dame am Empfang hat mir daraufhin lächelnd mitgeteilt, dass ich erstmal 10 Euro Notfallgebühr zahlen und außerdem 45 Minuten warten muss („...natürlich nur, wenn vorher kein Notfall mehr reinkommt").
Als ich dann endlich dran war, fing der Oberarzt, nachdem ich ihm erzählt hatte, worum es geht, im Internet an, nach unserem Bandnamen zu googeln. Zehn Minuten später (der Oberarzt hatte zwischenzeitlich zwei komplette Videos von uns auf Youtube angesehen und war nun auf der Myspace-Seite unserer Vorband angekommen) hat er mir dann ENDLICH in meinen Hals geschaut und mir mit den Worten „Das bringt auf die Schnelle auch nichts" eine Gurgellösung für 4,75 Euro verschrieben.
Also mit dem Taxi zurück zum Club (wieder 15 Euro), in der Apotheke vorbei und abschließend die beschissene Gurgellösung gekauft, die mich also insgesamt 44,75 Euro gekostet hat und auf deren Packungsbeilage steht, dass sie ausschließlich im zahnmedizinischen Bereich angewendet werden soll. So schließt sich der Kreis.

**01.04.2011 * * * Hamburg, Grünspan**
30 Minuten vor unserer Show kommt mir backstage Panzer entgegen und schreit mich an „ALTER, WIE SIEHST DU DENN AUS?!?!?!?" Ich wundere mich, warum er mich so etwas fragt und gehe mich im nächsten Spiegel begutachten. Mir entgegen schaut seltsamerweise ein Typ, dessen Gesicht aussieht, als hätte ein Schönheitschirurg bei der Botox-Behandlung einen epileptischen Anfall gehabt. Überall Beulen. Eventuell hätte ich, meines Zeichens Allergiker erster Güte, auf die Packung Studentenfutter zum Nachtisch lieber verzichten sollen...

*NRZ: Was war euer grandiosestes, welches das niederschmetterndste Konzert-Erlebnis?*

**Panzer:** Ich glaube, das grandioseste war das „Greenfield-Festival" in der Schweiz vor kurzem. 5000 bis 7000 Leute, die während unserer Show komplett durchgedreht sind. Und das Niederschmetternste war, für mich jedenfalls, eine Clubshow, vor zwei Jahren in Reichenbach, weil Sibbi mich da mit seiner Gitarre aus Versehen niedergeschmettert hat.

**22.08.2013 * * * Zürich (CH)**

Danach sind wir an der Reihe und ich komme mir leicht blöd vor, weil ich aufgrund meiner Fingerverletzung heute mit einem schwarzen Latex-Handschuh auf die Bühne muss. Es ist gar nicht so einfach, wenn man auf der Bühne wirken möchte wie der späte Iggy Pop, dabei aber aussieht wie der frühe Michael Jackson.

**09.11.2013 * * * Berlin, Arena**

Beim zweitletzten Song verlässt mich meine Stimme, und ich klinge kurzzeitig wie Kermit aus der Muppet Show im Stimmbruch, aber die Leute vor der Bühne sind so super, dass sie sogar das tolerieren.

**12.12.2013 * * * Dresden, Beatpol**

Bei unserem letzten Besuch hier hatte ich Husten, und einer der Leute vom Club hat mir einen Zwiebelsaft gemacht, der meinen Husten zwar nicht verbesserte, aber im Gegenzug dafür gesorgt hat, dass ich eineinhalb Wochen derbe nach Zwiebeln gestunken habe.

Zu einem gewissen Festival hat Panzer über die Jahre hinweg ein besonders inniges Verhältnis aufgebaut:

**12.08.2011 * * * Eschwege, Festival**

Zeitgleich verendet auf der rechten Bühnenseite jedoch eine Nebelmaschine, die einen extrem schmierigen Ölfleck hinterlässt. Ich nehme ihn zum Anlass, mich beim dritten Lied extrem schwungvoll auf die Schnauze zu legen und mir dabei einen ziemlich ausgeprägten Bänderriss am linken Fuß abzuholen. Angekommen im Sani-Zelt gibt's von den anderen Festivalbesucher-Invaliden erstmal „Jöööööööö, Panzer!!"-Rufe, und ich schreibe Autogramme, während die extrem netten Sanis meinen Fuß mit lila Bandagen einbinden. ▸▸

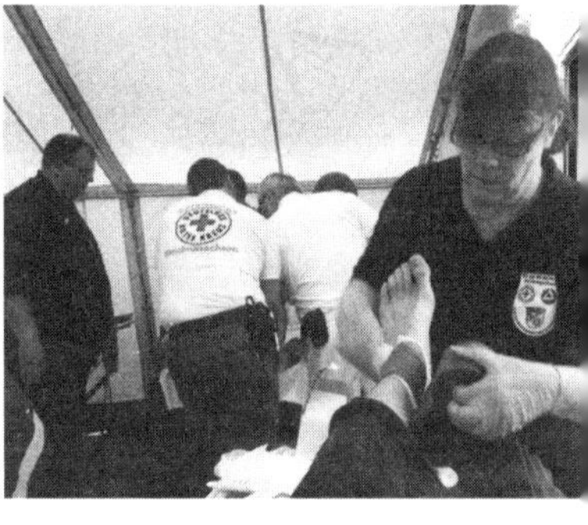

Zur Sicherheit werde ich anschließend mit einem Shuttlebus, dessen Fahrer original aussieht, redet und lacht wie Mario Barth, aber trotzdem sehr sympathisch ist, ins Eschweger Krankenhaus gefahren. Auch dort werde ich von anderen verletzten Festivalbesuchern äußerst frenetisch begrüßt, und es ergeben sich tiefgründige Gespräche über Bänderrisse im Allgemeinen, Kapseldehnungen im Besonderen und lautstarke Beschwerden darüber, dass im Krankenhaus kein Bier verkauft wird. Dafür sind die Ärzte äußerst freundlich, wie sich bei der anschließenden Untersuchung herausstellt:

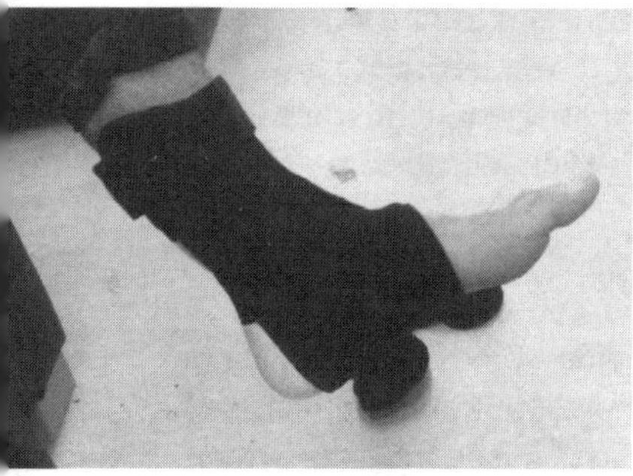

Arzt: „Uiiii, sie haben aber generell einen ganz schönen Spreizfuß!"
Ich: „Heee, vorsichtig, gell!"
Arzt: „Also das ist wirklich ein außerordentlich ausgeprägter Spreizfuß..."
Auch im Röntgenzimmer ist die Freude ziemlich groß. Am Ende habe ich fast mit jedem Angestellten und Verletzten ein Foto gemacht. Einer der Ärzte war sogar kurz vorher noch bei uns im Publikum und ist danach zur Arbeit zurückgekehrt, um weiter mit dem Skalpell zu hantieren. Wahnsinn. Ich möchte an dieser Stelle dutzende Grüße an alle Rot-Kreuz-Leute, Krankenhausärzte und Mitverletzte rausjagen! Ihr habt mir den Abend unglaublich unterhaltsam gemacht.

**11.08.2013 * * * Eschwege, Festival**
Euphorisiert vom riesigen Konzert und glücklich, dass sich Panzer dieses Mal auf der Bühne nicht wieder wie vor zwei Jahren die Bänder gerissen hat, sitzen wir danach nach getaner „Arbeit" so im Backstageraum, als Panzer auf seinen Daumen zeigt und sagt: „Du Max,... ist das normal??" Was Max sieht, ist Panzers geschwollener Daumen und eine rote Linie auf der Haut, die vom Daumen bis fast zur Schulter geht. „Nein Panzer, das ist nicht normal", entgegnet Max. Panzer geht also zu den Sanitätern, die sich das Ganze anschauen und ihn sofort ins Krankenhaus schicken. SCHON WIEDER!!! ▸▸

Panzer trifft nach kurzer Shuttlefahrt also in seinem Lieblingskrankenhaus ein, erklärt in aller Ruhe den Sachverhalt und wird dabei immer wieder von vorbeilaufenden Ärzten und Krankenschwestern („Aaaah, du schon wieder!", „Willst hier einziehen, oder was?" „Ey Panzer, servus!") begrüßt. Nach einem zwischenzeitlichen Schwindelanfall findet sich unser Bassist auf einer Liege wieder und hört noch dumpf die Worte des Arztes: „Eieiei... das sieht aber böse aus. Den Finger müssen wir aufschneiden. Schale! Skalpell, bitte!"

Als der Arzt Sekunden später sein Skalpell ausgiebig in den entzündeten Daumen rammt, fällt Panzer standesgemäß erstmal in Ohnmacht, bekommt bizarre Krampfanfälle und verschluckt dabei auch noch fast seine eigene Zunge. Wennschon, dennschon... Eine Stunde später darf er, nach langer Diskussion, trotzdem das Krankenhaus verlassen und nimmt als Andenken zumindest einen Schienengips mit, der bis unter die Achsel reicht. Hundert Punkte. Wir nutzen den Zustand, um so oft wie möglich mit ihm einzuschlagen. Ist unglaublich praktisch!

## KAPITEL 3.11. >>> **Meet the real Rockstars**

Wenn man es als Band schafft, irgendwann auf größere Festivals gebucht zu werden, wird man früher oder später backstage auch auf diverse Idole seiner Kindheit treffen. Diese besonderen Ereignisse können zum einen unglaublich ergreifend, zum anderen aber auch unglaublich ernüchternd sein. Ab und zu allerdings auch äußerst belustigend.

**15.06.2012 * * * Sulingen, Festival**

Danach komm ich in den Backstagebereich zurück, als gerade Slash angekarrt wird. Schon lustig irgendwie. Ich mein, das ist halt Slash. Der Typ mit dem Hut von Guns'n'Roses. Und sein Container ist Wand an Wand mit unserem. Fünf Minuten später geht seine Türe auf, er kommt raus und wird tatsächlich von seinem Bodyguard die 40 Meter bis zu den Toiletten begleitet. Slash geht rein, Bodyguard wartet, Slash kommt raus, Bodyguard bringt Slash wieder zurück zum Container. Ich lauf in dem Moment auch auf die Toiletten. UND DANN PASSIERT ES: Wir laufen genau aneinander vorbei, ich nicke ihm lässig und zu und Slash... gut, ehrlich gesagt reagiert er überhaupt nicht und läuft einfach weiter, aber hey, ich bin direkt an Slash vorbeigelaufen!!!!!!

Nachdem ich es danach schaffe, nach einer Minute Fahrzeit das ferngesteuerte Auto unseres Mischers kaputt zu fahren, kommt tatsächlich Slash auf mich zu und fragt mich, ob wohl das Wetter hält, wie unsere Show war und wie es mir geht. WIE SOLL'S MIR SCHON GEHEN? Ich hab gerade das teure ferngesteuerte Auto unseres Mischers zerlegt?!?!? Dumme Frage, Mann.

***SIBBI:*** *Bei einem Konzert in München mit +44, der Band von Mark Hoppus und Travis Barker von Blink 182, schaue ich gerade auf der Bühnenseite die Show der Hauptband an, als plötzlich die Backstagetüre aufgeht, Paris Hilton (!) reinstolziert und sich direkt neben mich stellt. Völlig geschockt und verdutzt lächle ich sie krampfhaft an, sie lächelt zurück, und ich trete daraufhin direkt in ihren Wodkabecher. Ich lächle nun noch etwas verkrampfter, sie lächelt weiterhin, wie Paris Hilton eben lächelt, und später machen wir zusammen ein Bild.*

**11.07.2007 * * * Berlin, Kesselaus**

Heute haben wir von Sum 41 netterweise keinen Backstageraum zur Verfügung gestellt bekommen, weil die Tourmanager und Securities der Hauptband dies als etwas sicherer für ihre Schützlinge betrachteten. Zum Glück sind wir mit einem geräumigen Bus unterwegs. Als Zeichen unbändiger Liebe dürfen wir aber später dennoch in Zweiergruppen (!!) kurz in den Hauptband-Backstageraum, um uns Abendessen zu holen. Händchenhaltend.

## KAPITEL 3.12. >>> Wichtige Begriffe auf Tour – Ein Übersetzungsguide

Auf Tour stellt man nach relativ kurzer Zeit fest, dass jegliche Begriffe, mit denen alle ständig um sich werfen, auf Englisch kommuniziert werden. Auf Festivals mit vielen internationalen Künstlern ist das sicherlich sinnvoll, aber wenn eine Band aus Eislingen an der Fils zusammen mit einer Band aus München an der Isar unterwegs ist, darf die durchweg stattfindende Anglisierung ruhig mal hinterfragt werden. Wir möchten an dieser Stelle dennoch einen kurzen Übersetzungsguide für alle Bands zusammenstellen, die zum ersten Mal auf Tour fahren:

**DAYSHEET:** Bezeichnung für den Zettel, auf dem die folgenden Begriffe stehen.

**ITINERARY:** Etwas komplizierter auszusprechende Bezeichnung für den Zettel, auf dem die folgenden Begriffe stehen.

**GET-IN:** Zu dieser Uhrzeit darf man in den Veranstaltungsort hineinlaufen.

**LOAD-IN:** Zu dieser Uhrzeit darf man seinen Krempel in den Veranstaltungsort hineintragen.

**LOADING-DOCK:** Türe, durch die man den Krempel in den Veranstaltungsort trägt.

**SOUNDCHECK:** Zu dieser Uhrzeit darf man eine Tonüberprüfung durchführen.

**DINNER:** Zu dieser Uhrzeit gibt es manchmal etwas Warmes zu essen.

**BUY OUT:** Man bekommt heute kein Essen im Laden, sondern Geld, um sich draußen etwas zu essen zu kaufen.

**CHANGEOVER:** Zu dieser Uhrzeit beendet auf der Bühne eine Musikgruppe ihr Konzert. In der Zeitspanne bis zum darauffolgenden Punkt „Showtime" der nächsten Musikgruppe müssen alle Instrumente, Verstärker und dergleichen der einen Musikgruppe VON der Bühne runter und die Sachen der darauf folgenden Musikgruppe AUF die Bühne hoch. Im besten Fall machen das die Helfer (Roadies, Backliner) der Musikgruppe, im Normalfall machen das die Musiker selbst.

**SHOWTIME:** Zu dieser Uhrzeit sollte man im besten Fall auf die Bühne laufen.

| | |
|---|---|
| **MEET & GREET:** | Zu dieser Uhrzeit muss man sich mit Menschen treffen, die ein Treffen mit der Musikgruppe gewonnen haben. Während so eines Treffens wissen die Fans / Gewinner nicht, was sie sagen sollen. Genau so wenig wie die Band selbst übrigens. Daher laufen diese Treffen meist mit leicht aufgesetztem Lächeln, nervösem Auf-die-Uhr-schauen und Unterhaltungen der Marke „Na? Wie lange habt ihr so hergebraucht?“ ab. |
| **CURFEW:** | Zu dieser Uhrzeit muss man sich wieder aus dem Veranstaltungsort entfernt haben. |
| **STRICT CURFEW:** | Zu dieser Uhrzeit muss man sich ganz unbedingt wieder aus dem Veranstaltungsort entfernt haben, da es sonst zu Handgreiflichkeiten zwischen dem Veranstaltungsortbesitzer und der Musikgruppe kommen kann. |
| **BUSCALL:** | Zu dieser Uhrzeit fährt der Bus weiter in die nächste Stadt, und es ist dem Busfahrer höchstwahrscheinlich egal, ob du an Bord bist oder nicht. |
| **STRICT BUSCALL:** | Zu dieser Uhrzeit fährt der Bus definitiv weiter in die nächste Stadt, und es ist dem Busfahrer wirklich komplett scheißegal, ob du an Bord bist oder nicht. |

Um das Ganze für uns verständlicher zu gestalten, haben wir uns irgendwann dazu durchgerungen, unsere Daysheets... ähm... unsere Tagespläne auf Deutsch zu verfassen. Das ist zwar immer echt scheiße für unsere ausländischen Supportbands... ähm... Vorgruppen, man kann aber auch nicht immer alles haben.

## KAPITEL 3.13. >>> Das Equipment (Teil 2)

Es gibt zahlreiche Gründe dafür, sich im Laufe der Jahre besseres Equipment zuzulegen und seine gesamte technische Ausrüstung stetig zu erweitern und aufzuwerten. Gute und qualitativ hochwertige Instrumente klingen in den meisten Fällen einfach besser, verstimmen sich nicht ständig und gehen auch nicht sofort kaputt, wenn sie aus Versehen mal gegen eine Wand fliegen. Markenkabel überleben im Gegensatz zu manch anderen Drahtschläuchen meist mehr als zwei Konzerte, und wenn man seinen Gitarrenverstärker in ein sicheres, maßangefertigtes Case einbaut, kann es sogar sein, dass man selbigen mehr als nur ein Jahr lange benutzen kann. Man darf bei all diesen Dingen also durchaus von Investitionen in die Zukunft sprechen.

Unser Equipmentvolumen hat sich im Laufe der Jahre immens verändert. Früher hatten wir jahrelang alle technischen Geräte, die wir brauchten, in einem einzigen handlichen Koffer transportiert. Der Koffer trug den Namen „Bernd" und war eine absolut verlässliche Institution im Hause Itchy Poopzkid. Im Laufe der Zeit hat uns unsere Crew dazu gezwungen, immer mehr und immer hochwertigere Sachen zu kaufen, weil sie es satt hatten, ständig mit unserem kaputten Billigkrempel arbeiten zu müssen. Mittlerweile hat sich so viel Zeug angesammelt, dass es zusammen nicht mal mehr in einen Bus passt.

Aber Achtung: Teure Instrumente und Marken-Equipment sind noch lange kein Garant dafür, dass von nun an alles immer bestens funktioniert und dabei auch noch formidabel klingt. Wenn man, wie wir, sehr viel Wert darauf legt, seine ganzen Sachen niemals zu reinigen oder zu warten, wird sich früher oder später überall der Fehlerteufel einschleichen. Selbiger tritt übrigens niemals bei sinnlosen und einsamen Proben im heimischen Proberaum auf, sondern erfahrungsgemäß immer bei riesigen Festivals mit 20.000 Leuten vor der Bühne.

**14.03.2013 * * * Bremen, Schlachthof**
Soundcheck läuft super. Irgendwie sind die Soundchecks immer super. Das liegt leider daran, dass bei uns die ganzen technischen Geräte immer erst pünktlich zur Show den Geist aufgeben.

**18.12.2002 * * * Geislingen, Innenstadt**
Sibbis Gitarre ist dann auseinandergefallen und wir haben verzweifelt versucht, sie, Sekunden vor dem Auftritt, mit Gaffatape, Schraubenzieher und Beißzange wieder zu reparieren. Ich glaube nicht, dass andere Bands so etwas auch machen.

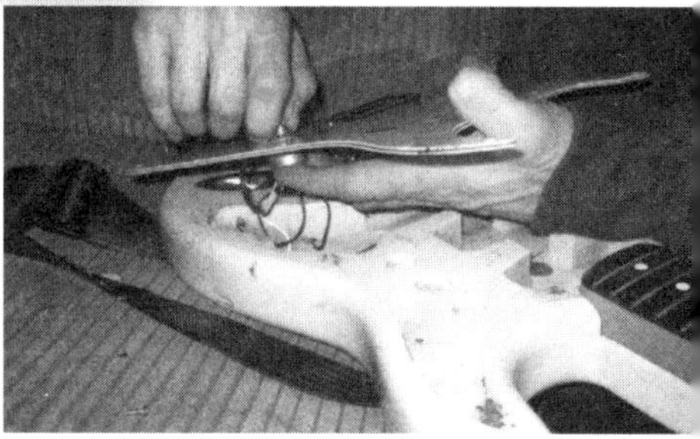

**20.09.2002 * * * Flensburg, Roxy**
Zurück im „Roxy" haben wir dann Gitarren- und Basssaiten gewechselt. Leider ist der Bass, nachdem wir ihm die alten Saiten abgezogen hatten, komplett auseinander gefallen. Da lagen dann plötzlich 23 Teile auf dem Boden! Nachdem wir ihn irgendwie wieder zusammengepuzzled hatten, blieben tragischerweise vier Metallstücke übrig, die vorher bestimmt irgendeine wichtige Rolle in der Bassstruktur gespielt hatten. Wir haben uns daraufhin den Bass der Vorband ausgeliehen.

**17.10.2013 * * * Basel (CH), Sommercasino**
Außerdem hatte uns unsere Crew, unter Anleitung von Cheftechniker Thimo Strobel, am Tag vor der Reise dazu gezwungen, unser Equipment zu putzen, zu pflegen und gegebenenfalls neu zu verkabeln und zu reparieren. Nachdem ich anfangs noch mit der schikanierenden Idiotenaufgabe des „Kabelstränge-Putzens" (Welche Band putzt denn bitte ihre Kabel?!?!!?) beauftragt worden war, ▶▶

bat Thimo mich im Anschluss, meinen Verstärker aufzuschrauben und selbigen auch von innen zu reinigen. Dass ich dabei aus Versehen den hinten eingebauten Ventilator rausreißen und damit ein Chaos sondergleichen in Gang setzen sollte, konnte er zu diesem Zeitpunkt noch nicht ahnen.
Zu allem Überfluss hatte ich dabei diverse Schrauben verloren und unglücklicherweise auch noch vergessen, in welche Richtung der Ventilator eingebaut werden musste, was mehrere Telefonate mit Amp-Spezialisten in ganz Deutschland nach sich ziehen sollte. Das alles musste ich Thimo beichten, während er gerade völlig entnervt die von mir herausgerissenen Kabel wieder an den Ventilator lötete. Im Endeffekt war es also so, dass er dank meiner „Mithilfe“, insgesamt rund zwei Stunden länger gebraucht hatte, als wenn er es von Anfang an alleine gemacht hätte. Hoffentlich hat er daraus gelernt.

**19.07.2003 * * * Geislingen, Festival**
Mit dem ersten Schlag (!) des ersten Songs (!) schlägt unser Drummer das 400 Euro teure, nagelneue Snare-Drum Mikrofon kaputt. Rein finanziell gesehen macht das Konzert also schon nach einer Sekunde keinen Sinn mehr.

**14.06.2013 * * * Interlaken (CH), Festival**
Nachdem heute, beim dritten Festivals des Sommers, der Bass erst nach fünf Liedern anfängt zu funktionieren und wir ja schon beim ersten Festivals dieses Jahres vor ein paar Wochen dieselben Probleme hatten, kann man schlussendlich sagen, dass wir nach drei gespielten Festivals dieses Jahr zusammengerechnet ein komplettes Konzert ohne Bass gespielt haben. Ein Hoch auf uns.

## KAPITEL 3.13.2. >>> Pannen, Zwischenfälle oder einfach nur Dummheit

Zu diesem Kapitel können wir leider keine großartigen Ratschläge liefern. Immerhin sind wir aber ein gutes Beispiel dafür, was man als Band alles auslassen sollte. Die Frage, was es generell zu bedeuten hat, dass das Kapitel mit dem Titel „Pannen, Zwischenfälle oder einfach nur Dummheit“ das mit Abstand längste in unserem Buch ist, lassen wir bewusst einmal unbeantwortet im Raum stehen und verweisen den Leser auf die folgenden Ausschnitte aus unseren Konzertberichten, um sich selbst eine Meinung zu bilden.

**03.07.2001 * * * Eislingen, Stadtfest (erster Gig als ITCHY POOPZKID)**

Intro fängt an, Intro hört auf. Aus Panzers Bassverstärker kommt kein einziger Ton. Das ist schlecht. Nachdem wir zwei Minuten dumm rumstehen, kommt der Tonmensch des Festivals kopfschüttelnd auf die Bühne gelaufen, dreht den Volumenregler unseres Bassverstärkers auf und verlässt, immer noch kopfschüttelnd, wieder die Szenerie.

**26.12.2002 * * * Geislingen, Maikäferhäusle**

Irgendwann beim Springen hat Sibbi dann aus dem Augenwinkel gesehen, wie Panzer plötzlich in die Bühne eingebrochen ist. Das lag wohl an der Bodenplatte auf der Bühne, die ein metergroßes Loch überdecken sollte, und die Sibbi zwei Lieder zuvor aus Versehen verschoben hatte.

**29.06.2002 * * * Geislingen, Helfensteinfestival**

Nachdem Panzer also beim wichtigsten Konzert unserer bisherigen Karriere etwa zwölf mal in fünf Songs sein Basskabel aus dem Verstärker gerissen hat, lässt Saikov mitten im Konzert verlauten, dass er genau jetzt pissen muss. Dann ist er gegangen. Unfassbar.

**29.11.2002 * * * Pforzheim, Kupferdächle**

Weil das Konzert so super läuft und wir uns deshalb total gut vorkommen, gehen wir alibimäßig vor der eh geplanten Zugabe von der Bühne, um direkt an der Bühnenkante kehrt zu machen und weiterzuspielen. Leider hat der Tontechniker in der Zwischenzeit, vom Mischpult aus, die Mikrofone ausgeschaltet und ist essen gegangen, weshalb wir dann doch relativ peinlich berührt wieder von der Bühne trotten.

**01.03.2003 * * * Ulm, Club Schili**

Die Setlist hatten wir heute übrigens auf Sibbis Vorschlag hin mit schwarzem Edding auf eine Klarsichtfolie geschrieben, auf der man dann, auf dem schwarzen Bühnenboden liegend, kein einziges Wort lesen konnte.

**23.05.2003 * * * Huzenbach, Open Air**

Irgendwann während des Gigs geht plötzlich Sibbis Gitarre nicht mehr und es stellt sich nach langem Suchen und nach mehreren Liedern komplett ohne Gitarre heraus, dass ein Fotograf den Stecker rausgezogen hat.

**23.08.2003 * * * Nienburg, Open Air**

Wir werden gefragt, ob wir eine Pyroexplosion während unserer Show haben wollen und sind natürlich sofort Feuer und Flamme! Im wahrsten Sinne des Wortes sozusagen. Wir erklären dem erstaunlich alten Pyrotechniker, dass er die Explosion bitte auf den ersten Ton unseres Konzertes timen soll. Am Abend gehen wir also im Dunkeln auf die Bühne, Saikov zählt ein „1, 2, 3, 4" und dann: PÄÄÄÄÄNGGGG! ! ! ! Ein riesengroßer Knall erschüttert Nienburg, und eine noch größere Stichflamme erhellt das Bundesland Niedersachsen. Leider ist der Knall auch der einzige Ton, der erklingt, da durch die Explosion die Hauptsicherung des Festivals rausgeflogen war. Jegliche Lichtquelle, egal ob auf der Bühne, an den Essensständen oder backstage, ist erloschen. Um dem Problem noch eins draufzusetzen, befindet sich die Hauptsicherung am anderen Ufer des neben dem Festivalgelände verlaufenden Flusses. Es muss also erst ein Boot(!!!) organisiert werden, um einen Elektriker auf die andere Flussseite zu befördern, der dann dort die Sicherung wieder reindrücken soll. Nach 30 Minuten kehrt der tapfere Seemann mit Elektrikerausbildung unter schallendem Applaus zurück und wir können mit dem Konzert beginnen. Nach uns spielt eine Marius-Müller-Westernhagen-Coverband.

**04.07.2003 * * * Pforzheim, Marktplatzfest**

Der Soundcheck verläuft eigentlich ganz normal, bis plötzlich ein Bassgeräusch aus dem Verstärker erklingt, obwohl von uns gar niemand ein Instrument in der Hand hat. Verwirrung bei allen Beteiligten macht sich breit. Da wir aber nur wenig Zeit haben, können wir uns mit diesem Problem vorerst nicht beschäftigen, sondern fahren mit unserem Soundcheck fort und schrammeln dabei wild auf unseren Instrumenten herum. Nach einer Viertelstunde fällt uns auf, dass sich die Funkfrequenzen von Panzer und dem Bassisten der Band The Wohlstandskinder, welche gerade 50 Meter nebenan ihre Headliner-Show auf der Hauptbühne vor 5000 Leuten spielen, gegenseitig stören. Dies hat zur Folge, dass bei unserem Soundcheck der Bass von der Hauptbühne zu hören ist und auf der Hauptbühne gerade der Sound von Panzers Soundcheck zwei komplette Wohlstandskinder-Lieder versaut.

**07.11.2003 * * * Rottweil, Schlachthof**

Besonderer Höhepunkt ist, als ein Pogo-Mensch auf die Bühne und in das Mikrofon kracht und selbiges darauf dem Sibbi in die Fresse fliegt, so dass dieser ein Stück seines linken Schneidezahnes einbüßt. Nach dem Konzert, als Sibbi gerade seine Zähne auf ▸▸

fehlende Exemplare kontrolliert, kommt ein Mitglied der Vorband zu ihm, stellt sich genau vor ihn, sagt: „Hey, kuck mal", und zieht die komplette obere Reihe(!!!) seiner Zähne aus dem Mund. Des Weiteren fallen ihm dabei noch zwei weitere Zähne heraus, was er komplett verwirrt mit den Worten: „Ähh, Scheiße,... das war bis jetzt irgendwie noch nie so" kommentiert.

**06.10.2004 * * * Frankfurt, Nachtleben**

Nach kurzer Zeit geht Panzers Bassgitarre kaputt. Da wir ja aus Gründen wie zum Beispiel kein Geld zu besitzen, keinen Ersatzbass haben, dürfen wir uns netterweise den Bass von der schottischen Vorband ausleihen. Total nett. Wir spielen also nach kurzer Unterbrechung weiter, wundern uns aber, warum Panzer wirklich jeden zweiten Ton komplett falsch spielt und dabei etwas panisch auf sein Griffbrett schaut. Ganze drei Songs braucht er, um festzustellen, dass der Ersatzbass ein 5-Saiten-Bass ist, was bedeutet, dass noch eine zusätzliche tiefe Saite aufgezogen ist und er somit komplette Songteile auf der falschen Saite gespielt hat. Das ist der Beginn einer neuen Ära der Faszination.

**21.05.2005 Bausendorf * * * Olkenbach, Festival**

Da die Herrentoilette leider überschwemmt und somit geschlossen ist, entschließt sich Sibbi, sein größeres Vorhaben auf der Damentoilette zu verrichten. Einige Minuten später kommt Sibbi dann, ganz weiß im Gesicht, von einem braunen Sturzbach verfolgt, die Straße herunter gerannt und erzählt hastig, dass er soeben aus Versehen auch noch das Damenklo überschwemmt hat. Genau in dem Moment, als er die Spülung drückte, erhob sich nämlich ein beachtlicher dicker und hoher Strahl Wasser inklusive diverser Exkremente verschiedener Menschen aus einem der Abflüsse im Toilettenboden und überschwemmte den kompletten Backstage-Toilettenbereich, sowie den Abhang und die Straße davor. Ob die uns wohl nochmal buchen?

**03.02.2006 * * * Bern (CH), Reiterhalle**

Während des ersten Songs probiert Sibbi voller Vorfreude und Aufregung einen neuen Gitarren-Move aus. Hierbei schleudert der Gitarrist seine Gitarre einmal um den Hals, so dass sie eine komplette Drehung macht, um dann sofort wieder weiter zu spielen. Theoretisch ein super Trick. Leider reißt am höchsten Punkt der Drehung Sibbis Gitarrengurt, was zur Folge hat, dass die Gitarre mit 170 km/h quer über die Bühne fliegt und am Ende mit voller Wucht in einen elektrischen Verteilerkasten einschlägt.

**05.05.2006 * * * Wertheim, Festival**
Panzer schafft es durch einen cool aussehenden Sprung auf die Monitorboxen, dass diese, zusammen mit weiteren Monitorboxen, die allesamt mit Kabeln miteinander verbunden sind, in einem hohen Bogen von der zwei Meter hohen Bühnenkante fliegen und auf dem Steinboden davor zerschellen.

**07.04.2007 * * * Karlsruhe, Substage**
Panzer hat während „You don't bring me down" aus irgendeinem Grund, mitten im Lied, seinen Bassverstärker ausgeschaltet. Eine leichte Abwandlung seiner Aktion vom letzten Gastspiel hier in diesem Club, als er den Bassverstärker erst am Ende des ersten Liedes eingeschaltet hatte.

**28.07.2007 * * * Bausendorf/Olkenbach, Festival**
Ach ja, auch noch erwähnenswert ist die Tatsache, dass ich es nach 2005 zum zweiten Mal geschafft habe, ein und dasselbe Klo so dermaßen zu verstopfen, dass das halbe Gelände unter Wasser beziehungsweise Scheiße gesetzt wurde. Irgendwas muss da mit dem Abfluss nicht in Ordnung sein.

**03.08.2007 * * * Kisslegg, Open Air**
Beste Story ever: Die Veranstalter haben mittwochs eine Bühne aufgebaut, die sie von der Stadt zur Verfügung gestellt bekommen hatten. Donnerstagmorgens kamen sie dann wieder aufs Gelände, und die aufgebaute Bühne war weg. Komplett weg. Wie sich erst nach panischen Nachforschungen herausstellte, wollte der örtliche Blaskapellenmusikverein an diesem Wochenende ebenfalls ein Fest veranstalten, und weil denen dafür eine Bühne fehlte, haben die einfach kurzerhand nachts die Bühne vom Festival abgebaut und mitgenommen.

**16.11.2007 * * * Krems (A), Avalon**
Das letzte Mal, als ich in Krems war, war das im Urlaub mit meinen Eltern. Damals bin ich als kleines Kind in einem Freibad vom 3-Meter-Sprungturm am Wasser vorbei gesprungen. Gelandet bin ich auf dem Beckenrand, und dabei hatte ich mir beide Beine und den Rücken geprellt. Schön wieder hier zu sein.

**11.10.2008 * * * Wien (A), Gasometer**
Sibbi hatte dann noch 'nen Gastauftritt bei der Hauptband, zu welchem er zu spät kam, während des Singens den Text vergaß ▸▸

und dann zu früh wieder von der Bühne ging. Ich hab mich geschämt, ihn zu kennen.

**25.02.2009 * * * Innsbruck (AT), Weekender**
Saikov verliert später im Konzert während des Spielens einen seiner Drumsticks. Leider haben wir keinen Ersatz mehr dabei. Nach einer Minute Suchen, umgeben von peinlicher Stille, bemerken wir, dass der Stick unversehrt in der Clubdecke steckt. Was für ein Glück! Danach verläuft das Konzert ohne weitere Zwischenfälle.

**23.12.2009 * * * Ulm, Roxy**
Sibbi vergisst während des Konzertes kurzzeitig, dass es eventuell nicht ganz so angebracht ist, „Deine Mutter"-Witze zu machen, während meine Eltern im Publikum stehen.
Später auf der Aftershowparty kaufe ich erstmal vier Bier für 16 Euro, bis mir gesagt wird, dass wir Getränke gratis bekommen. Ich bin sauer und gehe daraufhin 15 Minuten lang Pfandflaschen sammeln, um meinen sinnlosen finanziellen Verlust wieder auszugleichen.

**30.03.2011 * * * Bochum, Bahnhof Langendreer**
Angekommen in Bochum, schleppen wir unsere ganzen schweren Cases in den Club, und ich schaffe es eine Minute später, mich dämlicherweise selbst und ohne Fremdeinwirkung, von innen in den Laderaum des Busses einzuschließen. Da die Situation mal wieder äußerst peinlich ist und ich mich nicht traue, die anderen über meine Dummheit zu informieren, bete ich 45 Minuten lang zu Jesus, bis ich mir eingestehen muss, dass dieser aufgrund meiner Beteiligung in der aktuellen Situation logischerweise wohl absichtlich wegschaut und finde mich damit ab, dass ich mich allein wieder aus dieser Scheiße befreien muss. Sibbi holt mich, nach einem kleinlauten Anruf meinerseits, kopfschüttelnd aus dem Laderaum. Er verspricht mir, den anderen nichts zu sagen, wenn ich niemals erzähle, dass er nicht pinkeln kann, wenn jemand neben ihm steht. Deal.

**05.05.2011 * * * Graz (AT), PPC**
Sibbi vergisst wieder komplette Textzeilen und reiht wahllos englische Fantasiewörter aneinander. Manchmal denke ich, der Typ gibt sein Gehirn bei Konzertbeginn beim Backliner ab und holt es erst danach wieder ab, nur um es im Anschluss fortan weiter mit Alkohol zu bekämpfen. Guter Typ.

## 13.05.2011 * * * Münster, Sputnikhalle

Planmäßiger Ablauf des Beginns unserer Show:

1. Spannungsgeladenes Intro läuft.
2. Wir laufen im Dunkeln auf die Bühne.
3. Intro endet.
4. Max schlägt direkt im Anschluss auf den Sampler und startet damit die siebensekündige Anfangsmelodie von „Why Still Bother".
5. Nach diesen sieben Sekunden starten wir alle gleichzeitig mit unseren Instrumenten und dem dreistimmigen Schrei „Why" den Song.

Heutiger Ablauf des Beginns unserer Show:

1. Spannungsgeladenes Intro läuft.
2. Wir laufen im Dunkeln auf die Bühne.
3. Intro endet.
4. Max schlägt direkt im Anschluss auf den Sampler.
5. Es passiert nichts.
6. Das Publikum sieht im Dämmerlicht, wie Max immer wieder panisch auf den Sampler einschlägt, um das Intro zu starten. Es passiert weiterhin nichts.
7. Sibbi entscheidet sich dafür, die siebensekündige Anfangsmelodie von „Why Still Bother" mit der Gitarre zu spielen und denkt, dass die anderen beiden dies bemerken und wir dann nach sieben Sekunden alle gleichzeitig mit unseren Instrumenten und dem dreistimmigen Schrei „Why" den Song starten.
8. Max schlägt immer noch panisch auf den Sampler ein und bemerkt Sibbis selbstgespieltes Gitarrenintro nicht.
9. Panzer weiß nicht, was er machen soll und beschließt, sich zu enthalten.
10. Nach sieben Sekunden startet Sibbi alleine und einstimmig mit seiner Gitarre und dem Schrei „Why" den Song.
11. Nach zwei Sekunden hört er mit einem halblauten „Äh, Jungs?!" wieder auf.
12. Alles ist still, aber nun hell erleuchtet.
13. Die Leute schauen verwirrt auf die Bühne.
14. Wir schauen ebenfalls verwirrt.
15. Wir überlegen, uns entweder sofort zu erschießen oder das Konzert noch zu Ende zu spielen und uns dann zu erschießen.

**02.07.2011 * * * Bonn, Festival**

Es ist eines der größten Festivals, die wir jemals gespielt haben. Vor der Bühne stehen gut und gerne 20.000 Menschen, und aus irgendeinem Grund feiern diese während unseres Konzertes so unglaublich, dass uns eine Glücklichkeitsgänsehaut nach der anderen über den Rücken läuft.

Wir spielen ein absolut perfektes Konzert, verspielen uns nicht, vergessen keine Texte und machen sogar erträgliche Ansagen. Es ist der totale Wahnsinn. Vor dem allerletzten Lied nehmen wir uns vor, zum Abschluss vollends alles abzureißen und nochmal unser Maximum zu geben. Die ersten zwanzig Sekunden des Songs laufen überragend und das ganze Gelände ist eine wabernde, springende Menge aus zigtausend Köpfen. Plötzlich vernehme ich vermehrt schiefe Gitarrenakkorde, merke dass Sibbi mitten im Satz aufhört zu singen, bis er einige Sekunden später auch noch aufhört Gitarre zu spielen. Ich schaue entsetzt zu ihm rüber und sehe, wie er mit Panik in den Augen zuerst auf seinen Gitarrenhals blickt und anschließend Hilfe suchend zu mir herüberschaut. Max und ich haben mittlerweile auch aufgehört zu spielen. Die Menge johlt zunächst und verstummt dann gänzlich. Eine unangenehme Ruhe legt sich über das Festival. Völlig verdutzt laufe ich also zu Sibbi rüber und frage ihn, was los sei. Er erwidert daraufhin völlig konsterniert: „Das Lied! Ich weiß nicht mehr, wie es geht!“ Ich frage ihn weiter, ob er eigentlich noch alle Latten am Zaun hat, und als er auch darauf keine gute Antwort hat, endet eines der besten Festivals unserer Karriere schließlich damit, dass ich unserem Gitarristen (der diesen Song selbst geschrieben hat) vor 40.000 verwirrt schauenden Augen, 30 lange Sekunden lang – mitten im Lied – die Akkordreihenfolge seines eigenen Songs erklären muss.

**16.02.2012 * * * Leeds (UK), Rios**

Wir stürmen die Bühne, und unser Intro fängt genau so an:
Die Umbau-Musik läuft, ich signalisiere dem Mischer mit großen Gesten, dass wir jetzt anfangen. Er macht die Musik aus, alle Leute sind still und schauen gespannt auf die Bühne, Max will auf vier einzählen, wirft aber schon bei „Eins“ versehentlich seinen Drumstick weg, welcher dann zwei Sekunden später – im Club ist es immer noch totenstill – mit einem lauten hölzernen „kläng, kläng, kläng“ auf den Bühnenboden fällt. Besser kann man eine Englandtour nicht beginnen.

**01.06.2013 * * * Zwentendorf (AT), Festival**
Die Umbau-Pause vor unserer Show ist nur fünfzehn Minuten lang, was etwas Stress und blinden Aktionismus mit sich bringt, der schlussendlich darin gipfelt, dass unser Backliner Bobbes nur Sekunden vor Beginn unserer Show schnellen Schrittes auf die Bühne rennt und den Schalter des Bass-Verstärkers zielsicher auf „OFF" stellt. Warum, kann keiner sagen. Bobbes am allerwenigsten. Daher spielen wir die Hälfte des ersten Songs auch nur mit Schlagzeug und Gitarre und suchen den Fehler am Bass. Irgendwann finden wir ihn und schalten auf „ON".

**27.07.2013 * * * Hamburg, Festival**
Wie immer versuchen wir durch eine musikalisch einwandfreie und herausragende Leistung zu überzeugen, scheitern aber daran, dass Sibbi bei „Down Down Down" schon den Refrain singt, während Max noch die zweite Strophe spielt und ich denke, wir wären immer noch im C-Teil. Wir brechen daraufhin ab, besprechen über die Mikrofone vor 5.000 Leuten, wer jetzt was verkackt hat und fangen, nachdem alles geklärt ist, nochmal von vorne an.

**06.09.2013 * * * Bad Nauheim, Festival**
Kurz vor dem Auftritt ziehe ich mich um und begebe mich auf den Weg vom Backstagezelt hinter die Bühne. Leider merke ich erst kurz vor dem Backstage-Eingang, dass ich meinen Pass vergessen habe. Die dort stehenden Securities glauben mir nicht, dass ich in einer Band spiele und verweigern mir standhaft den Eintritt. Die Zeit drängt aber, und ich versuche panisch, sie mit dem Zeigen meines Gitarrenplektrums und anderer Gegenstände davon zu überzeugen, dass ich jetzt sofort da rein muss. Klappt nicht. In meiner Verzweiflung singe ich den beiden als Beweis den ganzen Refrain von „The Pirate Song" vor. Danach sind sich die beiden noch sicherer, dass ich in keiner Band spiele und schicken mich weg.

**02.11.2013 * * * Berlin, Huxleys**
Im Anschluss wechseln wir die Instrumente und während Sibbi am Schlagzeug sich spontan dazu entscheidet, den Schluss des Songs zweimal zu spielen, begreife ich selbiges erst im letzten Moment, greife daraufhin panisch komplett falsche Akkorde auf der Gitarre und all das, während wir gemeinsam realisieren, dass Max seinen Bass längst weggelegt hat und sich gar nicht mehr auf der Bühne befindet.

**13.12.2013 * * * Leipzig, Anker**
Als wir uns dazu entscheiden, „Things I would love to have said“ als ersten Zugabensong zu spielen, freut sich Max über seine Pause und entschließt sich, die drei Minuten dazu zu nutzen, um vor der Hintertür des Clubs eine zu rauchen. Nachdem er fertig geraucht hat, stellt er leider fest, dass die Tür ins Schloss gefallen ist und er nicht mehr reinkommt. Seinen Backstage-Ausweis hat er auch vergessen, und wenn er jetzt den mächtigen Securities am Eingang erzählen würde, dass er unbedingt rein muss, weil er der Schlagzeuger der Band ist, die gerade spielt, würden die ihn sicherlich auslachen. Oder verprügeln. Panik bahnt sich also den Weg durch Max' Nerven. Schließlich beschließt er, eine Feuerwehrleiter an der Rückwand des Clubs hochzuklettern, von wo aus er ans Backstageraum-Fenster unserer Vorband gelangen könnte. Nach einer filmreifen Kletteraktion (mindestens so gut wie Sylvester Stallone in „Cliffhanger“) schafft er es bis zum Fenster und hämmert wie ein Bekloppter gegen die Scheibe. Die Mitglieder unserer Vorband Mega!Mega! sitzen zwar alle in diesem Raum, hören aber nichts, weil das Fenster aus Sicherheitsglas besteht.
Erst als er sein Gesicht an die Scheibe presst und mit blutunterlaufenen Augen und voller Panik „LASST MICH REIN – ICH BIN'S !!! MAX!!!“ brüllt, werden die Berliner auf ihn aufmerksam und öffnen ihm endlich die Tür. Pünktlich zum nächsten Song.

**23.12.2013 * * * Ulm, Roxy**
Ein nicht unwesentlicher Teil des heutigen Tages geht in die Planung des Abschusses unserer Konfettikanonen, die wir beim letzten Song abfeuern wollen. Da wir aber nicht AC/DC sind und richtige Kanonen auf der Bühne stehen haben, sondern eben AC/ITCHY aus Eislingen an der Fils, brauchen wir vier Leute, die zu einem genau vorherbestimmten Zeitpunkt diese Kanonen mit der Hand abschießen. Wir hatten das vor zwei Jahren beim Jubiläum auch schon gehabt und nachmittags getestet. Was wir damals nicht bedacht hatten, war, dass die Dinger relativ hoch schießen. Deshalb waren wir nach dem Testschuss über eine Stunde lang damit beschäftigt, die Konfetti-Schnüre von den Deckenbalken zu fischen. Heute belassen wir es beim mündlichen Testen, was sich in etwa so abspielt:
„Also, die Gitarre spielt so „däng däng däng da däng“, dann singen wir „We say so“, dann macht das Schlagzeug so „za bäääm“, und dann auf die zweite Eins, direkt nach der Pause“
„Also beim „so“?“
„Nee, danach! Vor dem „ba däääng“ von allen“ ▸▸

„Also direkt in die Pause rein?"
„Nein, vier Takte nach dem ersten „We"
„Bei welchem Lied nochmal?"
„Schieß bitte einfach, wann Du willst."

**03.05.2014 * * * München, Kesselhaus**
Wenige Sekunden später geht das Licht aus, die Leute johlen und unser Backliner Pommes startet unser Intro. Leider ist es das falsche Intro. Innerhalb der Musikantengruppe bricht Panik aus, Max rennt zurück zum Bühnenaufgang und brüllt in unfassbarer Lautstärke (und für den halben Saal hörbar) „POOOOMMESSSS, DAS IST DAS FALSCHE INTRO, MANN!!!!" Daraufhin bricht Pommes das bereits laufende Intro mittendrin ab, und nach fünf Sekunden verwirrender Stille beginnt das neue Intro vor verdutztem Publikum, orientierungsloser Band und gestresstem Backliner. – 100 Punkte! Kaum nach der Show hinter der Bühne angekommen, fragt uns unser Backliner Pommes, ob gerade einer von uns den zweiten Gitarrenverstärker ausgemacht hätte. Als wir verdutzt verneinen, antwortet er mit „Ui... huch, dann war der wohl während des Konzertes gar nicht angeschaltet. Hab ich vergessen. Sorry."

**25.07.2014 * * * Megesheim, Festival**
Später im Konzert stürze ich plötzlich aus Versehen über ein Kabel. Kurz danach geht Sibbis Gitarrenverstärker nicht mehr. Da ich nicht vor all den Leuten zugeben möchte, dass ich es war, dauert es ganze fünf Minuten, bis unser Backliner den Fehler findet.

## KAPITEL 3.14. >>> Konzerte in der Schweiz / Grenzerfahrungen

Von allen Gefahren, denen man als lebender Musiker ausgesetzt ist, gehört die Schweizer Grenze zu den am allermeisten gefürchteten. Beim Versuch der Einreise in das Land der Berge sollte man sicherheitshalber mindestens zwei Stunden Sicherheitspuffer einplanen. Man kann nie wissen, was einen diesmal am Zoll erwartet. Ab und zu schafft man es zwar tatsächlich, ohne Probleme über die Grenze gelassen zu werden. Das geschieht allerdings nur, wenn die Schweizer Zollbeamten gute Laune haben, und Schweizer Zollbeamte haben, soweit wir wissen, eigentlich nie gute Laune. Warum sollten sie auch? Schließlich sind sie ja von Beruf Schweizer Zollbeamte.

Fährt man mit dem Bandbus auf die Grenze zu, sollte man folgende Zehn Gebote beachten, um so wenig Aufsehen wie möglich zu erregen:

1. Am Steuer sitzt derjenige, der am vertrauenswürdigsten aussieht.
2. Wenn es keinen gibt, der vertrauenswürdig aussieht, fährt der, der früher am besten in der Schule war.
3. Businsassen mit bunten Haaren oder Dreadlocks tragen dichte, aber nicht zu auffällig aussehende Mützen und sitzen in der letzten Reihe.
4. Personalausweise und Reisepässe werden VOR der Grenze von allen eingesammelt und vorne zur Abgabe bereitgelegt.
5. Eine Liste mit dem zu versteuernden Merchandise wird zu euren Gunsten gefälscht und ebenfalls vorne bereitgehalten.
6. Mindestens zwei der Businsassen sind in Bücher vertieft. (Keine Bücher von Hans Söllner)
7. Vor der Zollstelle ist der Bus zu lüften und gegebenenfalls von Rauch zu befreien.
8. Am Radio ist ein konservativer Schweizer Sender einzustellen.
9. Alle Bewegungen, die Businsassen ausführen, müssen ruhig und dürfen auf keinen Fall hastig sein.
10. Lächeln!
11. Viel Glück.

***SIBBI:*** *Es tut mir leid, aber ich kann hierzu leider keinen Kommentar schreiben, da ich, der ich ein wirklich friedliebender Mensch bin, sofort merke, wie sich nur beim Gedanken an die Schweizer Grenze eine unfassbare Aggressivität in mir aufschaukelt, die ich seit über einem Jahrzehnt zu unterdrücken versuche. Zum Glück haben wir einige Grenz-Erfahrungen zu Papier gebracht...*

## 03.02.2006 * * * Bern (CH), Reiterhalle

Gut, also Gaspedal treten und in Richtung Grenze heizen. Irgendwie haben wir heute schon ein komisches Gefühl, weil das die letzten Male immer so verdammt glatt ging an der Schweizer Grenze. Die deutsche Grenzbeamtin lachte zwar herzhaft über unseren Bandnamen, ließ uns aber immerhin passieren. Wir wähnen uns schon in trügerischer Sicherheit, als dann plötzlich ein kleiner, weiblicher, Schweizer Grenzgnom vor uns steht und uns diverse Fragen über unseren Businhalt stellt. Dazu kommt dann noch die Tatsache, dass ein rothaariger Punker am Steuer sitzt, direkt daneben ein blauhaariges Mädchen und hinten die zwei üblichen schwarzgekleideten Typen, denen nur noch die Sturmmasken fehlen, um einen Terroristenausweis zu bekommen. Unsere Pässe werden also verdächtig lange kontrolliert, und kurz danach werden wir auch schon ▸▸

gezwungen, in eine Garage zu fahren, um dort unseren Bus zu entladen. Die Inhalte müssen fein säuberlich auf einem Tisch abgestellt werden. Außerdem jetzt in der Zollbeamtengruppe mit dabei: Ein zwei Meter großer Typ in Uniform mit Waffe, der immer nur „Bleiben Sie sitzen!“ oder „Weichen Sie zurück!“ sagt. Sehr grenzwertig. Haha!! Grenzwertig, versteht ihr?? Naja, nachdem wir ausgestiegen sind, müssen wir uns dann auf vier Stühlen niedersetzen, sollen uns nicht bewegen und dürfen mit ansehen, wie die beiden Zollnazis mit Handschuhen unsere Taschen durchsuchen und unseren gesamten Merchandise-Inhalt (Shirts, Pullover, CDs, Buttons) penibel ordentlich abzählen und in Reih und Glied hinlegen. Als die Grenzpostendame gerade im Begriff ist, mit ihren Pranken unser Handschuhfach zu durchwühlen, fragt Sibbi, ob sie ihm vielleicht sein Käsebrot mitbringen könne, wenn sie eh schon am Handschuhfach sei. Sagen wir es mal so: Das war jetzt nicht gerade förderlich für die Gesamtstimmung. Danach haben sie uns nämlich auch noch unsere Handys weggenommen.
Im Endeffekt waren wir insgesamt über eine Stunde in dieser verfickten, tiefgefrorenen Garage und mussten 280 Franken Kaution hinterlegen, um überhaupt einreisen zu dürfen. Für ein vereintes Europa!

**25.11.2005 * * * Bern (CH), Gaskessel**

Heutige Konversation am Schweizer Zoll:
Zoll: „Sind sie eine Bänd?“
Sibbi: „Ja.“
Zoll: „Fahren sie unter Drogen?“
Sibbi: „Nö.“
Zoll: „Gute Fahrt.“

**06.02.2009 * * * Zürich (CH), Volxhaus**

Sibbi hat heute bei der Grenzüberschreitung in die Schweiz mal 'ne neue Taktik ausprobiert: Langsam ranfahren, um dann mit starrem Blick, fünf Meter vor der Kontrolle das Gaspedal mit aller Kraft bis zur Radaufhängung durchzutreten. Hat einwandfrei funktioniert und war somit das erste Mal seit Jahren, dass wir keinen längeren Kontakt mit den unfreundlichsten Menschen der Welt haben mussten.

**28.03.2009 * * * Disentis (CH), Festival**

Folgender Dialog sorgte für angenehme Belustigung:
Zollmensch: „Cchhhhhaben Sie Ceedee's dabei?“
Sibbi: „Ääh, nein... also kaum.“
Zollmensch: „Wie viele Ceedee's chaben Sie dabei?“ ▸▸

Sibbi: „Also... vielleicht vier."
Zollmensch: „Vier Schtück nur?"
Sibbi: „Könnten auch zehn sein."
Zollmensch: „Chaben Sie die nicht abgezählt?"
Sibbi: „Nein... vielleicht sind es auch zwanzig."
Zollmensch: „Machen sie bitte mal hinten die Türe auf!"
Sibbi: „Sagen wir vierzig!"

**11.06.2011 * * * Interlaken (CH), Festival**

Über den Schweizer Zoll sollte man wissen, dass man als Band, wenn man in die Schweiz fährt, das ganze Merchandise haargenau anmelden muss, die Mehrwertsteuer der gesamten Artikel an der Grenze bezahlen muss, um dann bei der Rückreise wieder anzugeben, was man alles verkauft hat, damit man die Differenz, abzüglich irgendwelcher Gebühren, wieder zurückbekommt. Natürlich alles bar und in Schweizer Franken, die man dann zu Hause erstmal wieder in einer Bank umtauschen muss, allerdings nicht in jeder Filiale, sondern nur in ausgewählten, die ausländisches Geld haben. Kurz gesagt: Komplett verfickter Dreck.

Wir kommen um etwa sieben Uhr an der Grenze an und fahren, nachdem wir fälschlicherweise in der LKW-Spur waren, zurück zur PKW-Spur, wo wir natürlich unhöflich angehalten und aufgefordert werden, wieder 500 Meter rückwärts in den LKW Bereich zu fahren. Dort steige ich aus und gehe in das nächste Zollbüro. Der Mann sagt mir, dass der Zoll sich in einem anderen Haus befindet, welches aber erst in einer Stunde, um acht Uhr, aufmacht. In der Zwischenzeit soll ich doch unseren Wagen zur Wiegestation fahren. Arschloch. Hierzu ist zu sagen, dass wir aus weiser Voraussicht extra deshalb für dieses Wochenende einen weiteren Bus gemietet haben, damit wir nicht überladen sind. Weil, WENN man überladen ist, was wir auch schon mal am eigenen Leib erfahren haben, dann darf man erst gar nicht weiterfahren und muss dazu noch sehr viel Strafe bezahlen. Die Miete und der Sprit (remember: es sind ja 2300 km) für den Extrabus belaufen sich übrigens auf ungefähr 700 Euro. Arschlöcher.

Der Typ wiegt uns also, und wir sind tatsächlich immer noch mit 140 kg überladen. In einem Anflug von unglaublicher Toleranz lässt er jedoch Gnade walten und sagt, ich soll zu dem anderen Zollbüro gehen und dort an der Türe warten, bis es acht Uhr ist. Durch die verschlossene Türe seh ich auf die andere Seite des Zollbüros, wo ebenfalls eine Türe ist. Dort versammeln sich nach und nach Truckfahrer, die ebenfalls Zeugs zu verzollen haben. Um 7:45 Uhr ▸▸

kommt ein Zollbeamter und schließt auf. Allerdings zuerst die andere Türe, weshalb ich mich dann wieder ganz hinten anstellen muss. Arschlöcher! Wir warten also alle vor dem Schalter, der Typ setzt sich rein, zieht demonstrativ eine Milchglasscheibe zu und spielt Computer. Um Punkt acht Uhr zieht er die verfickte Milchglasscheibe wieder auf und fängt an, die Leute abzuarbeiten. Nach ewigem Warten ist unser Merchandise schließlich verzollt, und ich will zahlen. Der Typ sagt mir, zahlen soll ich dort drüben. Er zeigt auf das weit entfernte Gebäude, in dem ich vor eineinhalb Stunden schon mal stand. Also trotte ich dorthin und muss feststellen, dass ich mich DORT jetzt wieder hinten anstellen darf. Irgendwann ist das Geld bezahlt und ich werde verabschiedet. Wir fahren zur Ausfahrt, die allerdings durch eine riesige Pylone mitten in der Fahrbahn versperrt ist. Erst fünf Minuten später und nach einer Hupattacke meinerseits, kommt der Typ vom Wiegen und lässt uns raus. Arschloch!
So viel dazu. Wo wir aber gerade dabei sind: Um in der Schweiz bei Festivals Funksender-Anlagen zu benutzen (also für die Bühne, damit man ohne Kabel Gitarre spielen kann), muss man sich eine Genehmigung erteilen lassen. Denn, wenn dort jemand vom Staat kontrolliert, was die auch tatsächlich machen, dann darf man seinen Funksender erst gar nicht benutzen und muss, wie soll es auch anders sein, Strafe bezahlen. Also melden wir die Scheiße an und müssen dafür nochmal 160 Euro (!!!!) bezahlen. Für ein Konzert. Um Funksender benutzen zu dürfen! Verdammte Arschlöcher.

**04.08.2011 * * * Lustenau (AT), Festival**

Etwa 750 Meter hinter der österreichischen Grenze hechtet vor uns, unter unfassbarem Einsatz, ein Zollbeamter auf die Straße und winkt uns auf den Standstreifen. Wir haben große Mühe, den Mann nicht zu überfahren. Während unser Bus seinem üblichen Bremsweg nachgeht, sprintet der Zollbeamte in vollem Tempo hinterher und wir machen uns gedanklich schon für unser sofortiges Ableben bereit. Als er am Bus ankommt, lacht er plötzlich total herzlich und sagt „Danke, hab's schon gesehen. Habens eine gute Fahrt und einen schönen Tag noch. Auf wiederschaun!"
Was lernen wir daraus? Schweizer Zollbeamte sind die größten Arschlöcher auf diesem Planeten. Österreichische Zollbeamte dagegen sind freundlich und machen einfach nur gerne theatralisch Sport.

**14.08.2014 * * * Gampel (CH), Festival**

Nach zwei Stunden Fahrt kommen wir an die Schweizer Grenze. Weil man ja das Merchandise, das man mitbringt, verzollen muss und wir uns unnötige Strafen und Wartezeiten ersparen wollen, fahren wir also an der Grenze raus, und ich geh in das Zollgebäude. Bei den deutschen Zöllnern muss ich mich anstellen und darf erst mal einen Meldeschein ausfüllen. Mit diesem muss ich anschließend zu den Schweizer Zöllnern. Also wieder anstellen, dann denen erklären, dass wir 'ne Band sind bla bla bla. Danach ewig warten, bis man wieder drankommt. Die Zollfrau fragt noch so nebenbei: „Wieviel wiegt das Merchandise?" Ich sag: „Ich hab keine Ahnung." Sie sagt: „Dann schreib ich mal 20 kg hin." Ich sag: „Machen Sie das." Nach 40 Minuten hab ich endlich 'nen Zettel, mit dem ich zur Kasse muss. Dort stell ich mich wieder an. Irgendwann komm ich dran und zahle mit Karte. Nach fünf Minuten Stille merken die dort, dass sie 'nen falschen Knopf gedrückt haben. Also alles wieder stornieren. Kann der Typ aber nicht. Dazu muss er erst seine Chefin rufen. Die kommt nach ein paar Minuten und fängt mit der Kassiererei wieder von vorne an.

Nach über einer Stunde hab ich endlich alles geklärt und geh wieder zum Bus. Wir steigen ein, fahren zur Schranke, zeigen dem Typen im Zollhäuschen den Zettel und wollen gerade losfahren, als er fragt: „Wie viel wiegt ihr Merchandise? Nur 20 kg?" Darauf sage ich: „Ich hab keine Ahnung, das hat Ihre Kollegin einfach pauschal hingeschrieben, weil wir es nicht genau wussten." Daraufhin brüllt er: „ALLES KLAR! KONTROLLE! FAHREN SIE DORT AN DIE HEBEBÜHNE!"

Ich muss mich echt beherrschen, um ihm nicht meinen Gitarrenverstärker in seine überhebliche Zöllner-Visage zu werfen. Wir fahren also zur Hebebühne und müssen den Merch ausladen. Außerdem will er noch in verschiedene Taschen und Cases schauen, ob sich dort auch T-Shirts befinden. Unfassbar.

Irgendwann, nachdem alles durchgesehen ist und auf der Waage steht, zeigt diese „39 kg" an. Er sagt laut „DAS SIND ABER MEHR ALS 20 KG..." Darauf ich brüllend: „ICH HAB JA AUCH NIE BEHAUPTET, DASS ES 20 KG SIND. DAS WAR IHRE KOLLEGIN!" Er: „Alles klar, dann gehen wir doch mal hoch ins Zollgebäude und fragen die Kollegin, ob das auch wirklich so war." Wir gehen also hoch, er fragt die Kollegin, sie sagt ihm, wie es war, er ruft ihren Chef an (!), um es sich von diesem bestätigen zu lassen und gibt mir dann nach eineinhalb Stunden den Zettel und sagt: „Okay, Sie können wieder einpacken und losfahren."

## KAPITEL 3.15. >>> Das Catering

Als Catering bezeichnet man gemeinhin das Essen, das einer Band vom Veranstalter am Konzerttag bereitgestellt wird. Die Qualität der Verpflegung kann hierbei allerdings durchaus schwanken. Wir empfehlen daher allen jungen Bands, so früh wir nur möglich einen kleinen sogenannten „Catering Rider“ zusammenzustellen. Dieser Catering Rider zeigt auf, ohne dabei zu hohe Ansprüche zu stellen, was die Band gerne isst und wird vor einer Tour an die jeweiligen Veranstalter geschickt. Beispielsweise wird hier auch die Anzahl der mitreisenden Vegetarier, Veganer, Fruktarier oder Ichmagkeinenspinatarier kundgegeben.

Ab einem gewissen Bekanntheitsgrad, den man als Band erreicht, wird das Catering immer besser und oftmals ist es sogar so, dass man sich auf Tour um ein Vielfaches ausgewogener, leckerer und gesünder ernährt als zu Hause. Allerdings isst man dadurch auf Tour auch immer die dreifache Menge und wird sehr fett.

In den ersten Jahren einer Bandlaufbahn kann das Catering ab und an jedoch zu einer der härtesten Proben für Magen, Leber und Seele werden. Wenn wir so zurückdenken, können wir manchmal gar nicht so wirklich glauben, dass wir immer noch am Leben sind.

**05.12.2003 * * * Pforzheim, Adventsrock**

Gegessen haben wir auch. Es gab Pizza. Hoffentlich trifft das jetzt niemanden persönlich, aber diese Pizza schmeckte exakt wie die Rückwand eines DIN-A3 Zeichenblocks.

**27.08.2003 * * * Stuttgart, Universum**

Während die Amis von der Hauptband und deren Helfer alles aufgebaut haben, sind wir backstage gegangen, um so ziemlich alles vom Buffet zu essen, was da war, was wiederum diverse Sprüche wie „Damn... fuck... fuck these local bands... they fucking eat everything“ seitens der Hauptband zur Folge hat. Danach müssen wir sie leider auch noch fragen, ob wir ihren Bassverstärker benutzen dürfen, da wir so etwas nicht besitzen...

**28.10.2005 * * * Köln, Underground**

Gegessen haben wir bei Subway. Vielleicht hat die Verkäuferin dort ihren allerersten Arbeitstag, oder aber sie hatte dem Kunden vor uns ihr komplettes Gehirn mit auf das Sandwich gepackt:
Verkäuferin: „Wollen Sie alles an Salat?"
Sibbi: „Ja, bitte alles."
Verkäuferin: „Tomaten auch?"
Sibbi: „Bitte? Ja,... alles eben!"
Verkäuferin: „Also keine Tomaten?"
Sibbi: „Doch, alles!!!"
Verkäuferin: „... und Gurken?!"
Fünf Minuten später steht unser Tourmanager hinterm Tresen, um mit seinem Schraubenzieher die Kasse zu reparieren.

**14.10.2006 * * * Einbeck, Festival**

Zu essen gibt es heute einen bräunlichen Nudelbrei mit einem Pilz.

**26.12.2006 * * * Losheim, Lokschuppen**

Nach dem Soundcheck gibt es Essen, und jetzt spitzt mal die Ohren: Im Backstageraum steht heute ein SCHOKOLADENBRUNNEN!!! Das ist echt so ein Minibrunnen, aus dem Schokolade herausläuft, unter die man dann die bereitgestellten Äpfel, Birnen oder Erdbeerstücke hält, um sie anschließend aufzuessen. Besser kann es nicht mehr werden. Kurz nach der Euphorie darüber fällt mir auf, dass ich gegen alle drei aufgezählten Früchte allergisch bin.

***PANZER:*** *2003 waren wir zum ersten Mal längere Zeit zusammenhängend auf Tour. Am ersten Abend hatten wir uns sehr über die reichlich dargebotenen Spaghetti Bolognese gefreut und auch, als es am zweiten Tag noch einmal Spaghetti Bolognese gab, konnten wir diese mit Freude essen. Am dritten Tag hat uns der nächste Veranstalter dann allerdings schon wieder Spaghetti Bolognese hingestellt und am vierten und fünften Tag gab's ebenfalls wieder Spaghetti Bolognese. Dazu kam noch, dass die Qualität des Gerichts mit jedem Tag um ein Vielfaches schlechter wurde. Am sechsten Tag hatten wir uns dann fest vorgenommen, im nächsten Club um ein anderes Essen zu bitten, was allerdings nicht ging, da die vorbereiteten Spaghetti Bolognese sich bereits im brodelnden Kochtopf befanden. Zu allem Überfluss hat die „Köchin" die Nudeln darin dann auch noch vergessen und sie uns später, nach einer Gesamtkochzeit von 26 Minuten, mit den Worten: „Kann sein, dass die ein bisschen weich geworden sind", auf den Tisch gestellt. Wir brauchten nach dieser Tour ein halbes Jahr, bis wir uns wieder an italienische Teigspezialitäten aus Hartweizengrieß ranwagen konnten.*

*SIBBI: Ich erinnere mich noch, als wäre es gestern gewesen. Wir waren Ende 2005 in Wertheim, wo wir mit einem sehr spontan gebuchten Konzert, ewig viel Stau, Chaos vor Ort und dergleichen einen echt aufreibenden Tag gehabt hatten. Irgendwann saßen wir dann total fertig backstage, als plötzlich die Türe aufging, die Köchin einen Topf mit einem blubbernden, orange-gelben Brei auf den Tisch stellte und sagte: „So, hier, eure Fischstäbchen."*

**02.10.2007 * * * Berlin, Brandenburger Tor**
Nach der ewig langen Fahrt haben wir uns im ersten Catering-Zelt, das wir fanden, mit echt furchtbar schlechtem Essen sowas von voll gefressen, um direkt danach festzustellen, dass 20 Meter daneben das Band-Catering-Zelt unter der Leitung eines Berliner Sternekochs stand.

**06.07.2007 * * * Saarbrücken, Open Air**
Das Essen in diesem Luxusrestaurant ist wirklich sehr ordentlich. Leider sprechen die Köche und Kellner ausschließlich französisch, und sobald man sein Besteck während des Essens kurz hinlegt, beispielsweise um einen Schluck zu trinken oder um kurz durchzuatmen, kommt sofort ein Kellner und räumte den noch vollen Teller ab. Sehr ärgerlich.

**14.11.2007 * * * Innsbruck (A), Weekender**
Wir sind in so einem typisch österreichischen Restaurant, in dem man die Hälfte der Speisen vom Namen her erstmal gar nicht kennt. Die Speisen, die man eigentlich doch kennt, werden hingegen so kompliziert umschrieben, dass man sie dann doch wieder nicht erkennt. Ich meine, was zur Hölle soll bitte ein Schluchzkrapfen sein?! Ein Fisch mit Schreibfehler, der seelische Probleme hat?!

**19.08.2007 * * * Erfurt, Festival**
Danach haben wir das krasseste Frühstücksbuffet der Welt leergefressen. Da gab es nichts, was es nicht gibt. Es gab sogar Palmenherzen! Zu essen! Keine Ahnung, was das sein soll, aber wenn man bedenkt, dass es dort PALMENHERZEN gab!!! Wow.

**20.06.2008 * * * Aufsess, Festival**
In unserem Backstageraum haben wir 'nen Kasten Becks stehen, und als ich dann später irgendwann mit 'ner Flasche aus dem Kasten an der Bar stehe, kommt plötzlich ein breiter, großer Typ ▸▸

Mitte vierzig mit durchdringendem, hasserfülltem Blick auf mich zu, schnappt mich am Handgelenk, dreht mir den Arm um und leert das gesamte Bier aus. Ich stehe dann halb lachend, halb schockiert da, und vor meinem geistigen Auge laufen schon diverse Szenen von Massenschlägereien ab, bis der Typ mir dann 30 Sekunden später zwei neue Bierflaschen von seiner eigenen Brauerei mit den Worten: „Trink mal was Gscheites" in die Hand drückt.

**25.02.2009 * * * Innsbruck (AT), Weekender**

Wir bestellen bei einem Kellner unser Essen und warten. Dass dieser Kellner hinter dem Tresen ohne Pause Selbstgespräche führt, stört uns erstmal nicht weiter. Unser Essen kommt und schmeckt super. Allerdings fehlt das Knoblauchbrot von Panzer und Andy. Wir sagen dies dem Kellner, der es daraufhin an die Küche weitergibt.

Am Nebentisch sitzt währenddessen ein älterer Herr, der seine Fischplatte schon bestellt hatte, als wir in den Laden kamen. Als dieser Herr den Kellner nun fragt: „Ähm, Entschuldigung, haben sie den Fisch schon gefangen?", fängt plötzlich der Koch aus der Küche so dermaßen an auszurasten, dass wir wirklich und wahrhaftig Angst bekommen. Er flucht bestimmt zwei Minuten in voller Lautstärke den Laden zusammen und schreit die heftigsten Kraftausdrücke, die wir jemals gehört haben, so dass wir denken, er kommt gleich raus und erschießt alle Gäste inklusive uns mit einem Sturmgewehr.

Der nun ebenfalls etwas nervöse Kellner versucht die Situation durch weitere, nun lautere Selbstgespräche in den Griff zu bekommen, was aber auch nicht wirklich zu klappen scheint. Später bekommen wir dann vom Kellner einen Teller Tiramisu auf Kosten des Hauses und er verabschiedet uns mit den legendären Worten: „Bis zum nächsten Mal." Herrlich.

**25.07.2009 * * * Lotstetten, Festival**

Einziger Wermutstropfen für mich ist, dass ich während des Konzertes unfreiwillig meinen treuen Vegetarismus beende, indem ich während des Singens eine unfassbar große Fleischmücke verschlucke, die mir ganze fünf Songs später immer noch im Hals hängt. Sibbi appelliert das halbe Konzert über an meine Vegetarierehre und will mich mit „Du darfst das nicht essen"-Sprüchen dazu zwingen, die Fliege wieder hoch zu würgen. Hat nicht funktioniert. Gleich morgen kündige ich meine Peta-Mitgliedschaft.

**25.09.2009 * * * Gloucester (UK), Guildhall**

Alle fünf Mann sind schon ewig wach, als unser UK-Tourchef Robbie endlich auch mal runterkommt und uns zeigt, wie ein echter Engländer einen Tag beginnt: In einem Englischen Pub gibt's dann nämlich erst mal original englisches Frühstück, und da wir ihm im Gegenzug zeigen wollen, wie ein echter Schwabe einen Tag beginnt, bestellen wir dazu erst mal alle ein Bier. Das war um 10:30 Uhr. Durch die Zeitumstellung ist man hier ja aber eine Stunde früher dran, und da es in Deutschland dann quasi schon 11:30 Uhr war, ist das auch schon wieder völlig in Ordnung. Unsere „Kein Bier vor vier"-Regel gilt sowieso nur für das Europäische Festland und hat auf Inseln jeglicher Art somit keine Gültigkeit.

**19.05.2011 * * * München, BMW Museum**

Das Catering und der Service heute sind so nobel, dass jedes Mal, wenn ich mir einen (!) Paprikastängel aus dem dazugehörigen Schälchen nehme, sofort eine Mitarbeiterin der Cateringfirma ankommt und einen (!) neuen Paprikastängel hineinlegt.

**08.03.2012 * * * Düsseldorf, Zakk**

Wir essen ein paar leckere Sachen und regen uns heimlich auf, dass im Kühlschrank der 5Bugs Unmengen an Bier und Schnaps sind, im Zebrahead-Kühlschrank ebenfalls Unmengen an Bier und Schnaps, während in unserem Kühlschrank nur Flaschen mit Saft, Cola und Wasser stehen. Wir fragen nett, aber dennoch bestimmt beim Clubchef nach, und er zeigt uns den Zettel, den Bands immer an die Clubs schicken, wo drauf steht, was sie gerne zu essen und zu trinken hätten. Tragischerweise hat es bei unserem durch einen Zeilenumbruch beim Drucken ausgerechnet die komplette Alkoholzeile weggelöscht. Armageddon.

**04.05.2012 * * * Podersdorf (AT), Festival**

Ich stehe zu Hause auf. Es ist 7:30 Uhr und ich mache Wurstsalat. Diesen Gedanken bitte erstmal sacken lassen.
So. Warum mache ich Wurstsalat?! Nun, es gibt mehrere Gründe. Zum einen, weil wir heute 750 km Fahrtstrecke vor uns haben, zum anderen, weil das Essen auf Autobahnrasthöfen schlecht und teuer ist und nochmal zum anderen, weil Thimo, Bobbes und ich uns fragen, was wohl passiert, wenn man acht Stunden lang, zusammengepfercht in einem Bus, tonnenweise Zwiebeln isst und es verboten ist, zu lüften. DESHALB mache ich Wurstsalat.

**09.08.2013 * * * Oberhausen, Festival**

Thimo, Bobbes und ich sind, jedenfalls für die lange Fahrt zu dritt in einem unglaublich engen 2,5-Sitzer-Transporter, sehr gut vorbereitet. Wir haben folgendes Menü vorbereitet:
Zum Aperitif gibt es einen eingelegten Rettich aus Bobbes' Omas Garten, veredelt mit Meersalz und so scharf, dass wir nach diesem ersten Gang zehn Minuten lang mit zusammengekniffenen Augenbrauen dasitzen.
Zum Hauptgang gibt es einen Hafnerschen Wurstsalat mit Wurst, Bergkäse, Radieschen, Zwiebel, Tomaten und verschiedenen Gurken. Dazu wird Thimos genetztes Bauernbrot gereicht.
Zum Abschluss kommt noch Bobbes' hausgemachtes Tiramisu auf den Schoß.
(Übrigens lasse ich jetzt gerade im Moment – vier Tage später – immer noch meine Tupper-Schüsseln mit Spülmittel einweichen, weil der Wurstsalatgeruch ums Verrecken nicht rausgeht...)

## 23.08.2014 * * * Bonn, Festival

Ich gehe also hin zur Essenausgabe. Drei freundliche Rote-Kreuz-Arbeiter begrüßen mich und fragen, ob ich Fleischesser bin. Ich sage: „Ja", und einer von ihnen nimmt einen überschaubaren weißen Plastikteller in seine Hand und packt eine Portion Nudeln hinein. Wobei... „packen" ist das falsche Wort. Aufgrund der Tatsache, dass besagte Nudeln schätzungsweise 37 Minuten zu lange im kochenden Wasser verweilten, werden sie eher wie eine Kugel Vanille-Eis auf den Teller „geschoben". So „rübergezogen" quasi. Leider ist dies nicht das Negativste an der Geschichte. Einer der Rote-Kreuz-Mitarbeiter nimmt dann eine weitere Schöpfkelle, macht sie halbvoll mit Gulasch und leert diesen auf meinen Nudelbrei. Ich schaue kurz drauf und es ergibt sich folgende Konversation:

Ich (höflich): „Danke, könnte ich bitte noch etwas Gulasch haben?"
RK: „Nein."
Ich (verwundert): „Bitte?"
RK: „Nein."
Ich: „Ähm... wieso nicht?"
RK: „Geht nicht, eine Schöpfkelle ist eine Portion."
Ich: „Ich brauch echt nicht viel, aber ein bisschen noch, denn so sind die Nudeln sehr trocken."
RK: „Nein, eine Schöpfkelle ist eine Portion und jeder bekommt nur eine Portion."

Ich setze mich also an den Tisch und versuche zu essen. Nach einem Löffel ist mir zum einen klar, dass man mit diesen Nudeln auch ein komplettes Einfamilienhaus ausfugen kann und zum anderen, dass von den etwa 200 Nudeln in meinem Teller genau vier mit Soße bedeckt sind. Ich stehe also wieder auf.

Ich: „Also gut, können Sie mir jetzt bitte noch etwas Soße geben?"
RK: „Nein, geht leider nicht."
Ich: „Das ist gerade ein Witz, oder?"
RK: „Wir können Ihnen leider nichts mehr geben."
Ich (lauter werdend und mit dem Löffel in den Nudeln herumrührend): „Sehen Sie das?? Die Nudeln sind komplett trocken! Ich habe ÜBERHAUPT KEINE SOßE AUF MEINEM TELLER!! Wieso können Sie mir aus diesem Topf vor Ihnen, in dem 50 Liter Soße schwimmen, nicht einfach noch EINE KLEINE KELLE VOLL AUF MEINEN TELLER GEBEN????" ▸▸

RK: „Sorry, geht leider nicht. Wenn wir bei Ihnen anfangen, müssten wir das bei allen so machen."
Ich (schreiend): „WOLLT IHR MICH EIGENTLICH VERARSCHEN?!?!?!!!?!?!?!?!"

Ich lasse daraufhin den Teller unsanft auf den Tresen fallen und gehe sofort backstage, um mich dort an fettigen Chips satt zu fressen. Selten so etwas unfassbar Idiotisches erlebt. Wir sind ja wirklich das komplette Gegenteil von so arroganten Bandtypen, die irgendwas raushängen lassen müssen und die denken, sie wären irgendetwas Besseres, aber in dieser Situation hätte ich um ein Haar meinen Teller in die Feldküche geworfen und diesen dummen Rote-Kreuz-Typen ihren Gulaschbottich mit einer schönen Ausholbewegung in die Fresse gehämmert.

***SIBBI:*** *Nach diesem Konzertbericht gab es übrigens unseren ersten Shitstorm der Bandgeschichte. Empörte Mitglieder des Roten Kreuzes beschimpften uns aufs Übelste und hofften, dass, falls wir uns einmal in einem Kriegsgebiet verletzen sollten, sich die Retter an diese Gulasch-Aktion und unsere harsche Wortwahl erinnern und uns dann elendig krepieren lassen. Dabei haben wir ja überhaupt nichts gegen das Rote Kreuz. Wir finden deren Arbeit sehr wichtig und äußerst bewundernswert. Max hat dort sogar seinen Zivildienst abgeleistet. Was meine Spaghetti allerdings weder al dente macht noch mit Soße bedeckt.*

***PANZER:*** *Als ich damals, vor acht, neun Jahren Vegetarier geworden bin, war das anfangs gar nicht so einfach. Vor allem in ländlicheren Gegenden gingen die Leute davon aus, dass auch Fisch und Hühnchen ganz klar vegetarische Gerichte sind, und auch sonst wurde man des Öfteren mit kalten Rohkostbeilagen abgespeist oder mit verständnislos vorgetragenen Argumenten wie: „Ja, aber das ist doch nur Speck!" in den Wahnsinn getrieben. Im Laufe der Zeit wurde das allerdings um ein Vielfaches besser, und mittlerweile gibt es auf beinahe jedem Festival und in jedem Club tolle vegetarische oder vegane Sachen zu essen. In manchen Läden fängt die Belegschaft sogar vormittags schon an zu kochen, um den Bands am Abend irgendwas Leckeres auf den Tisch zu stellen. Die Anfänge waren da wie gesagt durchaus härter. Kurz nachdem ich mich damals entschlossen hatte, kein Fleisch mehr zu essen, waren wir in Hannover zu Gast. Abends nach dem Soundcheck wurden dann mehrere Warmhalteglocken mit den unterschiedlichsten hochwertigen Fleischgerichten aufgetischt: Schweinebraten mit Speckkartoffeln, Rahmgulasch, Hähnchenschlegel und so weiter. Besser als zu Weihnachten. Ich saß währenddessen etwas* *verloren auf meiner Bank, bis der Koch zu mir kam, mich fragte „Bist du dieser Vegetarier?" und mir daraufhin eine Dose Fertigspaghetti (!), ein Feuerzeug (!!) und einen Campingkocher (!!!) in die Hand drückte. Ich bin wirklich sehr froh, dass wir mittlerweile mehrere Nichtfleischesser in unserer Reisegruppe haben.*

## KAPITEL 3.16. >>> Schlechtes Wetter

Da sich eine handelsübliche Rockband jedes Jahr von Mitte Mai bis Anfang September hauptsächlich auf Open Airs und Festivals und somit unter freiem Himmel aufhält, fällt das Wetter zu dieser Zeit natürlich etwas mehr ins Gewicht als zum Beispiel während einer Clubtour im Mai.

Ich weiß nicht, ob nach all den Jahren eine objektive Betrachtung der Wetterverhältnisse überhaupt möglich ist, aber wenn man unsere letzten vierzehn Jahre einmal zusammenrechnet, kann man durchaus sagen, dass wir etwa fünf Jahre am Stück ausschließlich im strömenden Regen auf der Bühne standen. Ob das nun Pech, völlige Normalität oder einfach nur eine gesunde Rivalität zwischen uns und Petrus, diesem Arschloch ist, kann zum jetzigen Zeitpunkt nicht zweifelsfrei beantwortet werden.

Jedenfalls darf man sich dennoch von schlechtem Wetter nicht abschrecken lassen. Interessanterweise sind nämlich gerade die Konzerte, bei denen es blitzt und donnert und bei denen alle Leute wie begossene Pudel vor der Bühne stehen, oftmals die Allerbesten. Vermutlich liegt das daran, dass die Band denkt: „Toll, die Hälfte der Leute sind zu Hause geblieben oder abgereist... Naja, scheiß drauf!", und das Publikum denkt: „Toll, meine Unterhose ist genau so nass und matschig wie der Boden hier... Naja, scheiß drauf!"

**14.06.2003 * * * Gingen, Open Air**

Jedenfalls fingen wir irgendwann an, und es waren echt eine Menge Leute auf dem Platz, was uns relativ glücklich machte. Leider hielt die Glückseligkeit nur bis zum dritten Song. Denn genau zu Beginn dieses dritten Songs fing es plötzlich so derbe an zu regnen, dass bis auf fünf(!) Personen alle ins Zelt rannten. Die tapferen Fünf, die noch da waren, verkrochen sich unter(!!) einer Bierbank. Zudem wurde Panzer auf der Bühne mitsamt seinem Bass von einem vom Bühnendach herabbrechenden Wasserfall erschlagen.

**14.09.2008 * * * München, Backstage**
Wie feiert man am besten das letzte Open-Air-Festival eines Sommers, in welchem quasi jedes Festival, auf dem man gespielt hat, verregnet war? Richtig! Mit einem Festival, das wegen Regen, Sturm und Hagel komplett abgesagt werden muss. Würdiger Abschluss. Weiter so, Petrus.

**23.08.2008 * * * Georgsmarienhütte, Festival**
Lustig ist auch, dass man zu Beginn noch versucht, irgendwie halbwegs trocken zu bleiben, aber spätestens an dem Punkt, an dem sich zentimeterlange Schlammwürste durch die Schnürsenkellöcher deiner Chucks von innen nach außen(!) schieben, fängt man an zu kapitulieren.

**24.09.2009 * * * Leeds, Rios (UK)**
Irgendwann kommt dann am Flughafen eine Durchsage, dass unser Flieger wegen Nebels nicht in Memmingen landen konnte und deshalb nach Friedrichshafen geflogen ist. Klar, warum auch nicht?! Machen wir nächstes Mal auch so. Wenn wir ein Konzert in München spielen und auf der Autobahn Stau ist, fahren wir einfach nach Frankfurt und spielen stattdessen dort.

**23.07.2010 * * * Freiberg, Festival**
So ein beschissenes Wetter haben wir in neun Jahren Bandgeschichte noch nicht erlebt. Selbst die Bühne beim Auftritt ist klitschnass, und es ist ein Wunder, dass keiner von uns von der selbigen fällt.
Nach ein paar Liedern fällt zum ersten Mal der Strom aus, was Saikov mit einem lauten: „SIBBI, DA WAR STROM IN MEINEM KOPF!!!“, quittiert. Ich weiß nicht, was der Mann mir damit sagen will und versuche meinerseits den Leuten ohne Mikrofon zu erklären, dass wir nichts für die Stille können. Saikov schreit weiterhin irgendwas von: „STROM IN MEINEM RÜCKEN!!“, und als die Anlage wieder funktioniert, spielen wir dann einfach weiter.
Dass alle technischen Geräte, Stromkästen und Steckdosen im Wasser liegen, beachten wir nur so nebenbei. Nachdem ein weiteres Mal der Strom ausfällt und Saikov endlich erklärt, was er meint (nämlich, dass durch seine InEar-Kopfhörer Strom durch seinen Kopf fließt, was mehr als nur lustiges Kribbeln mit sich bringt), wird uns gesagt, dass wir das Konzert zwecks nicht vorhandener Sicherheit abbrechen müssen. Hätten wir auch mal selbst drauf kommen können.

**08.08.2014 * * * Hof, Rockwerk**

Am nächsten Tag haben wir 600 Kilometer Fahrt in Richtung Jübek Open Air an der Ostsee vor uns, und die Fahrt ist wirklich unfassbar nervig. Ewig lange Staus, Umfahrungen durch verstopfte Landstraßen und so weiter. Nach fünfeinhalb Stunden sind wir kurz vor dem Ziel an der dänischen Grenze, als uns der Veranstalter aus Jübek anruft und sagt: „Jungs, tut uns leid. Unwetter! Das Festival muss leider abgesagt werden."

Wir fahren also - nach fünfeinhalb Stunden Fahrt - rechts ran, vertreten uns kurz die Beine, drücken im Navigationsgerät auf „Nach Hause fahren" und das Navi sagt „713 Kilometer". Beim Wiedereinsteigen in den Bus merken unsere empfindlichen Nasen noch, dass gerade tatsächlich drei von uns in Hundescheiße getreten sind. Wir verpacken also unsere Schuhe in luftdichte Plastiktüten, wenden den Bus und fahren an diesem Tag insgesamt vierzehn Stunden einmal im Kreis durch Deutschland. Für nichts. Und Schuhe haben wir auch keine mehr an.

## KAPITEL 3.17. >>> Zeitvertreib vor der Show

Oft wird man als Musiker gefragt, ob das immerwährende Touren nicht auch irgendwann zu einem tristen Alltag versumpft, und wie man es schafft, sich selbst nach vielen Jahren des Umherreisens bei Laune zu halten. Diese Frage ist äußerst berechtigt. Wenn man sich keine Mühe gibt, wird man auf einer Tour außer den immer gleichen Backstageräumen und Konzertsälen kaum etwas zu Gesicht bekommen. Das vermeintlich aufregende Touren kann somit nach und nach zu einer trivialen Routine verkommen, und man verliert unter Umständen den Spaß an der Sache, verkracht sich mit seinen Bandkollegen und nimmt aus Frust einen Job bei Mercedes-Benz, den Stadtwerken oder der Deutschen Bahn an. Na gut, letzteres macht man wahrscheinlich selbst aus Frust nicht.

Das Allertragischste ist zudem, dass selbst das „stundenlange Rumhängen vor der Show" in den letzten zehn Jahren durch den technischen Fortschritt noch um ein Vielfaches öder, trister und bewegungsärmer geworden ist. Früher hat man sich die Zeit zwischen Ankunft in der Konzertlocation und Konzertbeginn noch totgeschlagen mit so Tätigkeiten wie:

- Musikmagazine durchblättern, die im Club herumliegen (die meisten davon schon mehrere Jahre alt)
- Gesellschaftsspiele gegen die anderen in der Tour-Reisegruppe spielen (Poker, Schach, Schiffe versenken, usw.)

- ein gutes Buch lesen
- Dinge fotografieren
- die Stadt besichtigen
- sich mit dem Clubbesitzer über Bands unterhalten, die schon einmal in seinem Laden gespielt haben
- Konversation betreiben im Allgemeinen

Heute kann man beim Betreten eines handelsüblichen Backstageraums einer willkürlich ausgewählten Band ausschließlich folgendes Bild sehen:

Alle (!) Mitglieder der Tour-Reisegruppe sitzen mit krummem Rücken auf Sofas, Sesseln und Stühlen, schauen entweder in ihren Laptop oder in ihr Smartphone und surfen ziellos im Internet. Ausnahmen oder Abweichungen dieses Bildes ergeben sich nur dann, wenn ein Mitglied der Reisegruppe berufsbedingt kurzzeitig etwas arbeiten muss. Ist diese Arbeit erledigt, gesellt sich das Mitglied sofort und ohne Umweg wieder zum Rest der Gruppe. Geredet wird ausschließlich dann, wenn ein Gruppenmitglied beim Surfen im Internet etwas Lustiges, Schockierendes oder Abstoßendes findet und dies den anderen mit den Worten: „Krass, ich hab Euch gerade einen Link geschickt, müsst ihr euch anschauen!" mitteilt.

Um das Touren auch abseits der Konzerte und der eben genannten Backstageraum-Beschäftigungen dauerhaft angenehm zu gestalten, ist es also absolut erforderlich und empfehlenswert, auch tagsüber immer neue Beschäftigungen zu suchen, sich auf kulturelle Entdeckungstouren zu begeben, seinen Körper sportlich zu fördern oder sich durch sonstige unüberlegte Handlungen zumindest kurz irgendwie von den gegebenenfalls desaströs schlechten Vorverkaufszahlen des Konzerttages abzulenken.

**10.08.2002 * * ***
**Bartholomä, Open Air**

Nachmittags melden wir uns kurzerhand zu einem Volleyball-Turnier an und werden ungeschlagen Erster. Unser Preis: eine Urkunde und ein Kasten Heubacher Albquell-Bier und somit der größte Erfolg unserer Bandgeschichte.

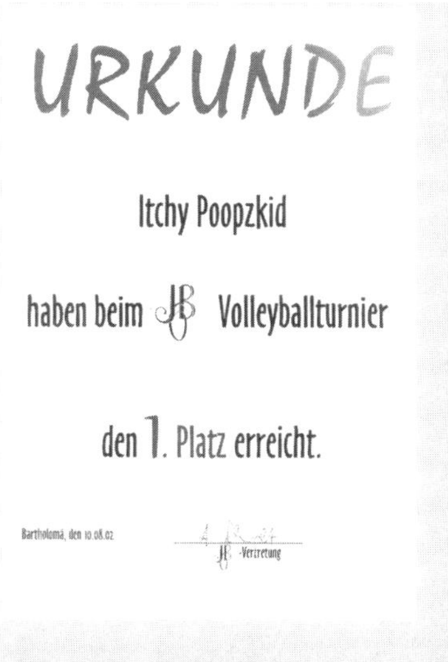
URKUNDE

Itchy Poopzkid

haben beim JB Volleyballturnier

den 1. Platz erreicht.

Bartholomä, den 10.08.02

JB-Vertretung

**17.08.2002 * * * Bad Saulgau, Altstadtfest**
Nachdem wir mit dem Muli-Express wieder zurück am Ausgangspunkt angekommen waren, sind wir weiter übers Fest gelaufen und haben uns von den „Segelfreunden Bad Saulgau“ das Thermik-Aufwind-Prinzip erklären lassen.

**09.08.2003 * * * Immenried, Festival**
Beim Frisbeespielen kommt es dann zu folgender Situation. Sibbi stellt sich auf einen Hügel und wirft das Frisbee in Richtung Saikov, der ungefähr 100 Meter entfernt auf einem anderen Hügel steht. Das Frisbee fliegt planmäßig und rasant in Richtung unseres Schlagzeugers, dreht dann aber kurz vor diesem ab und fliegt tragischerweise in einen vollen Teller asiatischer Nudeln, welcher mitten auf dem Mischpult steht, das für den Sound der Hauptbühne zuständig ist. Die Nudeln, inklusive Soße, verteilt es fein säuberlich auf dem kompletten Mischpult, und der schockierte Tontechniker muss kurz darauf mit ansehen, wie Saikov die Nudeln sorgfältig einzeln mit der Gabel wieder vom Mischpult aufpickt und auf den Teller zurückgabelt. Wir versuchen verzweifelt, uns zu entschuldigen, merken dann aber, dass der Tontechniker nicht mehr wirklich gut auf uns zu sprechen ist und widmen uns reumütig weiter dem Frisbee-Spiel.

Zwei Minuten später fliegt das Frisbee aus Versehen aber schon wieder Richtung Mischpult. Panik kommt in uns auf. Saikov erkennt geistesgegenwärtig die Brisanz der Situation, sprintet los, springt ab und haut das Frisbee mit einem Riesensatz knapp vor dem Mischpult weg. Geschafft! Leider fliegt Saikov durch seinen immensen Schwung aber selbst in den Pavillon, welcher das Mischpult überdacht und reißt diesen mitsamt den asiatischen Nudeln komplett zu Boden. Da besagter Tontechniker zwei Stunden später noch unsere Show mischen muss, beschließen wir kurzerhand, das Frisbee-Spiel erst am nächsten Tag fortzusetzen.

**05.04.2011 * * * Frankfurt, Batschkapp**
Den Nachmittag verbringe ich heute damit, in verstaubten Erinnerungen zu kramen: Als wir das erste Mal 2002 in der Batschkapp gespielt haben, stand ich kurz vor meiner Abiturprüfung. Wir waren damals sechs Tage am Stück auf Tour, haben Sonntagnacht um 23 Uhr in Frankfurt Krach gemacht und am nächsten Morgen um 7:30 Uhr hab ich null Punkte im Mathe-Abitur geschrieben. Wenn man also alles mal aufs Wesentliche runterbricht, hat die Batschkapp mein Leben ruiniert. Schön, wieder hier zu sein.

**10.08.2004 * * * Neustadt, Festival**
Der Veranstalter hat uns am Tag nach der Show netterweise auf einen Segeltörn eingeladen. Mit einem zirka zwanzig Meter langen Zweimaster-Segelschiff aus Holz namens Saeloeer, erbaut im Jahre 1917, schipperten wir aufs offene Meer hinaus. Was für eine Freude. Gefreut haben sich nach kurzer Zeit auch die ortsansässigen Fische, da Saikov dreieinhalb der vier Stunden auf See damit verbrachte, von der Reling zu kotzen.

Kurz vor der Rückkehr in den Hafen denkt sich Sibbi: „Nanu, dieses riesige Frachtschiff aus Metall da vorne kommt unserem kleinen Holzboot aber sehr nahe." Unser Kapitän ist gerade aber komplett in einem Gespräch vertieft und steht nicht mal am Steuer. Auf panisches Zurufen von Sibbi und Panzer reißt er aber dann doch noch – wild fuchtelnd – das Steuer herum. Leider zu spät. Wir rammen mit voller Fahrt den entgegenkommenden Frachter und schrammen laut knarzend aneinander entlang, während jeder auf unserem Holzkahn verzweifelt versucht, sich irgendwo festzuklammern. Saikov hört dafür sogar kurzzeitig mit dem Kotzen auf.

**26.11.2004 * * * Bad Saulgau, Stadtforum**
Nach dieser Hotelerfahrung sind wir noch über den Nikolausmarkt geschlendert, haben einer Vorführung für Abflussreiniger beigewohnt und sind anschließend nach Hause gefahren.

**18.08.2007 * * * Marne, Festival**
7.399.800 Bier später sind wir dann irgendwann im Bett, denn am nächsten Morgen geht es relativ früh raus, weil wir natürlich noch Wattwandern (die Flut macht übrigens einen Meter in fünf Sekunden), Trampolinspringen (Saikov schlägt mehrfache Triplesaltos und vergrault alle anderen Kinder), Crossgolfen (Sibbi hämmert einen Golfball mit 190 km/h durch eine vollbesetzte Cafeteria und verfehlt mehrere Köpfe nur knapp) und Minigolfen (Panzer schmettert aus Versehen einem bärtigen Familienvater einen mittelgroßen Tannenzapfen an den Hinterkopf) wollen.

**19.08.2007 * * * Erfurt, Festival**
Da gleich neben unserem Backstagebereich zwei Ruderboote vor Anker liegen, rudern Saikov und Thimo los, um den von Algen durchzogenen See zu überqueren. Saikov schlägt sich am Ruder nicht so gut, weshalb Thimo nach kurzer Zeit komplett mit grünen Schlieren übersät ist. Einige Minuten später – Saikov steht ▸▸

gerade auf dem Boot und pinkelt über die Reling - stößt Thimo unseren Schlagzeuger aus Versehen mit dem Paddel, worauf sich dieser - noch immer urinierend - umdreht und Thimo über seine algenbepackte Hose pinkelt. Nicht sein Tag heute.

**25.08.2007 * * * Lüdinghausen, Festival**

Die meisten anderen Bands haben ihre Backstage-Container bereits verlassen, was uns auf die Idee bringt, im Container neben dem unseren nachzuschauen, ob da vielleicht noch zurückgelassenes Bier im Kühlschrank steht. Sollte man ja nicht schlecht werden lassen. Saikov begibt sich also in den leeren Backstageraum von „Juliette and the Licks" und findet zwar kein Bier, dafür aber das zurückgelassene Show-Oberteil der weltbekannten Schauspielerin Juliette Lewis. Beim Versuch, lustig zu sein, zwängt er sich das viel zu enge, durchsichtige Netzhemd über seinen nackten Oberkörper und kommt tanzend zurück in unseren Container. Sekunden später sehen wir, wie Frau Lewis mit den Worten: „Guys! Wait! I forgot my dress!", zurück zu ihrem Backstageraum rennt. Wir kriegen gerade noch rechtzeitig die Tür zu...

**28.06.2008 * * * Lochen (A), Festival**

Auf der Fahrt nach Österreich hat sich eine neue Art der Busschlägerei entwickelt. Von nun an ist es nämlich so, dass jeder, wann immer er will, sich selbst eine orangefarbene Rettungsweste nehmen und eine weitere auf einen Kampfgegner seiner Wahl werfen darf. Der Beworfene und man selbst müssen dann so schnell wie möglich versuchen, diese Kleidungsstücke fachgerecht anzuziehen. Sobald der Erste die Weste komplett angezogen hat, darf er auf den anderen eindreschen. Dieser darf sich wiederum so lange nicht wehren, bis auch er die Weste komplett angezogen hat. Probiert es aus, ist klasse!

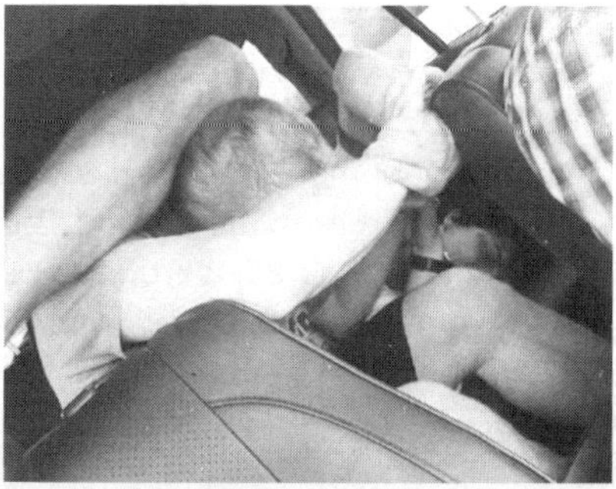

**15.05.2009 * * * Hillesheim, Markthalle**
Wir sind jedoch alle trotz Staus und Bus-Lethargie verhältnismäßig hyperaktiv, was man an der Tatsache merken kann, dass sich Karl, Thimo und Panzer auch nach sieben Stunden Fahrt immer noch mit voller Kraft im Bus prügeln und ständig, wild um sich schlagend, von links nach rechts durch den Bus segeln. Vor einem Jahr waren es noch handelsübliche Faustkämpfe auf den Körper, bei denen maximal mal eine leere 0,33-Liter-Plastikflasche als Drohgebärde erhoben wurde. Heute wird fast ausschließlich mit vollen Eineinhalb-Liter-Glasflaschen und Schuhen ins Gesicht geschlagen. Zeiten ändern sich eben. Panzer und Thimo waren auf Grund dessen diesen Monat schon zweimal beim Optiker, um ihre Brillen wieder gerade biegen zu lassen.

**27.11.2009 * * * Erfurt, Centrum**
Wir führen fünf Minuten lang eine angeregte Diskussion darüber, ob wir eine Dartscheibe hinter dem Fahrersitz in unserem Kleinbus aufhängen sollen, damit uns auf den Fahrten nicht immer so langweilig wird und sind schon kurz vor einer finalen Entscheidung, als uns ein ebenfalls im Stau stehender Lastwagen auffällt, auf dessen Seitenplane in großen Buchstaben die Worte „Dichtungen und Muffendruckprüfung“ stand, was natürlich zur Folge hatte, dass sich mit heruntergelassenen Fenstern ein längeres Gespräch mit dem LKW-Fahrer ergab, und der Typ sich unglaublich darüber freute, dass er endlich mal jemandem erklären durfte, was eine „Muffendruckprüfung“ ist.

**04.03.2009 * * * Stockholm (SWE), Nalen**
Unter anderem schauen wir uns heute die „Vasa“ im gleichnamigen Museum an. Die Vasa ist ein altes Segelschiff aus dem 16. Jahrhundert, das damals direkt auf seiner Jungfernfahrt noch während der Hafenausfahrt abgesoffen war. Das muss man sich mal vorstellen: Da bastelt man ewig lange an so einem Projekt, und dann läuft das Ding irgendwann endlich mit wehenden Fahnen aus dem Hafen und säuft nach ein paar hundert Metern ab. Das ist wie mit unseren Platten.

**04.08.2011 * * * Lustenau (AT), Festival**
Wir machen die altbewährten Dehnübungen vor der Show, welche daraus bestehen, den rechten Arm nach vorne zu strecken, um eine dort stationierte Jägermeisterflasche aufzunehmen, diese mit Schmackes an seinen Mund heranzuführen und sie nach dem Leeren des Inhalts mit Wucht in irgendeine Ecke zu schleudern.

**16.02.2012 * * * Leeds (UK), Cockpit**
Man muss echt sagen, dass so gut wie alle englischen Städte sehr schön anzusehen sind. Außerdem muss man sagen, dass man in jeder englischen Stadt mindestens einmal pro Tag einen rothaarigen Menschen mit Sommersprossen und schlechten Zähnen sieht.

**14.03.2012 * * * Bochum, Matrix**
Da der Club noch nicht geöffnet ist, latsche ich in den Supermarkt nebenan und kaufe mir ein Buttercroissant. Als ich wieder herauskomme, sehe ich eine Gruppe von Leuten vor einem Hähnchen-Wagen herumstehen und heftig diskutieren. Zwei Bauarbeiter mit Kippen im Mund, ein Rentner mit Bierflasche in der Hand und ein wild gestikulierender Obdachloser in blauer Jogginghose und fettigen Haaren. Erst beim zweiten Hinsehen fällt mir auf, dass letzterer Sibbi ist.

**26.05.2012 * * * Ulm, Festival**
Sibbi verbringt einen Großteil des Tages damit, an seinem Sound zu feilen.

**09.08.2013 * * * Oberhausen, Festival**
Übrigens macht Stuhlgang im Damenklo immer viel mehr Spaß, weil man dann endlich mal den ganzen Wir-gehen-zu-zweit-aufs-Klo-Damenklo-Gesprächen zuhören kann. Ich hab an diesem Wochenende zum Beispiel erfahren, dass die neue Pille von (Marke vergessen) viel weniger depressiv macht als die alte, dafür aber mehr Pickel verursacht. Außerdem nervt Tim (?!) mit seinen Anmachsprüchen gewaltig. Was auch noch schlimm zu sein scheint, sind Hotpants mit zu engem Schritt. Echt interessant. Was ich allerdings am häufigsten gehört habe ist: „Boah, was stinkt hier so?!“... Ähem...

## 18.10.2013 * * * Chur (CH), Selig

Chur liegt in den Bergen, und weil wir Berge lieben, setzen wir dem Ganzen noch die Krone auf und fahren direkt nach der Ankunft mit zwei Seilbahnen NOCH weiter auf die Berge. Was sind wir krass. Die Aussicht ist wundervoll und eine sehr gern gesehene Alternative zum Backstageraum im Keller des Clubs.

Die Infrastruktur dieses Konzerttags könnte übrigens nicht besser sein. 70 Meter neben dem Club die Seilbahn, 10 Meter neben dem Club das Hotel, jeweils 5 Meter gegenüber vom Club ein Stripclub sowie ein Puff. Somit wären alle lebensnotwendigen Örtlichkeiten eines Rockmusikers in weniger als einer Minute zu erreichen.

## 23.12.2013 * * * Ulm, Roxy

Wie immer in Ulm oder Stuttgart, sind heute unsere kompletten Familien anwesend, was dazu führt, dass man immer aufpassen muss, was man auf der Bühne sagt, sonst gibt es unterm Weihnachtsbaum am Tag darauf wieder endlose Moral-Diskussionen. Max' Mutter begrüßt erst Panzer mit: „Hey, Bohnenstange", um dann zu ihrem Sohn zu sagen: „Also mit der Frisur siehst du aus wie Hitler. Und was hast Du überhaupt an?" – Die ersten Worte meiner Eltern heute sind: „Wo ist Catering?"

## KAPITEL 3.18. >>> Feiern nach der Show

Man kann es schönreden so sehr man will, aber das ausgiebige Feiern nach Konzerten ist und bleibt nun mal ein elementarer Bestandteil einer gelungenen Tournee und ist unabkömmlich, um eine intellektuell minderbegabte Reisegruppe voller dumpfbackiger Musiker bei Laune zu halten.

Bei manchen Bands hat man mitunter sogar den Eindruck, dass das Feiern nach der Show mittlerweile der eigentliche Hauptbestandteil einer Konzertreise ist und der Auftritt an sich immer mehr nur noch als lästige Unterbrechung des Biertrinkens gesehen wird.

Vor dieser Entwicklung warnen wir ausdrücklich. Das Feiern nach der Show darf in puncto Wichtigkeit maximal den gleichen Stellenwert haben wie das Konzert selbst.

Hin und wieder hinterlassen die nächtlichen Feierlichkeiten am nächsten Morgen ein leichtes Unwohlsein im mittleren Magenbereich. Lässt dieses Unwohlbefinden im Laufe des Nachmittags nicht freiwillig nach, sollte man unbedingt zielstrebig dagegen ankämpfen, um für das anstehende Konzert am Abend wieder fit zu sein. Erfahrungsgemäß hilft ein liebevoll nacheinander eingenommener Mix aus Kürbissuppe, Ibuprofentabletten, Ingwertee, Wassermelone, Coca Cola und schwäbischem Kartoffelsalat mit kleinen Zwiebeln am besten, um wieder auf die Beine zu kommen. Wenn dadurch aber keine Besserung eintreten sollte, unbedingt sofort wieder ein Bier öffnen.

**Merke:** Nüchtern ein Konzert zu spielen ist sicherlich immer am besten für alle Beteiligten. Jeder einzelne Tontechniker dieser Welt kann euch diese Tatsache bestätigen. Um einen eventuell derben Kater des Vorabends zu vertreiben, ist es allerdings absolut legitim, erneut gegen den Kater anzutrinken und es dafür in Kauf zu nehmen, leicht angetrunken auf die Bühne zu gehen, in völligem Bewusstsein über die garantiert auftretenden spieltechnischen Schwierigkeiten. Immerhin hat man dadurch noch eine Restchance darauf, dass das vorhandene Publikum betrunkener ist als man selbst und man somit nicht weiter unangenehm auffällt.

Bei Feierlichkeiten nach den Konzerten ist es weiterhin sehr wichtig, die lokal anwesende Klientel in die Partyvorgänge zu integrieren, um für Abwechslung und Unterhaltung zu sorgen.

**14.11.2003 * * * Weilheim, Rocknacht**
Sibbi und Thimo haben ein nettes 23 Jahre altes Mädchen kennengelernt, das zuerst Thimo anzünden wollte und danach Sibbi sein komplettes Bier über den Kopf schüttete.

**14.06.2003 * * * Gingen, Open Air**
Später in der Nacht haben sich noch zwei Mädels aufs Derbste geprügelt und die Stimmung war am Überkochen. Eines der Mädchen wird irgendwann weggetragen und das andere frenetisch von der Masse gefeiert. Irgendwie komisch hier.

**22.05.2004 * * * Körperich, Festival**
Interessant ist es, zu sehen, wie viel alle Menschen hier in der Eifel saufen können. Noch interessanter ist, wie sie sich dennoch alle nach dem Konzert in ihr Auto setzen und nach Hause fahren.

**18.10.2005 * * * Zittau, Emil**
Später schaffen es Panzer und Saikov am DJ-Pult in nur zehn Minuten, die komplette Aftershow-Party zu leeren und damit auch zu beenden. Anscheinend stehen sie mit der Meinung „es ist lustig, die Asterix-Titelmelodie zehn Mal hintereinander auf Repeat laufen zu lassen“ relativ exklusiv da. Der Veranstalter ist danach auch ziemlich sauer und rechnet uns schnaubend vor, wie viel weniger Einnahmen er nun hat.

**06.05.2005 * * * Magdeburg, Gröninger Bad**
Höhepunkt des Abends ist, als die Clubbesitzerin während(!!!) des Konzertes(!!!) der Vorband in unseren Backstageraum kommt und schreit, wir seien zu laut und sollten doch gefälligst „mal das Maul halten“!

**28.01.2005 * * * Reichenbach, Die Halle**
Zum Abschluss des Abends wird Panzer vom Veranstalter noch mit einer Luftpumpe Schnupftabak ins Gehirn geblasen. Danach fahren wir heim.

**01.12.2006 * * * Solothurn (CH), Kofmehl**
Saikov und Panzer haben nachts dann noch das ein oder andere Gläschen gehoben, FIFA 2006 auf der Playstation angeworfen und, weil sie zu besoffen waren, um selbst zu spielen, ließen sie zwei Computermannschaften gegeneinander antreten und wetteten jeweils zwei Euro auf Sieg.

**24.10.2006 * * * Hamburg, Knust**

Jedenfalls sind wir irgendwann in so 'ner seltsamen Bar mit Bühne, auf der gerade irgendwelche schwarzen Bluesgötter diverse Instrumente malträtieren. Scheiße, sind die gut! Das kann uns dann aber trotzdem nicht davon abhalten, denen die Instrumente abzuschwatzen. Das Letzte, woran ich mich erinnern kann, ist, dass ich irgendwann auch noch auf der Bühne stehe und kurz danach der ganze Laden leer ist.

**04.08.2007 * * * Lustenau (A), Szene Open Air**

Da fällt mir gerade ein, dass wir in einem Hotel mal nachts von Balkon zu Balkon geklettert sind und alle zahlreich vorhandenen Plastikbalkonstühle auf umliegende Bäume geworfen haben. Am nächsten Morgen hingen die dann wie Äpfel in den Baumkronen. Eigentlich ist das gar nicht so cool und ich bin auch nicht stolz darauf, aber in dem Moment war das echt sehr lustig. Ich schwör's.

**Habt ihr irgendwann schon einmal ein Hotelzimmer zerlegt?**

Sibbi: Leider sind ja in letzter Zeit die meisten Bildschirme so richtig fest an die Wand geschraubt. Komischer Brauch eigentlich. Wir haben mal nachts einen Blumenkasten aus dem dritten Stock in einen Bach geworfen. Leider stellte sich heraus, dass der Bach nur fünf Zentimeter tief war, sodass der Blumenkasten dann einfach am nächsten Tag vor dem Hotel rum lag …

Panzer: … und wir dann von der Hoteldirektion gezwungen wurden, völlig uncool die einzelnen Tonscherben wieder aus dem „Bach" zu fischen. Ich kann mir nicht vorstellen, dass „Guns'n'Roses" am Morgen danach auch immer die Fernseheréinzelteile wieder eingesammelt haben.

**08.12.2007 * * * Potsdam, Schinkelhalle**

Saikov und Thimo fangen irgendwann an, auf der Aftershowparty Breakdance auf der Bühne neben dem DJ-Pult zu tanzen, wobei Ersterer sich aus Versehen selbst von der Bühne katapultiert und sich der Zweite bei einem Move fast den eigenen Unterkiefer und den Laptop des DJs zertrümmert.

**27.10.2007 * * * Walferdange (Lux), Sandkaul**

Irgendwann nachts ist Max in einer Kneipe so besoffen, dass er, um Zeit zu sparen, einfach alle Schnapsgläser der an den Tisch kommenden Bedienung umwirft und den Alkohol direkt vom Tablett säuft.

**29.10.2007 * * * Köln, Prime Club**

Ich kann mich noch erinnern, dass ich in irgendeiner Kneipe gegen zwei Mädchen Darts gespielt habe und die eine der beiden hat so unglaublich gut geworfen und lag auch ständig in Führung, dass ich mich fast schon geschämt habe. Und dann, ganz zum Schluss, als sie die Chance zum Ausmachen hatte, lief sie ganz nahe an die Scheibe heran, kniff die Augen zusammen, suchte das Sechzehner-Feld, das sie treffen musste, sagte: „Weißte, ich bin sehr stark kurzsichtig", ging zurück, warf, traf die Sechzehn und ging zurück zur Bar.

**05.09.2009 * * * Wiesen (A), Festival**

Max hatte aufgrund des Alkoholpegels schon seit geraumer Zeit starke Gleichgewichtsprobleme. Auf dem Weg zum Bus fing er dann auch noch aus irgendeinem Grund damit an, Menschen mit Gegenständen zu verwechseln, was dazu führte, dass er zuerst zwei Müllsäcken den Satz: „Habt ihr was zu essen für mich?", an den Kopf warf und danach ein Motorrad fragte: „Hee, hast du ein Käsebrot?" Nachdem Max verstaut war, sind wir irgendwann ins Hotel gegangen und haben dort mit dem englischen Gitarristen der Metalband Dragonforce bei unfassbar gutem Dosenbier unfassbar witzige Gespräche geführt. Unter anderem hat er, aus seiner Sicht als Songwriter für Dragonforce, erklärt, wie er die Texte für seine Band schreibt. Sehr schwierig, das jetzt hier wiederzugeben, aber im Großen und Ganzen geht es eigentlich nur darum, die Schlagworte „glory", „forever", „through the night", „steel", „power" und natürlich „dragon" in einer Endlosschleife aneinander zu reihen und jedes Wort ziemlich langgezogen mit extrem viel Vibrato in den Refrain einzubauen. Ich kann mich nicht mehr erinnern, wann ich das letzte Mal in meinem Leben so viel gelacht habe, aber es war echt wundervoll, ihm zuzuhören. Abschließend sind wir nach einer halbstündigen, sehr angeregten Diskussion über Einhörner ziemlich zufrieden eingeschlafen.

**07.08.2009 * * * Rothenburg, Festival**

Mittlerweile wird man in den Kreisen dieser Band ja schon als Pfeife abgestempelt, wenn man nach Konzerten, die anschließende Aftershow-Feierei mal vor drei Uhr nachts verlässt und sich ins Bett begibt, um am nächsten Tag nicht völlig durchzuhängen. Sibbi hat mich kurz vor meinem Verschwinden erst minutenlang beleidigt, mich dann aufs derbste ausgelacht und mir anschließend, kurz bevor ich ins Shuttle zum Hotel stieg, noch ein Glas Milch in die Hand gedrückt, um seiner abgrundtiefen Verachtung über meine Langweiligkeit Ausdruck zu verleihen.

**24.07.2009 * * * Herrenberg, Festival**

Irgendwann um neun Uhr morgens sind die beiden dann auf dem Weg zum Hotel, deutlich alkoholisiert, noch an einem Flohmarkt vorbeigekommen und haben ein Oscar-Trophäen-Imitat (!) und zwei Tennisschläger (!!) inklusive Ball für acht Euro gekauft. Ganz stolz und mit einem glücklichen Glänzen in den Augen haben sie später berichtet, dass sie den Flohmarktverkäufer fachmännisch um ganze zwei Euro heruntergehandelt haben. Super Jungs. Klasse. Das anschließende Tennismatch, mitten auf der Herrenberger Hauptstraße, war nach eigenen Angaben aber anscheinend nicht übertragungswürdig.

**28.11.2009 * * * Magdeburg, Sackfabrik**

Max ist gestern zu sehr später Nachtzeit in einer Schwulen- und Lesbendisko eingeschlafen, hat sich im Schlaf den Drink über die Hose geschüttet und war danach, sich zu Tode schämend, fest davon überzeugt, er hätte sich angepinkelt. Natürlich haben wir ihn in dem Glauben gelassen.

**30.11.2009 * * * Reutlingen, Franz K**

Der Sänger unserer spanischen Vorband hat gestern nach der gemeinsamen Aftershowparty irgendwie aus Versehen seinem Schlagzeuger ans Bein gepinkelt und nachdem dieser ihn daraufhin leicht schubste, brach er in einen Weinkrampf aus, hat sich allein in eine Ecke gesetzt und war während der nächsten eineinhalb Stunden nicht mehr zu beruhigen.

**01.07.2009 * * * Maribor (SLO), Festival**

Ich für meinen Teil habe erst morgens um sechs Uhr auf der Aftershowparty in einer slowenischen Kirche, während ich gerade zum „Bonanza“-Soundtrack getanzt habe, festgestellt, dass alle meine Freunde irgendwie schon längst ohne mich abgehauen sind und mich einfach in der Kirche vergessen haben. Dumme Arschlöcher. Der Bassist der Vorband gibt mir dann mit seinen Aufmunterungssprüchen á la „They are your best friends. They must be here somewhere“ oder „I'm sure they would never leave without you“ dann noch den Rest.

**03.06.2009 * * * Nürburgring, Festival**
Ursprünglich denken alle Anwesenden, dass es eine super Idee sei, in unserem 3 × 3 Meter großen Backstageraum eine komplette Disko aufzubauen mit Lichtanlage (!), Stroboskop (!!), Nebelmaschine (!!!) und Laser (!!!!).
Am Ende der Nacht merken wir aber, dass stundenlanges Laser-Tanzen auf engstem Raum gigantische epileptische Anfälle mit sich bringen kann, weil so ein menschliches Auge einfach nicht dafür geeignet ist, diesem grünen Monster-Laser aus 60 cm Entfernung in die Linse zu glotzen. Nachts um fünf Uhr im Hotel tränen meine Augen jedenfalls noch immer.

**08.10.2010 * * * Duisburg, Festival**
Nachts entkommen wir nur knapp einer Schlägerei, nachdem unser Mischer Thimo eine fremde Feiergemeinschaft aus Versehen in ohrenbetäubender Lautstärke beim Vorbeigehen angerülpst hatte. Der aggressive „Anführer“ der fremden Feiergemeinschaft bedroht die Mitglieder unserer Reisegruppe daraufhin zuerst energisch und mit gehörigem Gewaltpotential, fängt dann aber glücklicherweise wie aus heiterem Himmel an, hemmungslos zu weinen.

**13.02.2010 * * * Dublin (IRL), Academy**
Irgendwann viel später ziehen wir in den nächsten Laden, werfen insgesamt nach und nach 5 Euro in eine Jukebox, bis wir merken, dass ein DJ auflegt und die Jukebox heute gar nicht in Betrieb ist. Als sich dann noch zwei irische Mädchen gegenseitig die Zähne aus dem Gesicht prügeln, brechen wir zielstrebig in Richtung Hotel auf.

**17.07.2010 * * * Schloss Holte, Festival**
Nach folgendem Dialog:
Sibbi: „Max, hast du auch noch Hunger?“
Max: „Von?“
Sibbi: „Hä, was? Ich wollte fragen, ob du mitkommst, um was zu essen zu holen?“
Max: „Ja, dann geh halt!“
merken wir, dass es besser wäre, sich auf den Weg ins Hotel zu machen.

**28.05.2010 * * * Darmstadt, Festival**
Als ich mich dann viel später, nach einer durchaus amüsanten Aftershowparty, in unser relativ nobles Hotel begebe, erwartet ▸▸

mich nach dem Öffnen meiner Zimmertüre eine graue Gummiwand (!), die das komplette Zimmer ausfüllt. Die Szenerie sieht ungefähr so aus:

Das ist natürlich etwas, mit dem man in erster Linie nicht rechnet und auf das man, in zweiter Linie, auch keinen Bock hat, weil man morgens um fünf Uhr eigentlich nur noch ins Bett fallen möchte und absolut keine Lust verspürt, irgendwelche skurrilen, aufblasbaren und monströs großen Gegenstände aus seinem Hotelzimmer zu zerren.

Zur Erklärung kann ich kurz anbringen, dass Saikov, Thimo und Chrissy es irgendwie geschafft hatten, einen 4 × 4 (!) Meter großen, selbst aufblasbaren Steinkrug (!), der auf dem Festivalgelände vor dem Hotel gestanden hatte, ungesehen in unser Zimmer zu schleppen, dort den Motor an die Steckdose anzuschließen und dann unter minutenlang andauernden Lachanfällen zuzuschauen, wie sich dieser Steinkrug im Zimmer von alleine wieder aufbläst und den kompletten Raum ausfüllt. Ich brauchte ganze 20 Minuten (!), bis ich das Riesending alleine endlich aus dem Zimmer entfernt hatte. Zuerst musste ich herausfinden, was zur Hölle überhaupt los war, dann musste ich mich zwischen dem aufblasbaren Ungetüm und dem Flachbildfernseher an der Wand vorbei zum Luftdruckgenerator durchquetschen, dort den Stecker ziehen und schließlich durch ausufernde Hüpfbewegungen die Luft aus dem Steinkrug bekommen. Ich verneige mich hiermit nochmals vor allen Beteiligten für eine der besten nächtlichen Aktionen, die in neun Jahren Bandgeschichte auf die Beine gestellt wurden. Für so etwas opfert man sehr gerne seinen Schlaf.

**28.08.2010 * * * Lichteneck, Festival**

Irgendwann räumen wir dann die Party, um ins Hotel zu fahren. Achim und Max werfen uns daraufhin den altbekannten Dauerbrenner „Es wäre das ALLERDÜMMSTE jetzt zu gehen" an den Kopf und sind ▸▸

sich wie immer sicher, dass auf der Party heute noch unglaublich tolle Sachen passieren werden. Am Morgen danach erzählen sie uns, dass natürlich gar nichts Spannendes mehr passiert ist, es total langweilig war, sie dann nach Hause laufen mussten, zwei Stunden (!) lang das Hotel nicht gefunden haben, daraufhin mit der Polizei (!!) in Kontakt kamen und von denen (!!!) dann pünktlich um halb zehn Uhr (!!!!) am Hotel abgeliefert wurden. Als Max im Anschluss taumelnd den Frühstücksraum entert und die Frage „Tee oder Kaffe?" der Hoteldame lallend mit „Äääh… ham sie auch schon 'n Bier?" beantwortet, ist dann auch das finale Sahnehäubchen gesetzt.

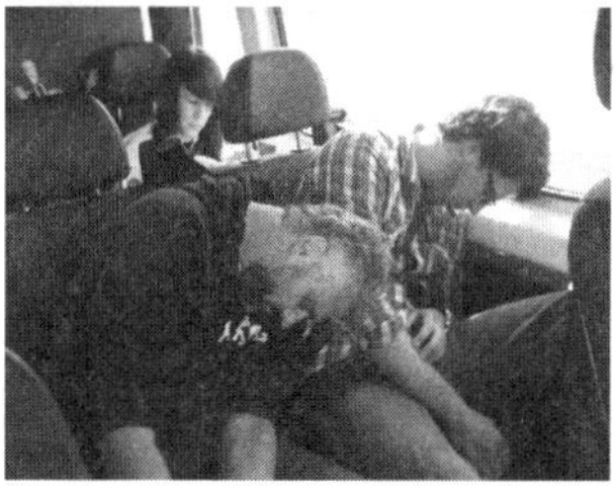

**13.04.2011 * * * München, Feierwerk**

Nach der Show verziehen wir uns in den riesigen Backstagebereich und feiern mit allen Freunden noch teilweise bis halb sieben Uhr morgens. Auch die Tatsache, dass ich irgendwann im Verlauf der Nacht stundenlang einen BH der Größe 80B trage, spricht nicht unbedingt für das hohe Niveau der heutigen Feiergesellschaft.

**19.05.2011 * * * München, BMW Museum**
Nach der Show werden wir von zwei extrem luxuriösen BMW-Limousinen in die Stadt gefahren, und während wir uns fragen, ob das eigentlich noch Punkrock ist, erinnern wir uns an den alten Piratenkodex („Nimm, was du kriegen kannst, und gib nichts davon zurück") und fahren mit erhobenen Fäusten aus den Fenstern, singend und trinkend Richtung Bar.

**16.02.2012 * * * Leeds (UK)**
Nach der Show schnorre ich noch selbstgemixten Alkohol von einer nur spärlich mit Zähnen ausgestatteten jungen Dame, während Neil von Attack!Attack! dem Clubbesitzer, der sie übers Ohr hauen wollte, Vodka direkt aus dem Büro klaut und wir fahren somit gut besoffen den restlichen Weg ins Hotel.

**26.05.2012 * * * Ulm, Festival**
Irgendwann tief in der Nacht – ich stehe gerade vor dem Club und warte auf ein Taxi ins Hotel – fällt plötzlich unser Schlagzeuger Max rotzevoll aus dem Club und stürzt auf den Gehweg. Der sichtlich genervte Türsteher sagt daraufhin die Worte „Ach komm schon Max, ich bitte Dich, nicht schon wieder. Geh doch einfach heim jetzt. Immer das Gleiche, echt." Der freundliche griechische Taxifahrer, der mich Richtung Hotel bringt, erzählt mir dann folgende Geschichte: „Ach, die Familie sind nicht mehr das was war. Wenn man Beispiel in Supermarket geht und da steht Eltern und da steht Kind, ist alles anders." Ich denke kurz darüber nach, verstehe es nicht ganz, frage nach, darauf er „Ach, ich kann in zwei Minuten nicht erklären... Scheiße, jetzt ich bin an Hotel vorbeigefahren." Er dreht also um, und beim Versuch, sein „Familienproblem" nochmal zu erläutern, fährt er tatsächlich zum zweiten Mal am Hotel vorbei. Gute Nacht.

**01.09.2012 * * * Konstanz, Festival**
Auch denkwürdig ist, dass sich unser Trommler Max mitten in der Nacht, in nicht mehr ganz nüchternem Zustand, von Jupiter-Jones-Sänger Nicholas dazu überreden lässt, sich von ihm in unserem Backstagezelt tätowieren zu lassen. Klingt alles schon recht verwegen, aber wenn man dann bedenkt, dass der Jupiter-Jones-Sänger erst vorgestern (!) eine Tätowiermaschine mit Tinte, Ersatznadeln und Drum und Dran für nur 60 Euro (!!) bei Ebay (!!!) gekauft hat und gestern Nachmittag zum allerersten Mal überhaupt (!!!!) etwas tätowiert hat, setzt das einem endgültig die Assi-Krone auf. Klappt aber kurioserweise alles echt hervorragend. Hygienisch ▸▸

ist wahrscheinlich nicht alles einwandfrei, aber in Sachen Streetcredibility kriegen beide heute zehn Punkte. Herzlichen Glückwunsch.

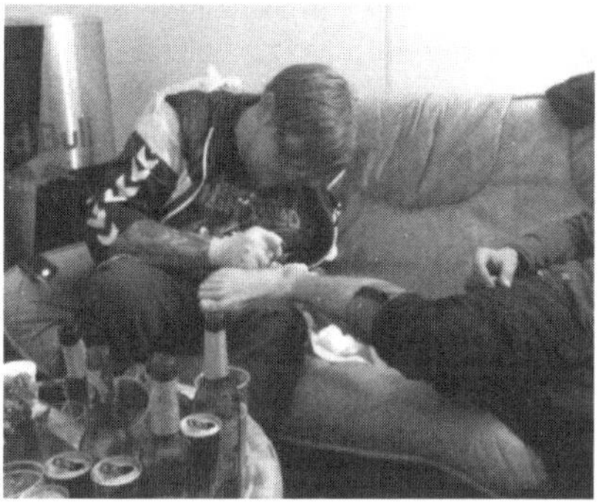

Als wir irgendwann in einem kleinen Dorf an unserem Hotel ankommen, vernehmen wir dort überraschenderweise extrem laute Volksmusik, die aus einer Scheune zu kommen scheint. Ohne auch nur darüber zu diskutieren, ob wir da vielleicht noch hingehen sollten, lassen wir die Taschen im Auto und begeben uns umgehend auf den Weg zur Partyscheune. Wie sich kurze Zeit später herausstellt, handelt es sich um eine Geburtstagsfeier zum Fünfzigsten, die gleichzeitig eine Trachten-Motto-Party ist, auf der alle Männer Lederhosen und alle Frauen Dirndl tragen. Volltreffer! Genau unser Ding! Klamottentechnisch können wir zwar nicht ganz mithalten, aber nachdem uns mitgeteilt wird, dass es sich um eine „geschlossene Gesellschaft" handelt, wird immer klarer, dass wir dort unbedingt reinmüssen. Ich weiß nicht wie es geklappt hat, aber zehn Minuten später stehen wir an der Bar und sind zeitweise ungewollter Mittelpunkt der Party.

**16.02.2013 * * ***
**Lafnitz (AT), Festival**

Nach der Show beobachten wir das Partytreiben der Festival-Besucher und dekorieren stundenlang einen ausgewählten jungen Mann auf ganz besonders schöne und aufwändige Weise. Danke fürs Stillhalten.

**14.03.2013 * * * Bremen**
Wir spielen heute auch 'ne echt gute Show, wie ich finde, und alle scheinen happy zu sein. Happy bin auch ich danach, weil ich meine Cuba-Libre-Mischung sehr, sehr gut hinbekomme. Ist nämlich gar nicht so einfach. Zu viel Cola: zu süß. Zu viel Rum: zu voll. Zu viel Limette: zu sauer. Zu wenig Eis: zu warm. Zu viel Eis: kein Platz für Rum. Und so weiter. Ihr kennt das ja.

**14.12.2013 * * * Kiel, Orange Club**
Als Max am nächsten Morgen mit dreckiger und kaputter Hose aufwacht, erklärt er es wie folgt: „Ich bin ins Hotel gelaufen, dann ging mein Handy aus und ich wusste nicht mehr, wo ich hin muss und wo ich hergekommen war. Also habe ich mich einfach auf die Straße gesetzt und geweint."

**31.05.2014 * * * Kronach, Festival**
Sibbi hingegen läuft die halbe Nacht mit einer selbstgemischten Rumflasche in der Hand herum, bis er von selbiger Blasen am rechten Daumen und Zeigefinger bekommt. Das muss man irgendwie auch erstmal hinkriegen.

## KAPITEL 3.19. >>> Autos, Busse, Staus – Verkehrsgeschichten

Habt ihr es gehasst, wenn ihr früher mit euren Eltern im Auto in den Urlaub gefahren seid und schon nach kurzer Zeit, aufgrund einer Vollsperrung auf der Autobahn, im ersten Stau standet?

Wurde euch immer schlecht, wenn ihr beim Autofahren hinten sitzen musstet?

Hattet ihr Todesängste, wenn euer Vater zum Überholen angesetzt hat, obwohl man schon sah, dass ein Auto rasend schnell entgegen kommt?

Habt ihr euch nach einer langen Autofahrt im Sommer und der daraus resultierenden brütenden Hitze im Auto immer gefühlt wie frisch aus dem Arsch gezogen?

Wurdet ihr im Gegenzug bei der Benutzung einer Klimaanlage im Auto immer krank?

Solltet ihr auch nur eine dieser Fragen mit „Ja" beantworten können, gründet auf keinen Fall eine Band. Oder steigt gleich in eine weltbekannte Band ein, die mit dem Flugzeug auf Konzerte reist. Denn all die oben genannten Probleme werden Euch ab dem ersten Konzert für immer begleiten.

**20.07.2003 * * * Karlsruhe, Das Fest**

Plötzlich fängt es an, unserem Bandbus sehr, sehr schlecht zu gehen. Als erstes geht er aus, und dann geht er nicht mehr an. Nach ein paar Minuten aber Gott sei Dank doch wieder. Danach fangen aber plötzlich alle Nadeln im Armaturenbrett an, sich wie wild zu drehen und zu hüpfen. Anschließend gehen alle möglichen Lichter im Bus an und aus, während das normale Licht draußen am Bus immer dunkler wird. Hat man im Innenraum die Lüftung betätigt, was aufgrund des heutigen Tages, dem heißesten seit vielen Jahrzehnten in Deutschland, eigentlich bitter nötig gewesen wäre, geht draußen am Bus das Licht komplett aus und man sieht nichts mehr, bei 130 km/h auf der Autobahn.

**25.07.2003 * * * Wilferdingen, Festival**

Überall Stau. Nach Stunden ohne Fortbewegung entscheiden wir uns, über irgendwelche Landstraßen weiterzukommen. Plötzlich, in irgendeinem Waldstück, fällt dem Saitenvirtuosen Sibbi die zunehmende Anzahl von Menschen an der Seite der Straße auf. Als diese Menschenmengen dann immer noch mehr werden und sie den vorbeifahrenden Sibbi außerdem mit Kameras filmen, ist klar, dass da irgendetwas nicht stimmen kann. Blicke vor und hinter sein Auto machen deutlich, dass sich Sibbi mitten in einer Oldtimer-Rallye befindet, wo er offensichtlich nichts zu suchen hat. Vor ihm fährt ein Mercedes 300 SL und hinter ihm ein Bugatti.

**10.08.2004 * * * Neustadt, Festival**

Plötzlich sehen wir fünf ausgewachsene Rennpferde und einen großhörnigen Ziegenbock, die direkt vor uns die Straße entlang galoppieren... genau in Richtung vieler entgegenkommender Autos. Eine Person, die sich um die Herde kümmert, suchen wir vergebens. Die Tiere sind aber wirklich sehr gut drauf für die frühe Uhrzeit, das muss man ihnen lassen. Etwas eingeschüchtert und irritiert fahren wir hinter ihnen her und sind heilfroh, dass der ganze Haufen 300 Meter später geschlossen, angeführt vom großhörnigen Ziegenbock, in den Innenhof einer Metallverarbeitungsfirma einbiegt. Unglaublich... die sind also gar nirgends ausgebüxt, sondern einfach nur auf dem Weg zur Arbeit.

**10.03.2005 * * * Zürich (CH), Abart**

Wir waren heute sehr dankbar, dass uns Sibbis Vater seinen neuen und schnellen Audi A4 ausgeliehen hat, da wir sonst nicht rechtzeitig zum Konzert gekommen wären. Panzer hat seine Dankbarkeit dadurch ausgedrückt, dass er auf der Heimfahrt bei voller Geschwindigkeit aus dem Fenster kotzen wollte, dabei aber vergaß, die Scheibe runterzukurbeln.

**04.02.2006 * * * Müstair (CH), Festival**

Unsere Vorband hat dann mitten im Nirgendwo, auf einer steilen Passstraße hinauf zum Ofenpass, einen Motorschaden und ruft daraufhin den Pannendienst an. Hier die Kommunikation:
Band: „Hallo, wir haben eine Panne, wir stehen auf dem Ofenpass."
Pannendienst: „Was? Wo??? Auf dem Ofenpass??? Also... Sorry... da müsst ihr selbst mit klarkommen..." Klick! (aufgelegt)

**14.06.2007 * * * Reutlingen, Nepomuk**

Seit zwei Wochen dasselbe Bild: Wir sind nonstop am Schwitzen, aufgrund der unsäglichen Hitze. Im Bett, im Bus, im Backstageraum, auf der Bühne und so weiter. Aber hey, wir beklagen uns nicht! Nein, es könnte durchaus schlimmer kommen. Zum Beispiel könnte auf der nächsten Fahrtstrecke ein ewig langer Stau sein oder gar ein Reifen platzen. Wir fahren heute also völlig verschwitzt von Köln nach Reutlingen und was passiert?! Erst zwölf Staus inklusive Vollsperrung dann... rechter Vorderreifen geplatzt.

**12.07.2008 * * * Moosburg, Festival**

Highlight der Fahrt ist, als 100 Meter vor uns auf der Autobahn plötzlich ein Auto bei Tempo 130 links in die Leitplanke kracht. Eigentlich ja total schlimm so etwas, und wir können auch gerade noch so halten hinter dem Auto, welches da nun also verbeult in der Leitplanke steckt. Plötzlich legt der Fahrer aber den Rückwärtsgang ein, setzt zwei Meter zurück, winkt uns, als würde er sagen wollen „Danke fürs Reinlassen" und fährt weiter. Super Typ!

**16.08.2008 * * * Salzburg (A), Festival**

Das Frequency Festival ist eines der größten Festivals in ganz Österreich und befindet sich auf dem Salzburgring. Das ist die Formel-1-Strecke, und weil das dort so riesengroß ist, sind wir erst mal durch drei falsche Eingänge gefahren, um erfolglos den Artist Check-In zu finden, und weitere vier falsche Abbiegungen später stehen wir dann mit unseren drei hässlichen Fahrzeugen mitten ▸▸

auf dem riesigen Platz genau vor der Hauptbühne. Wir durchqueren nach einigen Umrundungen des Mischpultturms die Boxengasse und fahren darauf dann mit Vollgas in falscher Fahrtrichtung die Formel-1-Strecke entlang. Erst später erzählt man uns, dass uns die Veranstalter und Techniker der Bühnen die ganze Zeit zugeschaut hatten und sich per Funk darüber vor Lachen fast angeschissen haben, wie man mit solch positiven Enthusiasmus viermal am Artist-Check-In vorbeifahren kann.

**16.09.2009 * * * Caputh, Festival**

Wir sind wirklich von einem Stau in den nächsten gefahren. Teilweise sind Saikov, Karl und ich hunderte von Meter auf der Autobahn neben dem Bus hergelaufen und haben am Straßenrand Blumen gepflückt. Uns war sogar teilweise so langweilig, dass wir die orangen Markierungshüte, die auf der Autobahn stehen, eingesammelt, einige Kilometer als Beifahrer im Bus mitgenommen, und dann an anderer Stelle wieder in Reih' und Glied aufgestellt haben.

**18.12.2009 * * * Kiel, Pumpe**

Die ewig lange Fahrt nach Kiel war wieder mal extrem spannend und wir haben äußerst tiefgründige Gespräche geführt:
„Guck mal... der Elbtunnel!"
„Mhm."

**24.09.2009 * * * Leeds (UK), Rios**

Unser Tourmanager und Fahrer Robbie hat uns dann direkt am Flughafen abgeholt, und auch wenn wir wegen seinem krassen englischen Akzent auf der einstündigen Fahrt exakt kein einziges Wort, das er sagte verstanden haben, konnte man dennoch raushören, dass er ein supernetter Kerl ist.

**26.09.2009 * * * Redhill (UK), Harlequin Theatre**

Während ich so neben unserem Busfahrer und Tourmanager Robbie auf dem Beifahrersitz sitze, wundere ich mich sehr darüber, dass der Typ immer unverhofft und völlig unbegründet langsamer wird und dann anschließend wieder sinnlos Vollgas gibt. Nach einer halben Stunde (!!) erzählt er mir dann, dass in dem roten Auto neben uns ein total hübsches Mädchen sitzt und er gerade ich-überhol-dich und du-überholst-mich mit ihr spielt. Ich hab mir das dann noch kurz angeschaut, festgestellt, dass Robbie der Einzige der beiden ist, der bewusst an dem Spiel teilnimmt, und mich daraufhin schlafen gelegt.

**29.08.2009 * * * Wirges, Festival**

Es ist schätzungsweise kein gutes Zeichen, wenn der vollbeladene Bus hinten einen halben Meter tiefer liegt als der vordere Teil, und da wir 'ne Band sind, die mindestens einmal im Jahr an ihre eigene Sicherheit denkt, sind wir umgehend zu einer Tankstelle gefahren, da ja völlig klar war, dass die hinteren Reifen einfach zu wenig Luft haben. Dort angekommen, haben wir dann mit Hilfe das Luftdruck-Gerätes festgestellt, dass in den hinteren Reifen aber bereits zu viel (!!) Luft drin ist, mussten uns eingestehen, dass wir einfach nur wieder hoffnungslos überladen sind und sind darauf mit Vollgas und quietschenden Reifen weitergefahren.

**18.07.2010 * * * Cuxhaven, Festival**

Auf der Heimfahrt fahren wir in eine Autobahnvollsperrung und pennen vier Stunden lang auf von einem der Festivals „ausgeborgten" Sitzsäcken mitten auf der A7.

## 17.06.2011 * * * München, Festival

Wir mögen unsere Autovermietung ja wirklich sehr. Sie machen uns immer gute Preise und sind menschlich auch alle sehr nett, aber wenn man mal ehrlich ist, haben sie vom Autovermieten so viel Ahnung wie unser Bassist Daniel Friedl vom Autofahren. So gut wie jedes Mal, nachdem wir Wochen im Voraus unseren Bus mieten und uns das auch noch mehrmals schriftlich bestätigen lassen, kommen wir vor der Abfahrt in deren Büro und sagen „Hallooooo, wir würden gerne unseren Bus abholen“, worauf meist eine der folgenden Antworten kommt:

- „Ähm ... also wir haben hier nichts.“
- „Ja richtig, den Bus. Den wollten Sie doch aber erst morgen abholen.“
- „Also so einen haben wir nicht, aber wie wäre es mit einem PKW?“
- „Hey Holger,... wieso hast du den Bus denn doppelt vermietet?“
- „Ja, der steht aber auf dem externen Parkplatz“ (worauf wir zehn Minuten lang hinfahren, um dort keinen Bus vorzufinden, wieder im Büro anrufen und gesagt bekommen „Ja, der steht hier bei uns vor dem Büro“).

Man muss aber der Fairness halber auch zugeben, dass wir es fertig gebracht haben, dort letzte Woche einen 9-Sitzer-Bus zu mieten, jedoch nach dem Konzertwochenende nur einen 6-Sitzer-Bus wieder zurückbrachten. Unentschieden also.

## 13.03.2013 * * * Berlin, Postbahnhof

Eine handelsübliche Reise von unserer schwäbischen Heimat ins große Berlin dauert normalerweise sechs bis maximal sieben Stunden. Itchy Poopzkid wäre ja aber nicht Itchy Poopzkid, würden wir es nicht schaffen, auch in diesen Tourauftakt wieder ein bisschen zusätzliche Brisanz und Würze reinzubringen:
Da bereits Mitte März ist, haben wir natürlich nur Bermudashirts und Badehosen eingepackt und rechnen nicht damit, dass Gevatter Wintereinbruch uns nochmal von hinten in die Parade grätscht: ▸▸

Vereiste Fahrbahnen, Schneechaos, eingefrorene Spritzeinlage und diverse Autobahnvollsperrungen führen nämlich dazu, dass aus geplanten sechs Stunden Fahrt ganze FÜNFZEHN (!!!) werden. Das Highlight ist, als wir an einer Raststättenparkplatz eingesperrt sind, weil sich vor uns drei LKWs beim Ausrangieren ineinander verkeilt haben und ein sympathisch-rundlicher polnischer LKW-Fahrer ständig in Plüsch-Hausschuhen (!) an uns vorbei durch den Schnee rennt, während er immerzu „Katastroph! Katastroph!“ ruft. Anstatt um 23 Uhr am Vorabend der ersten Show, kommen wir also nach einer Nacht auf der Autobahn um 8:30 Uhr am Morgen der ersten Tourshow in Berlin an.

## KAPITEL 3.20. >>> Polizeiprobleme

Bei Gründung einer Band und der daraus resultierenden Tatsache, dass man
1. laute Musik spielt, welche einige Menschen auch als „Krach“ bezeichnen
2. sich oft auf Straßen aufhält
3. dabei in einem überladenen Bus sitzt
4. dabei die Geschwindkeitsbegrenzung aufgrund fehlender Zeit nicht einhält
5. dabei aussieht wie ein Musiker

sollte man sich darüber im Klaren sein, dass regelmäßiger Kontakt mit den lokalen Ordnungshütern genau so zum Banddasein gehört wie Proben, Konzerte spielen und CDs veröffentlichen.

**07.10.2005 * * * Karlsruhe, Substage**

Der ganze Tross läuft also mit Bier und Weinflaschen bestückt die Straße entlang. Chris und Snöt von den 5Bugs haben am Straßenrand einen Einkaufswagen gefunden, und nun schiebt einer den anderen damit den Bordstein entlang. Gesungen wird ebenfalls. Plötzlich kommt ein Polizeiauto auf uns zu, haut das Blaulicht rein, rast über eine rote Ampel, quer über die ganze Kreuzung, schanzt auf den Bordstein und versperrt uns den Weg. Zeitgleich prescht hinter uns ein weiterer Bullenwagen mit Blaulicht auf den Bordstein, und beide Autos kesseln uns ein. Ein dritter Wagen kommt dann auch noch und wir werden nun alle leicht panisch. Einer der Polizisten sprintet aus dem Streifenwagen und ruft aus voller Kehle „DAS IST DER LIDL-WAGEN!!!!“ Daraufhin spurtet ein anderer Polizist los in Richtung Einkaufswagen, bleibt vor diesem stehen und sagt zum im Einkaufswagen sitzenden Snöt: „Bitte aussteigen!“

**25.11.2006 * * * Salzburg (A), Rockhouse**

Nach der 30-minütigen Komplettdurchsuchung der bayrischen Polizei fragt Saikov den Beamten: „Jetzt mal ehrlich, warum haben Sie uns rausgezogen?"
Polizist: „Eure Gesichter."

**25.11.2006 * * * Salzburg (A), Rockhouse**

Ich erwache auf der Rückbank des Autos und sehe, dass wir an einem Straßenrand stehen und ein Polizist vor dem Fenster zu Saikov, der am Steuer sitzt sagt: „Erlaubte Geschwindigkeit: 50 km/h... gemessene Geschwindigkeit: EINHUNDERTUNDFÜNF!"

**19.11.2006 * * * Biel (CH), Gaskessel**

Wir werden tatsächlich durchgewunken am Schweizer Zoll. Wahnsinn. Ganze 250 Meter nach der Grenze überholt uns dann allerdings plötzlich ein deutsches Polizei-Auto mit einem rot leuchtenden „Bitte folgen"-Schild. Toll, und das um drei Uhr nachts. Auf die Frage nach dem Führerschein, schafft es der wirklich müde, aber komplett nüchterne Sibbi am Steuer tatsächlich, aus Versehen zuerst seine Krankenversichertenkarte und anschließend seine Bank-Karte zu zeigen. Der darauf folgende Satz „Alles klar, bitte aussteigen" ist abzusehen. Beim Aussteigen fällt Sibbi dann auch noch ein Button von der Jacke ab und er braucht drei Versuche, diesen wieder aufzuheben, woraufhin er von den Polizisten mit Nachdruck aufgefordert wird, ihnen zum Streifenwagen zu folgen um dort eine Urinprobe abzugeben. Weil die restlichen Businsassen vor Lachen fast aus dem Bus fallen, wird die Stimmung plötzlich leicht aggressiv. Nach zehn langen, etwas mulmigen Minuten dürfen wir aber Gott sei Dank weiterfahren und krachen in der exakt nächsten Kurve um ein Haar in eine riesige Kuh, die mitten auf der dunklen Landstraße steht.

**B: Ja irgendjemand von Euch haben die ja 200 Euro Strafe aufgebrummt.**

Ja unser Drummer, den haben sie einfach abgeführt. Es gab irgendwie Probleme weil wir ´nen Anhänger dran hatten und die wussten nicht ob das mit dem Führerschein mit der Gewichtszulassung passt... und dann haben wir den Fahrzeugschein nicht gefunden. Die haben den dann einfach so abgeführt und zweieinhalb Stunden festgehalten. Dann haben sie noch die Bundespolizei kommen lassen und das war alles irgendwie... als hätten wir jetzt jemanden ermordet.

**24.07.2010 * * * Neuenburg am Rhein, Festival**
Kurz nach dem Aufwachen in einem Hotelzimmer irgendwo in Sachsen, stehe ich im Bad und will mir gerade schlaftrunken meine Zahnbürste zwischen die Kiefer rammen, als mein Handy klingelt und auf dem Display Saikovs Name erscheint. In so einer Situation gehen einem ja dann als erstes drei Dinge durch den Kopf:

1. Wieso ruft der Typ mich UM DIESE ZEIT an???
2. Wieso ruft DER TYP mich um diese Zeit an???
3. Wieso ruft der Typ MICH um diese Zeit an???

Der Saikov ist auf Tour nämlich eher derjenige, der nie frühstückt und eigentlich erst immer eine Sekunde vor Abfahrt aus dem Hotel schlurft, wenn er es mal schafft, nicht zu verpennen. Ich führe also verwundert mein Handy an das Ohr und vernehme folgenden Monolog:
„... Also... ähm... das mit der Abfahrt verschiebt sich ein bisschen nach hinten, weil ich sitze gerade hinten in 'nem Polizeiwagen auf der Rückbank und... der Bus war falsch geparkt... die haben mich mitgenommen... muss auflegen, ich meld mich später!"

**06.05.2011 * * * Wien, B72**
Anzahl der bisherigen Shows auf dieser Tour: 13
Anzahl der bisherigen Strafzettel auf dieser Tour: 7

## KAPITEL 3.21. >>> Die Rückkehr in den Alltag

Irgendwann nimmt auch die längste Tour ein Ende. Meist werden alle Mitreisenden stets völlig unvorbereitet von dieser niederschmetternden Tatsache zu Boden geprügelt, und viele brauchen Wochen, um sich im normalen Leben wieder zurechtzufinden. Oftmals sucht man, zurück in der eigenen Wohnung, morgens vergeblich nach den vom Tourmanager aufgehängten Zeitplänen, fängt weiterhin aus Versehen schon vor zwölf Uhr mittags an, das erste Bier zu öffnen und ärgert sich am Abend tierisch, wenn man feststellt, dass heute tatsächlich keiner das Catering in den Raum trägt.

Mit die ersten Worte nach einer Tour von Familie und / oder Freundinnen sind daher auch jedes Mal „Du hast Dich aber ganz schön verändert."

Wir haben leider auch nach vierzehn Jahren auf Tour noch kein Rezept gefunden, um diesen Übergang vom Leben eines Neandertalers zurück zum Leben in der menschlichen Zivilisation angenehmer zu gestalten. Das muss leider jedes Bandmitglied mit sich selbst ausmachen.

***PANZER:*** *Ich hab mich vor einigen Jahren mal mit Guido von den Donots darüber unterhalten, wie sehr sich das Leben auf Tour vom Leben zu Hause unterscheidet. Irgendwann sagte er dann mit durchaus stolzer Stimme, dass er es mittlerweile geschafft hat, auf Tour weniger zu trinken als daheim. In dem Moment fand ich das eine ziemlich beachtliche Aussage, und wenn ich mich recht erinnere, hab ich ihm dafür sogar anerkennend auf die Schulter geklopft. Erst am Abend, als ich schon im Bett lag, ist mir dann irgendwie aufgefallen, dass das ja aber bedeutet, dass er daheim unglaublicherweise NOCH MEHR säuft als auf Tour. Wie soll das überhaupt gehen?!?*

***SIBBI:*** *Je länger eine Tour dauert, umso mehr verändert sich auch die Sprache eines tourenden Musikers oder Crewmitglieds. Es schleichen sich mehr und mehr Kraftausdrücke in die Sätze ein, die Witze werden flacher, und grundsätzlich wird auf keine Frage mehr ernsthaft geantwortet und jeder Gesprächspartner wird konstant und stetig beleidigt. Trauriger Höhepunkt meines „Wie finde ich zurück in den Alltag"-Problems war die Situation am Esstisch meiner Eltern, als ich meiner eigenen Mutter, nachdem sie mir sagte, dass die Entenbrust unter der Haut leider etwas fett sei, den Satz „Deine Mutter ist fett" an den Kopf warf.*

*Noch schlimmer traf es allerdings unseren Mischer Thimo, der nach der Ankunft zu Hause seiner Freundin, die ihn über irgendetwas informieren wollte, aus Versehen die Worte „Halt's Maul, du Schlampe" entgegen schrie. Es dauerte danach tatsächlich zwei Tage, bis der Hausfrieden wieder hergestellt war.*

KAPITEL 4

# DER PLATTENVERTRAG

## KAPITEL 4.1. >>> Warum brauche ich einen Plattenvertrag?

Von einer grundsätzlichen Glorifizierung oder Verteufelung eines Plattenvertrags möchten wir an dieser Stelle absehen. Das Thema „Plattenfirma“ ist extrem vielschichtig und kann genau so großartig wie zermürbend sein. Aufgrund dessen sollte man sich etwas ausführlicher damit befassen.

Im Großen und Ganzen unterteilt man Labels in zwei Kategorien: Indie- und Majorlabels. Indielabels sind im Normalfall kleinere, von den riesigen Konzernen größtenteils unabhängige Plattenfirmen. Sie veröffentlichen in überschaubarem Rahmen Bands, hinter denen sie mit Herzblut stehen und sind damit im besten Fall erfolgreich. Majorlabels nennt man hingegen die weltweit agierenden großen Plattenfirmen, die deutlich mehr Künstler veröffentlichen, mehr Budget haben und bei denen der finanzielle Erfolg einer Band deutlich mehr im Fokus steht. Eigentlich geht es im Endeffekt sogar nur darum.

Bei welcher Art von Label man sich bewirbt, sollte man sich also vorher überlegen. Beide Arten von Deals können einer Band helfen, auf der Erfolgstreppe ein paar Stufen nach oben zu stolpern, oder mit dem Aufzug sogar direkt nach ganz oben zu fahren.

Wendet man den Erfolgstreppen-Aufzug-Vergleich auf die Plattenfirmenhistorie unserer Band an, sind wir erst ein paar Treppen nach oben gewankt, haben dann ein Stück den Aufzug genommen, sind irgendwann zwischen zwei Stockwerken steckengeblieben, haben uns über die Notfallsprechanlage mit dem Hausmeister verkracht und sind am Ende über ein Notfenster aus dem Gebäude gesprungen um gleich darauf unseren eigenen Hightech-Aufzug zu bauen. (Mehr zum Aufzug in Kapitel 4.8).

Wie auch immer sollte man als Band versuchen, ein passendes Label mit einem tollen Team und tollem Budget zu finden. Es ist nämlich eine große Hilfe, wenn man als junge Band nicht alles selbst in die Hand nehmen und vorfinanzieren muss.

## KAPITEL 4.2. >>> Wie bekomme ich einen Plattenvertrag?

Also, ...wahrscheinlich gar nicht.

## KAPITEL 4.3. >>> Warum gibt uns keiner einen Plattenvertrag?

Antwort: Weil es 46 Milliarden Bands und Einzelkünstler gibt, die einen haben wollen, und weil die Plattenfirmen so viele dieser Interpreten nicht unter Vertrag nehmen können. Um wirklich aufzufallen, muss man schon außergewöhnlich gut sein und / oder außergewöhnlich gute Argumente auf den Tisch legen, um den A&R zu überzeugen. Außerdem sollte man nicht nach jeder Absage gleich anfangen zu weinen, weil Bands, die immer nur weinen und rummeckern, eh niemand mag. Außer The Smiths vielleicht.

*PANZER: Wir haben von jeder unserer Aufnahmen unzählige Bewerbungspakete an alle möglichen Labels geschickt. Das Feedback war, sagen wir mal, ausbaufähig. Es kann durchaus ernüchternd sein, wenn man gerade voller Stolz brandneue Songs aufgenommen hat, selbige unfassbar gut findet und von einer Plattenfirma ein liebloses „Cool. Meldet euch halt nochmal, wenn ihr was anderes aufgenommen habt." zurückkommt. Ich weiß ehrlich gesagt nicht, warum wir zu keinem Zeitpunkt den Mut verloren haben. Ich glaube aber, es lag daran, dass wir auch ohne einen gewissen Grunderfolg schon großen Spaß an unserer Band hatten. Vielleicht lag es aber auch an diesen Freigetränken, die es auf Konzerten immer gab.*

## KAPITEL 4.4. >>> Showcases

Große Labels veranstalten immer wieder sogenannte „Showcases". Showcases sind quasi ganz normale Konzerte, nur dass die Bands wissen, dass heute unter anderem Plattenfirmenmenschen kommen, die beurteilen, ob man mit diesem Schund Geld verdienen kann oder nicht. Ab und zu kündigen diverse Labels auch an, bei ganz normalen Konzerten einer Band vorbeizuschauen. Nach dem Konzert merkt man dann aber zu 90%, dass sie dann doch irgendwie nicht kommen konnten oder wollten. Wenn dann doch tatsächlich mal jemand da ist, versucht man als Band natürlich einen besonders guten Eindruck zu hinterlassen.

***SIBBI:*** *Unser erstes „Showcase" hatten wir eigentlich im Rahmen des Finales eines Nachwuchswettbewerbs in Dortmund, auf welches wir extra dazugebucht wurden, damit uns einige Firmen anschauen können. Wir haben es tatsächlich geschafft, dass von vier angekündigten Firmen gerade mal der A&R von einer Firma kam, und dieser nach drei Songs auch wieder ging.*

***PANZER:*** *Vor einem anderen Konzert mit „Label-Ankündigung" kam eine gutaussehende und sympathische blauhaarige Frau mit ihrem Sohn in den Raum. Die Frau stellte sich als Biggi Dinter und Pressechefin der Plattenfirma vor, und während wir uns freuten, dass tatsächlich mal jemand von einer Plattenfirma vorbeischaut, fragten wir uns irgendwo im Hinterkopf, warum die jetzt ihren blonden Sohn dabei hatte. Ihr Sohn war, wie wir bald merkten, aber gar nicht ihr Sohn, sondern der A&R Chef des Labels. Irgendwie hatten wir uns vorgestellt, dass solche A&Rs anders aussehen. Nicht mal 'nen Bart hatte der. Der hätte auch Rhythmusgitarre bei uns spielen können.*

*Tim Schurig war jedenfalls sein Name, kaum älter als wir und ebenfalls extrem sympathisch. Irgendwie waren wir sofort auf einer Wellenlänge, und wir dachten alle: Wenn wir das Konzert heute nicht komplett verhunzen, haben wir da echt 'ne Chance. Dass wir uns einen gewissen Bekanntheitsgrad schon selbst erspielt hatten, war für die Labelleute jedenfalls nicht zu übersehen: Immerhin gingen heute ganze 38 verkaufte Tickets über die Ladentheke!*

***SIBBI:*** *Da war sie also. Die Show, die vielleicht unsere komplette Zukunft entscheiden würde. Man malt sich ja in seinen Träumen schon bei der Bandgründung aus, wie das wohl aussehen wird: Wir stehen als Vorband auf einer Bühne vor 100.000 Menschen und haben von Beginn an sofort* *alle Fans der Hauptband so im Griff, als wären sie nur wegen uns gekommen. Minutenlanger Applaus und „Itchy Poopzkid"-Sprechchöre dringen nach unserer perfekten Show durch die riesige Arena, wir spielen unter dem ohrenbetäubenden Lärm der Menge noch zwei Zugaben und unterschreiben direkt im Anschluss in einem Backstageraum voller Nutten und Koks einen Plattenvertrag, der uns zu Millionären macht.*

*Man muss ehrlicherweise sagen, dass es in Regensburg 2005 etwas anders war. Wir waren zwar auch Vorband, leider aber in einem Club, der aussah wie eine größere Kneipe, und zu den 100.000 Leuten fehlten noch genau 99.962. Da wir aber trotzdem unsere Show durchziehen wollten, taten wir einfach so, als wären doch 100.000 Leute gekommen, brüllten Rockstar-Ansagen wie einst Axl Rose durch den Laden und machten Publikumsspiele wie die Großen. Was bedauerlicherweise darin resultierte, dass unsere „Wall of Death" aus sage und schreibe drei (!) Personen bestand. Zwei links, einer rechts. Da die Kneipe so übersichtlich gefüllt war, konnte ich leider auch die ganze Zeit deutlich sehen, wie sich Tim und Biggi äußerst verwirrt anschauten und sich mit Blicken Fragen stellten, die sich ziemlich genau in der Gegend von „Was zur Hölle machen wir hier?!" ansiedelten. Der Peinlichkeits-Höhepunkt der Show war übrigens ein Fan von uns, eine Dame Mitte 40, die aufgrund fehlender Absperrungen vor der Bühne und einer Bühnenhöhe von 10 cm zwei Drittel (!) des Konzertes direkt auf (!!) der Bühne zwischen (!!!!!) Panzer und mir Fotos von uns, dem Konzert und dem Publikum machte.*

*Am Ende haben sie uns dann trotzdem einen Plattenvertrag gegeben. Wir sind uns bis heute aber nicht ganz sicher, ob als Belohnung für unseren übertriebenen Kneipenshow-Einsatz oder aus Mitleid.*

## KAPITEL 4.5. >>> Der erste Plattenvertrag! Wie feiere ich richtig?

Ein in Deutschland ansässiges Major-Plattenlabel wird sich nach dem Signing eines neuen „Künstlers" nicht lumpen lassen und anschließend auf jeden Fall darauf bestehen, schick zu essen und anschließend noch ordentlich trinken zu gehen. Bei all diesen kommenden gemeinsamen Essen und Feiereien zahlt natürlich immer die Plattenfirma die Rechnung. Allerdings sollte der Band klar sein, dass jedes Toastbrot und jede Apfelsaftschorle, die hier aufgetischt werden, im Endeffekt eigentlich zu Lasten der Band gehen. Jedenfalls theoretisch. Diese Ausgaben kommen nämlich zusammen mit Kosten für die Albumproduktion, Videokosten, Promoaufwand und so weiter auf einen Zettel, und erst, wenn diese Ausgaben irgendwann durch CD-Verkäufe getilgt sind, verdient die Band auch endlich mal ein wenig Geld an ihren Plattenverkäufen. Schafft es eine Band nicht, genügend Platten zu verkaufen, um das ausgegebene Geld wieder reinzuspielen, bleibt das Label auf seinen Ausgaben sitzen. Wir haben damals recht schnell für uns realisiert, dass wir mit unserer Rumpelmusik niemals so viele Alben verkaufen können, um das ganze Geld wieder reinzuholen, das die für uns ausgegeben haben. Von da an haben wir bei solchen Geschäftsessen und -feiern immer ausschließlich die teuersten Gerichte und Getränke auf der Karte gesucht. Akribisch gesucht. Und gefunden.

***PANZER:*** *Wenn man mit der Chefetage seiner Plattenfirma feiern geht, sollte man schon auch ein bisschen darauf achten, wohin man genau geht. Wir haben uns damals, direkt nach der Unterschrift unseres Plattenvertrages in Berlin, dazu überreden lassen, mit der ganzen Belegschaft singend in einer japanischen Karaoke-Bar weiterzufeiern. Ich glaube, das war das erste Mal, dass sich die Leute von unserem Label irgendwo tief im Hinterkopf gedacht haben: „Fuck, haben wir diese drei Typen wirklich gerade gesignt?!“*

**Merke:** Wenn deine Band zusammen mit der neuen Plattenfirma in einer Karaoke-Bar feiert und der beste Sänger des Abends kein Bandmitglied, sondern mit großem Abstand der Vorstand der Finanzabteilung des Labels ist, sollte man alle Anwesenden unbedingt animieren, hemmungslos weiterzutrinken, damit sich am nächsten Tag bloß keiner mehr daran erinnern kann.

## KAPITEL 4.6. >>> Videodrehs

Gute Musikvideos zu aktuellen Singles sind unglaublich wichtig für eine Band. Auch wenn es Musikfernsehen heutzutage nicht mehr wirklich gibt, so werden Songs von Künstlern auf Videoplattformen wie Youtube teilweise millionenfach angesehen und angehört. Vor jedem neuen Videodreh stellt sich für Bands und Plattenfirmen daher die Frage „Was wird gedreht, und was darf es kosten?“

Mit der Zeit lernt man, dass man auch mit einem kleinen Videobudget tolle Ergebnisse auf die Beine stellen kann, da es im Endeffekt einzig und allein auf die Idee ankommt. Große Labels hingegen vertreten oft den Standpunkt, dass ausschließlich ultrateure Videodrehs die Zauberformel für ein erfolgreiches Endprodukt sind und pumpen daher gerne – und oft auch ziemlich sinnfrei – unglaubliche Geldsummen in ein Musikvideo.

Die Suche nach einem passenden Videokonzept für einen Song kann sich durchaus in die Länge ziehen und für heftige Diskussionen mit der Plattenfirma sorgen, vor allem dann, wenn die Vorstellungen hinsichtlich der Banddarstellung deutlich auseinander gehen. Unabhängig davon sollte man als Band jedoch stets darauf achten, den Videodreh als solchen so angenehm wie nur möglich für sich zu gestalten. Ein Video mit hübschen Frauen an einem feinsandigen Karibikstrand wäre zum Beispiel durchaus eine gute Wahl.

***PANZER:*** *2007 haben wir für unsere erste Single „Silence is killing me" nach einer Videoidee gesucht, und das Ganze endete dann auch gleich in einem Drama. Unser Label hat damals diverse Videoproduktionsteams angefragt und diese haben uns nach und nach potentielle Drehbücher vorgelegt. Teilweise waren diese Videoideen so unglaublich fürchterlich, dass wir beim Durchlesen den Tränen nahe waren. Nach wochenlangen, zermürbenden Diskussionen und unzähligen weiteren schlimmen Videodrehbüchern waren das Label und wir mit unseren Nerven bereits völlig am Ende, als Sibbi in allerletzter Sekunde die Situation mit folgendem Satz rettete: „Wieso stellen wir uns nicht einfach in einen Raum, spielen das Lied und lassen uns dabei kaputt machen?!" Komischerweise fanden das dann alle Parteien gut.*

*Der Dreh fand ein paar Tage später in Nürnberg statt und wir haben uns, wie im Drehbuch vorgegeben, einen kompletten Tag lang von Hunden attackieren und von Boxern verprügeln lassen. Uns wurden literweise kalte Spaghetti, Torten und andere Scheiße ins Gesicht geworfen. Footballspieler haben uns umgetackelt und muskelbepackte Hooligans haben mit Äxten unsere Instrumente und beinahe auch Sibbis Kopf zertrümmert. Wasserwerfer der Feuerwehr führten zu kurzzeitiger Unfunktionalität unserer Genitalien, und Schafe haben uns währenddessen auf die Füße gekackt. Außerdem ging noch eine Explosion schief, und unser Schlagzeuger ist um ein Haar in einem außer Kontrolle geratenen Feuerball ums Leben gekommen.*

*Am Ende des Tages waren wir also völlig verbeult, verdreckt, haben geblutet und hatten vom Feuer versengte Augenbrauen. Vielleicht hätten wir einfach doch schon früher auf diese Karibik-Idee kommen sollen.*

***SIBBI:** Bei einer anderen Videoidee zum Song „„And I'll walk away", die ebenfalls von uns kam, stand im Drehbuch, dass es neben der Hauptgeschichte auch noch einige Performance-Szenen geben sollte. Sprich: Wir spielen den Song in einem Raum, und Fans stehen drumherum und gehen tierisch ab. Bei den Vorgesprächen zum Videodreh sagte jemand von unserem Label dann den Satz „Um die Fans kümmern wir uns." Wir haben uns ab diesem Zeitpunkt somit keine Gedanken mehr darüber gemacht.*

*Am Tag vor dem Dreh befanden wir uns bereits in Berlin und sollten uns zu irgendeiner Adresse begeben, um dort „das mit den Fans zu checken." Wir fuhren also hin, sahen an der Türe ein Schild auf dem „Casting-Agentur" stand, dachten uns aber noch nicht wirklich etwas dabei. Irgendwann saßen wir auf drei Stühlen nebeneinander in einem Büro und jemand sagte „Okay, dann fangen wir mal an." Zur Türe herein kam ein junger Typ mit Piercings im Gesicht und in Klamotten, die aussahen, als hätte jemand bei H&M zur Verkäuferin „Haben sie auch etwas Punkiges da?" gesagt.*

*Eine Dame, die das Sagen zu haben schien, fragte uns dann „Ist das so okay?" Wir schauten uns etwas irritiert an, weil wir nicht genau wussten, was sie damit meinte, sagten dann aber „Ähm... Ja, ist toll." Der junge Typ verließ den Raum wieder und herein trat ein Mädchen mit roten Haaren und zerrissenen Jeans. Wieder wurden wir gefragt „Und? Passt, oder?" Wir nickten, das Mädchen wurde wieder rausgeschickt, und plötzlich wurde es uns klar: Unser Label hat 50 Leute als Fans GECASTET, und wir müssen nun alle nacheinander anschauen und als videotauglich deklarieren!!!!*

*Um diesem fürchterlich unangenehmen Treiben vorzeitig ein Ende zu setzen, machten wir irgendwann deutlich, dass es doch überhaupt keinen Sinn mache, jede einzelne Person zu mustern und ihr dann einen „Akzeptiert"-Stempel auf die Stirn zu knallen, und baten die Casting-Direktorin deshalb, alle Leute auf einmal in den Raum zu holen, mit ihnen im Kollektiv einfach einen Treffpunkt für morgen auszumachen und sie danach zu verabschieden.*

*Völlig überrascht über unseren Vorschlag tat die Frau dann genau das, und im Raum standen nun 50 Leute, die aussahen, als würden sie gleich auf ein Rockkonzert gehen, beziehungsweise, als hätte ihnen jemand gesagt, dass sie sich so anziehen sollen, als würden sie gleich auf ein Rockkonzert gehen.*

*Wir wollten die Situation gerade mit einem „Schön, dass ihr alle mitmacht. Also dann, bis morgen" so schnell es ging beenden, als die Casting-Direktorin zu den gecasteten Fans sagte „Jetzt zeigt mal, wie ihr so abgeht." Diese schauten sich alle komplett verdutzt an, und irgendwann sagte einer kleinlaut „Aber es läuft doch gar keine Musik?!" Die Casting-Direktorin entgegnete, dass es keine Musikanlage im Büro gäbe und sie doch einfach ohne Musik abgehen sollen.*

*Nach etwa zehn Sekunden peinlicher Stille fingen dann also 50 zusammengewürfelte Menschen in einem Berliner Büro ohne Musik an heftig zu tanzen und zu pogen, während wir, zwei Meter davon entfernt und aufgereiht auf unseren drei Stühlen, vor lauter Selbstscham überlegten, auf welche Art und Weise wir uns jetzt spontan am effektivsten umbringen könnten.*

## KAPITEL 4.7. >>> Zusammenarbeit mit dem Label

Die Zusammenarbeit mit einem gut aufgestellten Label kann einem große Freude bereiten und den Bekanntheitsgrad einer Band erheblich steigern. Auf der anderen Seite kann diese Zusammenarbeit aber auch dazu führen, dass man sich irgendwann dabei ertappt, wie man im Internet nach dem richtigen Mischverhältnis für Molotowcocktails googelt.

Jede Band sollte sich vorher darüber einig sein, in wie weit sie eine Kommerzialisierung der eigenen Musikgruppe vertreten kann und möchte.

Auch über das geplante Erscheinungsbild sollte man sich im Klaren sein, sowie mit welchen Portalen, Veranstaltungen und Medien man in Verbindung gebracht werden möchte und mit welchen nicht. Kompromisse zu Gunsten der Vorstellungen des Labels können in Einzelfällen nach bandinterner Absprache, sicherlich gemacht werden, allerdings sollten alle Bandmitglieder nach jeder Entscheidung immer noch in der Lage sein, in den Spiegel zu schauen.

***NRZ:** Eine Doku-Soap auf MTV – darf man das noch Punk nennen?*

**Panzer:** Also, was Punk ist und was nicht bestimmen eh immer noch wir! Und außerdem ist das 'ne Dokumentation darüber, wie sich 'ne Band ohne Geld, ohne Plan, ohne Handys und sonstigen Kram mit einem Kleinbus durch Europa schlägt. Wenn's dir jetzt immer noch nicht passt, ketten wir dich mit unseren vierreihigen Nietengürteln von H & M an 'ne Mülltonne und verprügeln dich mit unseren, mit „ACAB"-Patches bestückten Lederjacken. . .

Solange man gemeinsam mit einer sympathischen Label-Belegschaft an einem Strang zieht und dieselben Ziele verfolgt, ist alles spitzenmäßig. Sobald sich die Interessen und Vorstellungen allerdings verschieben oder die Plattenfirma feststellt, dass man mit deiner Sauhaufenband ja gar kein Geld verdienen kann, kann es mitunter etwas zäh und schwierig werden. Und laut. Und zermürbend. Und zum Kotzen. Aber auch ein bisschen lustig.

***PANZER:** Unser erstes Zusammentreffen mit unserem ersten Labelboss George Glueck war ungemein... sagen wir... beeindruckend. Er selbst war erst gar nicht da, aber die vielfachen goldenen Schallplatten, die die Wände tapezierten, sahen auf alle Fälle schon mal irgendwie krass aus. Während eines total positiven ersten Meetings mit den netten Mitarbeitern unserer brandneuen Plattenfirma ging irgendwann die Tür auf und George winkte mit den Worten „Schön, dass ihr bei uns seid!" kurz in den Raum. Danach schloss er die Tür wieder. Einige Minuten später wurde unser Meeting dann von einem ohrenbetäubendem Lärm unterbrochen. Es klang ein bisschen so, als würde eine startende Lufthansamaschine mit zwei Extraturbinen direkt neben uns abheben. Wir haben daraufhin verwirrt aus dem Fenster geschaut und erblickten dort ein fettes Ferrari Cabrio, an dessen Steuer der sonnebebrillte George saß und uns – während er weiter wild mit dem Gaspedal spielte – den Satz „„JAHAA, DA MÜSST IHR HALT AUCH MAL EIN PAAR PLATTEN VERKAUFEN!" zubrüllte.*

***SIBBI:** Ich hatte schon von einigen Mitarbeitern der Plattenfirma gehört, dass unser Boss George wohl irgendetwas geplant hat, was er nun mit uns besprechen möchte. Eines Vormittags sah ich dann schließlich seine Nummer auf meinem klingelnden Handy, ich hob ab, und er erzählte mir überschwänglich, dass wir UNBEDINGT die neue Single von US-Rapper Flo*

*Rida covern sollen. Da ich aus Höflichkeit und Respekt vor dieser Musikbusiness-Legende, die unser Plattenboss ja ohne Zweifel ist, nicht sofort „Nein, danke“ sagen wollte, hab ich das Ganze etwas müde belächelt, weil ich zugegebenermaßen auch gar nicht wusste, ob George das jetzt so richtig ernst meint. Irgendwann wurde aber relativ deutlich, dass er es sehr wohl ernst nimmt und quasi darauf bestand, dass wir das jetzt covern müssen. Dass Blink182 Schlagzeuger Travis Barker genau diesen Flo Rida Song vor einem Monat schon als Rockversion gecovert und Millionen von Leuten das dazugehörige Video gesehen hatten, schien ihn ebenso wenig zu interessieren wie die Tatsache, dass wir selbst den Song gar nicht mochten und darauf auch keine Lust hatten. Unser Telefonat wurden dann immer hitziger und irgendwann fielen so Sätze wie „Was habt ihr denn schon erreicht im Musikbusiness?!?!“ seinerseits und „Das ist mir doch scheißegal!!“ meinerseits. Es war wirklich etwas surreal, wie ich aufgewühlt durch meine Wohnung lief und unseren millionenschweren Plattenboss anschrie, während George nicht nur dachte, sondern auch lautstark sagte, dass ich doch von Tuten und Blasen keine Ahnung hätte. Nach gut einer halben Stunde, ich schrie gerade noch „WIR HABEN ABER KEINE LUST!!!!“, sagte er plötzlich ganz ruhig „Nichts für ungut“ und legte auf.*

**PANZER:** *Ich glaube das Hauptproblem war einfach, dass unser damaliges Label und wir eine völlig unterschiedliche Wahrnehmung der Ereignisse hatten. Für uns war alles großartig: Wir sind zum ersten Mal in den Charts gelandet, es kamen immer mehr Leute zu unseren Konzerten, wir wurden auf die großen Festivals gebucht, MTV hat unsere Videos rauf und runter gespielt, wir hatten sogar eine eigene Fernsehshow, unzählige Radiointerviews und noch vieles mehr. Unser Label hingegen hat das zwar alles auch wahrgenommen, zeitgleich aber trotzdem realisiert, dass wir nicht genügend Platten verkauften, um Profit einzubringen. Wenn ich gerade so drüber nachdenke, haben wir tatsächlich die ganze Zeit über rote Zahlen geschrieben. Das hat nach und nach eben dazu geführt, dass sie versucht haben, alle möglichen Hebel in Bewegung zu setzen, um uns noch erfolgreicher zu machen. Leider halt eben auch in Bereichen, auf die wir überhaupt keinen Bock hatten. Ich kann mich noch dran erinnern, wie unser wirklich unglaublich sympathischer Promoter die Tür unseres Zimmers aufriss und schrie „JUNGS, WIR HABENS GEPACKT!!! EURE SINGLE KOMMT AUF DEN „BRAVO HITS 54“-SAMPLER!!!“. Wir haben nach dem ersten Schock bandintern „Schere, Stein, Papier“ gespielt und der Verlierer musste ihm dann schonend beibringen, dass wir eine Punkrockband sind und mit der BRAVO nichts zu tun haben wollen. Hat zur Verbesserung der Gesamtsituation jetzt nicht gerade beigetragen, sag ich mal.*

## KAPITEL 4.8. >>> Wie werde ich diesen Plattenvertrag jetzt wieder los?

***SIBBI:*** *So schön es bei einer Plattenfirma sein kann, wenn man einigermaßen erfolgreich ist, beziehungsweise alle noch an den Erfolg glauben, so schlimm und stressig kann es sein, wenn es um so knallharte Sachen geht wie Verträge, Geld und Rechte. Nachdem unsere kleine Indieplattenfirma kurz vor den Aufnahmen zu unserem dritten Album vom Majorlabel UNIVERSAL aufgekauft wurde (und unsere Band somit ebenfalls), wollten die neuen „Vorgesetzten" unbedingt in so vielen Bereichen wie möglich das Maximum an uns mitverdienen. Gagen, Merchandise, und so weiter. Heutzutage ist das leider nichts Ungewöhnliches mehr.*

*Da wir ja aber waschechte Schwaben sind, haben wir auf die erste „Wir müssen Euren Plattenvertrag überarbeiten"-E-Mail der neuen Plattenfirma mit einem unaufgeregten „Nein, danke" geantwortet. Daraufhin ging der Vertragsentwurf dann monatelang von unserem Anwalt zum Anwalt der Plattenfirma und wieder zurück. Unser Studiotermin, den wir seit Monaten gebucht hatten, war irgendwann wegen den Vertragsverhandlungen nicht mehr einzuhalten, was unseren Produzenten relativ sauer und uns relativ hilflos machte. Da wir aber nicht nachgeben wollten, zog sich die Sache eben so lange hin, bis die Plattenfirma aufgab, wir unsere bisherigen Rechte behalten durften und die Plattenfirma jegliche Restlust an unserer Band verlor.*

***PANZER:*** *Neben überharten Vertragsverhandlungen, in denen man keinen Schritt nachgibt, kann man aber auch durch subtilere Aktionen das Verhältnis zwischen Plattenfirma und Künstler dauerhaft schädigen.*

*2005 hat uns unsere neue Plattenfirma zum Einstand eine nagelneue, ultrateure Digitalkamera geschenkt, damit wir unsere Erlebnisse auf Tour zukünftig besser festhalten können. Die Freude unsererseits war riesig. Schließlich hatten wir bis dato noch nie so ein futuristisch anmutendes technisches Gerät in unserem Besitz.*

*Vor der Abfahrt zum nächsten Konzert, bei der die Kamera ihr Debüt feiern sollte, hat Sibbi seine Reisetasche, inklusive der neuen Kamera, hinter den 3,5 Tonnen schweren Tourbus gestellt, diese dort vergessen, ist eingestiegen und wir sind schwungvoll im Rückwärtsgang drüber gefahren.*

## KAPITEL 4.9. >>> Gründung einer eigenen Plattenfirma

Ein eigenes Label zu gründen, ist eigentlich gar nicht so schwer. Ein funktionierendes Label hingegen sehr. Jetzt hat sich das auch noch gereimt. Das war keine Absicht. Die Vorteile einer eigenen Plattenfirma liegen klar auf der Hand: Man darf alle Entscheidungen selbst treffen, man muss mit niemandem mehr dumm rumdiskutieren und man kann seine Tonträger und das ganze Drumherum so gestalten, wie man es selbst am besten findet. Diese Tatsachen sind absolut unersetzlich. Jedenfalls für Bands, denen ihre eigene Band am Herzen liegt.

Leider – und das ist die Kehrseite der Medaille – muss man dafür seinen ganzen Scheiß auch selbst bezahlen, sich gegebenenfalls derbe verschulden, um eine Promokampagne zu stemmen, und zu allem Überfluss muss man jetzt auch noch die ganze Labelarbeit selbst machen. Es kann also passieren, dass im Releasezeitraum der Wecker um 7:30 Uhr klingelt und man dann den ganzen Tag vor dem Laptop und am Telefon verbringt, um das neue Album auf den Weg zu bringen.

Im Endeffekt macht man also genau den Job, den man damals umgehen wollte, als man sich dazu entschied, Musiker zu werden. Die Arbeit, die man sich als Band mit der Gründung eines eigenen Labels aufhalst, wird gerne unterschätzt, und es kann durchaus vorkommen, dass man zwischendurch alles hinwerfen möchte. Steht die neue Platte aber erst einmal im Laden und alles hat aus Versehen total gut geklappt, ist das Gefühl, dieses Wahnsinnsprojekt alleine gestemmt zu haben, ungefähr das Beste was man als Bandmitglied und Labelinhaber empfinden kann.

*PANZER: Kurz nachdem wir den finalen Entschluss gefasst hatten, nun wirklich eine eigene Plattenfirma zu gründen und alles selbst zu machen, haben wir uns zusammen mit unserer Managerin nochmal darauf eingeschworen, ab sofort alle privaten Interessen hinten anzustellen und all unsere Energie in das Label und die Veröffentlichung des neuen Albums zu stecken.*

*Dieses Einschwören hat uns irgendwie noch enger zusammengeschweißt, und wir waren alle wild entschlossen von nun an alles zu geben, um dieses neue Riesenprojekt zusammen zu stemmen. Ein paar Tage später hat Saikov uns dann überraschend erzählt, dass er die Band verlassen wird, was ein unfassbares Chaos ausgelöst hat. Neben der Trauer um seinen*

*Ausstieg waren wir also jetzt nochmal eine Person weniger, um die Veröffentlichung des Albums anzupacken. Außerdem hatten wir keinen Schlagzeuger mehr, und unsere Band stand quasi kurz vor dem freien Fall in ein waberndes, dunkles, endloses Loch. Um die prekäre Situation zu lösen, ist unsere Managerin dann erstmal für einen Monat nach Australien geflogen, um sich Flora und Fauna des Landes anzuschauen. Zudem empfand es Sibbi zeitgleich als sinnvoll, mit Max ebenfalls in den Urlaub zu fahren, um einen ausgiebigen Tauchkurs zu machen.*

*So saß ich also völlig alleingelassen mit dutzenden Vertragsentwürfen, hunderten Kooperationsangeboten und tausenden zu erledigenden Abwicklungsmodalitäten an meinem verfickten Schreibtisch mit meiner verfickten Schreibtischlampe und hab panisch auf der Rückenlehne meines Stuhls herumgekaut. Nach drei Tagen hab ich mir dann ein Faxgerät besorgt und angefangen, Sibbis Urlaub zu versauen.*

***SIBBI:*** *Dieser Urlaub war wirklich nötig. Das Songwriting und die Aufnahmen für das neue Album haben gut ein Dreivierteljahr in Anspruch genommen, und die letzten Wochen waren mit dem Start der eigenen Plattenfirma sehr stressig. Bevor es also an die Veröffentlichung, die ganze Promotion und die Tour ging, habe ich mich noch für eine Woche vom Acker gemacht, um einfach mal abzuschalten.*

*Das klappte auch zwei Tage lang hervorragend. Dann ging die Nerverei los. Jedes Mal wenn ich vom Tauchen, Essen oder Sonnenbaden wieder zurück ins Hotelzimmer kam, blinkte mein Handy ohne Pause, was so viel bedeutet, dass ich ungefähr zwölf SMS und zwanzig Anrufe in Abwesenheit hatte. Nicht von meiner Familie in der Heimat, ...nein, von meinem Bandkollegen Daniel Friedl. Er schrieb ständig wirres Zeug von irgendwelchen Vertragsentwürfen, Einschreiben und Deadlines, und streute immer noch so Sätze ein wie „Ich kenn mich da überhaupt nicht aus, aber die sagen, es sei sehr dringend." Zuerst antwortete ich noch mit „Alles klar, klären wir nächste Woche, wenn ich wieder da bin."*

*Ab Tag vier lagen dann plötzlich ständig ausgedruckte Faxe in meinem Hotelzimmer von irgendwelchen Verträgen mit Musikvertrieben, die ich „unbedingt sofort unterschreiben und zurückfaxen" müsse. Den Rest des Urlaubs verbrachte ich dann also damit, die ganze Zeit völlig genervt an der Hotelrezeption zu stehen und den ebenfalls sichtlich genervten Hotelmitarbeitern Fax-Aufträge für unschlagbare 5 Euro pro Seite (!!!!) zu geben. An Entspannung war somit nicht zu denken und meine Fax-/Telefonrechnung war am Ende dreistellig. Herzlichen Dank auch.*

*Wenn ich gerade mal nicht beim Faxen war, konnte ich Max dafür direkt im Tauchurlaub davon überzeugen, dass der Job des Drummers bei Itchy Poopzkid ein sehr guter ist. Er sah das Gott sei Dank genau so und seitdem sind wir ein glücklich vereinter Dreierpack.*

## >>> Abschliessende Tipps für junge Bands, die das Leben erheblich erleichtern können

**TIPP 1** Vorher überlegen, wen man beleidigt

**23.06.2007 * * * Mühlhausen, Radio Festival**

Bei dieser vom Radiosender MDR JUMP organisierten Festivalreihe spielten wir heute auf der ersten von insgesamt vier Veranstaltungen. Als wir irgendwann zum Catering wollten, wurden wir nicht reingelassen, weil anscheinend der Ministerpräsident Thüringens gerade dort am Speisen war.

Da wir daher nicht zum Essen kamen und dann auch direkt auf die Bühne mussten, haben wir während unserem Konzert die Besucher aufgefordert, im Kollektiv den Mittelfinger für den Ministerpräsidenten zu heben. Das haben diese auch alle ordentlich gemacht. Zwei Tage später wurde uns schriftlich mitgeteilt, dass dieser besagte Ministerpräsident zum einen Schirmherr aller vier Veranstaltungen sei, und wir zum anderen zu den drei restlichen Konzerten bitte nicht mehr anreisen sollen. Außerdem hat uns der Radiosender seit diesem Tag bis heute (acht Jahre später) nicht mehr gespielt. Und nur, weil wir nichts zu essen bekommen hatten...

**TIPP 2** Clever sein beim Reinschmuggeln / So tun als ob

**12.05.2007 * * * Herten, Festival**

Thimo, Saikov, Karl und Panzer versuchen, den großen Mischpultturm zu erklimmen, weil es dort die beste Sicht auf die Bühne gibt und außerdem Freibier. Der Securitymann will uns aber partout nicht durchlassen, worauf wir ihm mitteilen, dass „Jean-Luc Picard" gesagt hätte, es wäre schon okay, wenn wir da hochgingen. Der Securitymann ist zuerst sichtlich verunsichert, weil er (genau wie wir) keine real existierende Person namens Jean-Luc Picard kennt, sagt dann aber „Aah... achso... ja... sagt das doch gleich" und lässt uns hoch.

**TIPP 3** Jegliche Promotion-Möglichkeiten nutzen, die sich einem bieten

**09.06.2004 * * * Berchtesgaden, Kuckucksnest**
Das Bemerkenswerteste am Konzert war aber etwas ganz anderes. Erschreckend viele Leute sind nämlich schon vor der Show zu Sibbi gekommen und haben ihm erzählt, dass Sibbis Opa, der jedes Jahr in Berchtesgaden seinen Urlaub verbringt, dort total die Promo macht, in unseren Bandshirts zum Wandern geht und in der Stadt unsere CDs vertickt.

**TIPP 4** Bei Veranstaltern einen guten Eindruck hinterlassen

**01.08.2008 * * * Mannersdorf (A), Festival**
E-Mail-Feedback des Veranstalters an unsere Bookingfirma: „Itchy Poopzkid waren für uns recht pflegeleicht [ ... ] Ich glaube, kurz nach 23 Uhr waren sie auf der Bühne. Ihre Show war zuerst etwas verhalten. Im Laufe des Konzerts wurden sie aber besser, und am Schluss waren sie dann richtig gut!! [ ... ] Danach haben sie sich mit Burgenländer Wein besoffen und einer hat ins Hotel gekotzt, was aber auch keinen kratzt. [ ... ] Aus meiner Sicht passte also alles."

**02.09.2009 * * * Interlaken (CH), Greenfield-Festival**
Unser Mischer Thimo bekam vom Veranstalter eine Lautstärkenbegrenzung von 96 dB auferlegt... und als das Publikum, ohne uns, den Refrain von „Drogenfrau" singt, zeigt das Messgerät 108 dB an.

**11.09.2010 * * * Emsdetten, Festival**
Nach der Show kommt der überaus nette Veranstalter zu uns und sagt, dass wir unbedingt bald mal wieder auf seinem Festival spielen müssen. So etwas freut einen Musiker! Eben dieser überaus nette Veranstalter sagt uns später beim Betreten der Aftershow-Disko „Sagt einfach an der Bar, dass ihr zu mir gehört, dann bekommt ihr die Getränke umsonst." Am nächsten Tag erfahren wir per E-Mail, dass seine Getränkerechnung genau 716 Euro betrug. Mit heutigem Stand (2015) haben wir übrigens bislang noch nicht wieder auf diesem Festival gespielt...

**TIPP 5** Vor Konzerten nochmal Kontakt mit dem Veranstalter aufnehmen

**30.05.2003 * * * Wiener Neustadt (A), Fathers House**
Wir wundern uns etwas, dass vor dem Laden Plakate von zwei Bands hängen, die heute Abend anscheinend in diesem Club spielen sollen. Denn... naja... wir spielen doch hier?!?! Drinnen begrüßen wir den Veranstalter, welcher uns leicht angepisst vermittelt, dass er keine Ahnung hat, was wir hier wollen und wer wir sind, denn „spielen tut ihr hier heute sicher nicht!“ Nach einigen Wortgefechten und 40 Telefonaten später steht dann fest, dass wir heute Abend gütigerweise doch noch als dritte Band spielen dürfen, woraufhin der Schlagzeuger der zweiten Band vor Wut fast in Tränen ausbricht. Läuft also wie immer alles wie geschmiert.

**30.05.2004 * * * St. Pölten (A), Warehouse**
Das Komische ist nur, dass wir in der Stadt und auch in dem Laden weder auf Plakaten, noch auf Flyern angekündigt sind. Stattdessen steht da heute ein „Rock’n’Roll-Highschool-Luftgitarren-Contest“ auf dem Programm.

**TIPP 6** Komplimente der Crew annehmen (oft kommen sie nicht)

**14.03.2011 * * * Stuttgart, LKA**
Mein persönliches Highlight der Tour war ja, als unser Mischer Achim nach der Show in Hannover zu mir sagte „Die Musik ist der Spargel und deine Stimme ist die langsam darauf zerlaufende Butter.“

**TIPP 7** Wird einem etwas Besonderes angeboten, immer annehmen

**26.11.2011 * * * Stuttgart, Messehalle**
Am meisten freuen wir uns heute aber seit einigen Tagen auf die Tatsache, dass wir während der Show Pyroeffekte benutzen werden. Wir wurden da von den Veranstaltern angeschrieben, ob wir Interesse hätten. Wir haben in Großbuchstaben zurückgeschrieben „JA KLAR, MANN!!! DIE BÜHNE DARF KEINE EINZIGE SEKUNDE DER SHOW NICHT IN FLAMMEN STEHEN!!!!!!“ Denn wir wollen ja gegen die anderen zehn national und international renommierten ▸▸

Bands hier nicht abkacken. Der gute Pyrotechniker verspricht uns im Vorfeld zu machen, was geht. Vor dem Soundcheck erfahren wir dann, dass wir die einzige Band sind, die Pyros benutzt und diese während unserem 25minütigen (!!!) Auftritt exakt 6500 Euro kosten...

**TIPP 8** Fan bleiben

**21.03.2013 * * * München, Backstage**
Unsere Vorband MXPX aus U.S.A. spielen dann ihre Show und das ausverkaufte Backstage geht schon ganz schön heftig ab. Ich spiele auch 'nen Song mit, und wenn mir das vor 13 Jahren einer gesagt hätte, hätte ich denjenigen wahrscheinlich ausgelacht. Jetzt steh ich also auf der Bühne und denk mir „C, A-Moll, D, G".

**TIPP 9** Sich bei Gastauftritten gut vorbereiten

**30.01.2004 * * * Reichenbach, Die Halle**
Der Panzer hat dann bei einem Song der vor uns spielenden Band die Bühne gestürmt, wollte mitsingen, bekam das Mikro vom Sänger in die Hand, hat den Text vergessen und ist nach 30 langen Sekunden, ohne ein Wort gesungen zu haben, wieder von der Bühne gegangen.

**TIPP 10** Band-Crew sorgfältig auswählen

**29.11.2013 * * * Karlsruhe, Substage**
Wir haben heute mal wieder den Jojo als Tourmanager mit an Bord. Das ist ein netter Mensch. Wir kennen ihn übrigens nur aufgrund der Tatsache, dass er sich vor zwölf Jahren illegalerweise mit Saikovs Ex-Freundin etwas zu gut im Urlaub verstanden hat. Kurz bevor es zwischen Saikov und ihm zu eifersuchtsgeladenen ▸▸

Handgreiflichkeiten kommen konnte, hat uns Jojo in seiner Panik dann einen Kumpel von ihm vorgestellt, der gerade ein Musikstudio aufgemacht hat und „der uns sicherlich weiterhelfen könnte." Dieser Kumpel hieß Thimo. Er hat unsere erste Demo komplett verhunzt und in den letzten elf Jahren etwa 600 unserer Konzerte gemischt.

**TIPP 11** **Reiserouten und Fahrtstrecken vorher planen**

Hier die Wegstrecken der ersten elf Konzerte unserer 2007er Tour:

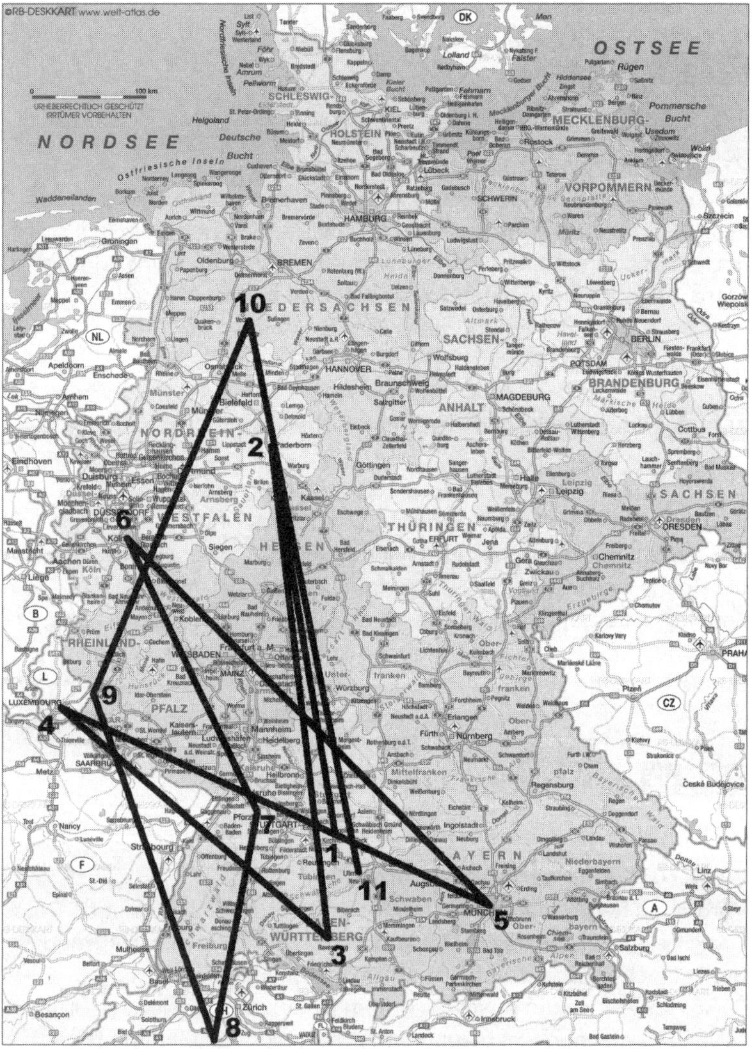

**TIPP 12** Auch auf Tour müssen gewisse Richtlinien eingehalten werden

**17.03.2008 * * * Köln, Underground**

Am nächsten Morgen, kurz vor der Abfahrt, ergibt sich zwischen dem zähneputzenden Panzer und dem ins-Bad-kommenden Karl noch folgendes Wortgefecht:
Karl (schreiend): „DREHST DU JETZT VÖLLIG DURCH?? SPINNST DU?“
Panzer: „Was’n jetzt los?“
Karl: „MORGENS ELMEX!?!?!?!“

**TIPP 13** Mit (berechtigter) Kritik umgehen können

**09.11.2013 * * * Berlin, Arena**

Nachdem wir erst zwei Tage vorher aufgrund der Absage der Band „Escape The Fate“ auf die VANS Warped Tour gebucht wurden, haben wir mal auf der Facebook-Seite der Veranstaltung vorbeigeschaut. Da gab’s nämlich zahlreiche Reaktionen: Knapp zwei Drittel der Leute waren ziemlich erfreut und enthusiastisch, dass wir jetzt da spielen und das andere Drittel war... sagen wir mal nicht ganz so „amused“ über unser Einspringen. Ein eingefleischter „Escape The Fate“-Fan hat sogar geschrieben: „Das ist ja wohl nicht euer Ernst?!?! Ich hatte mich so auf „Escape The Fate“ gefreut, und jetzt spielen dafür Itchy Poopzkid?!? Das sind doch voll die Homos!“
(Escape The Fate sehen übrigens so aus:)

## TIPP 14 Tournamen sind gar nicht so wichtig

Auch wenn wir zum Beispiel in die Namensfindung unserer Band im Nachhinein besser etwas mehr als nur zwei Minuten Zeit hätten investieren können, so ist trotzdem davon abzuraten, Zeit damit zu verschwenden, sich lustige und pfiffige Wortspiele für den Tournamen auszudenken. Mit dem Albumtitel als Tournamen fährt man immer ganz gut. Auf diese Weise hätten sich Bands, deren Namen wir hier nicht erwähnen wollen, auch folgende Tournamen erspart:

- Tatüü-Tatour
- Tor-Tour
- und so weiter

In dieselbe Kerbe schlagen folgende Tournamen, von denen man ebenfalls besser absieht:

- Re-Tour
- Spritz-Tour
- Tasta-Tour
- Konjunk-Tour
- Hydrokul-Tour
- Fahrradrepara-Tour
- Endlich fahren wir auf – Tour
- Wieso kommen keine Leute zu dieser – Tour
- Ich hoffe wir finden irgendwann noch einen besseren Namen für unsere – Tour

## TIPP 15 Kreativer sein als alle anderen Bands

**TIPP 16** **Ihr habt das verdient!**

2011 begaben wir uns für einen Werbedreh nach Berlin. Suzuki hatte uns einige Monate davor angefragt, ob sie unseren Song „The Living“ für ihren Auto-Fernsehwerbespot verwenden dürfen. Nun stand der Dreh der Werbung an und da in diesem Spot im Hintergrung eine Band unser Lied performen sollte, lag es nahe, dass wir selbst diese Band spielten.

Wir kamen also zu viert mit unserer Managerin in der Hauptstadt an und freuten uns hinter hervorgehaltener Hand wie die kleinen Kinder über die Tatsache, dass wir zum einen 2 Nächte in einem übertriebenen Luxushotel nächtigen durften und zum anderen, dass wir zu zweit sogar jeweils 100m2 große Präsidentensuiten mit allerlei Schnickschnack zur Verfügung hatten. Einzig und allein die Tatsache, dass die Dusche und die Badewanne mitten im riesigen Raum standen, war etwas befremdlich.

Erst bei der Abreise 2 Tage später, als wir an der Rezeption gefragt wurden, warum wir denn 2 unserer 4 Zimmer gar nicht bezogen hatten, fiel uns auf, dass es 100m2 große Einzelsuiten gewesen wären und wir nur aus Punkrock-bedingter Gewohnheit ohne zu fragen zu zweit in unsere Zimmer geschlappt sind.

Vielleicht wäre die Werbe-Branche die lukrativere Berufswahl gewesen...

## TIPP 17 Vorsicht bei der Arbeit mit fremdsprachigen Partnern

Auch in der heutigen globalisierten Welt gibt es immer noch Situationen, bei denen die Sprachbarriere einen gewaltigen Strich durch die Rechnung machen kann. Wir empfehlen daher, Abmachungen aller Art mit Partnern aus dem nicht-deutschsprachigen Ausland, lieber doppelt auf ihre Richtigkeit zu überprüfen.

***SIBBI:*** *Vor nicht all zu langer Zeit hatten wir die Idee, den besten Jutebeutel der Welt als Merchandising-Produkt zu erschaffen. Da uns kein geniales Motiv hierfür einfiel, haben wir einfach die Worte „BEST JUTEBEUTEL EVER" auf selbigen gedruckt. Dieses Produkt kam tatsächlich äußerst gut bei den Leuten an und verkaufte sich in großen Mengen.*

*Gewiefte Geschäftsmänner, die wir ja nun mal sind, dachten wir uns, es wäre wirtschaftlich clever, zusätzlich auch noch die „besten" T-Shirts der Welt zu verkaufen. Ich bastelte also die Grafik „BEST BANDSHIRT EVER", schickte sie unserem englischen T-Shirt Drucker und bestellte direkt eine sehr große Menge an T-Shirts in verschiedenen Farben mit diesem Motiv. In derselben E-Mail bestellte ich auch noch weitere Jutebeutel nach. Es kam eine kurze Bestätigung „Your order is okay" von unserem T-Shirt-Drucker, und alle waren happy.*

*Zwei Wochen später standen dann wie bestellt drei riesige Kartons mit frisch gedruckten T-Shirts in unserem Proberaum. Ich packte sie aus und freute mich über die gewählten T-Shirt-Farben und die sehr gute Druckqualität. Ich war gerade dabei, die Sachen wieder einzupacken, als meine Augen vor Schreck fast aus meinem Kopf fielen. Vor sofortigem Angstschweiß triefend, wühlte ich mich panisch durch alle bestellten Klamotten und merkte relativ schnell und konsterniert, dass wir nun 400 T-SHIRTS im Proberaum liegen hatten, auf denen in riesigen Buchstaben die Worte „BEST JUTEBEUTEL EVER" standen.*

*Nachdem wir uns zwei Wochen lang über diese gnadenlose Dummheit unsererseits zu Tode geschämt hatten (anscheinend kam die angehängte Grafik in der E-Mail nicht durch, und ein Engländer hat einfach keinen Schimmer, was zur Hölle das Wort „Jutebeutel" bedeutet) war uns klar, dass es nur zwei Möglichkeiten gibt. Entweder wir werfen 400 Shirts im Verkaufswert von vielen Tausenden Euro in den Müll, oder wir gehen offensiv mit unserer oft kopierten, aber niemals erreichten Dummheit um, und verkaufen diese unfreiwillig sehr raren T-Shirts als „Vollidioten-Special" für 6,66 Euro.*

*Wir taten Letzteres, alle Shirts waren innerhalb eines Tages ausverkauft und wir hatten somit den erfolgreichsten Merchartikel der Bandgeschichte.*

*Und uns relativ stark blamiert.*

**23.03.2007 * * * Oberursel, Musikhalle**

Wir hatten auf der Bühne zwar nicht gerade den besten Tag, aber dafür den besten Spaß.

## >>> Nachwort

Wie schnell die Zeit doch vergeht. 2001, das Jahr unserer Bandgründung, kommt uns vor wie gestern und beim Schreiben dieses Buches ist uns erst einmal bewusst geworden, wie viele unglaubliche Erlebnisse sich in den vergangenen Jahren angesammelt haben. Doch wir sind noch lange nicht am Ende der Reise angelangt.

Zeitgleich mit diesem Buch erscheint unser sechstes Studioalbum. Zwei neue Tourneen und unzählige Festivals sind schon gebucht, im nächsten Jahr steht unser 15-jähriges Bandjubiläum ins Haus und wir werden keinen Tag müde, auch weiterhin das zu tun, was uns auf dieser Welt am allerliebsten ist: Mit unserer Band und unserer Musik durch die Welt zu ziehen.

Viele von euch kommen bereits seit vielen, vielen Jahren zu unseren Konzerten, kaufen regelmäßig unsere Platten und tragen voller Stolz unsere T-Shirts. Wir wissen ganz genau, was wir an euch haben und verbleiben darum abschließend mit dem Satz, den wir immer schon mal sagen wollten:

Ohne uns wäre das alles nicht möglich gewesen!

– – – – – – – – – – – – – – – – – **ENDE** – – – – – – – – – – – – – – – – –

## >>> Danke

Neben allen Personen, die die erzählten Erlebnisse und Geschichten einzig und allein durch ihre Anwesenheit zu dem gemacht haben, was sie sind, möchten wir uns bei folgenden lieben Menschen bedanken, die in Form von Gestaltung, Tipps, Gegenlesen und dem Bereitstellen von Bildern zu diesem Buch beigetragen haben:
Antje Warnecke, Bettina Conci, Mikki Chainsaw, Biggi Dinter, Sarah Denzinger, Erika Denzinger, Ingo Donot, Thimo Strobel, Joachim Bozler, Marcel Weste und Rainer Ruber.